Maria Burghardt

Wie Privatanleger richtig in Wohnimmobilien investieren

Über Kaufpreismaxima und die individuelle Renditeerwartung

Bibliografische Information der Deutschen Nationalbibliothek:

Die Deutsche Nationalbibliothek verzeichnet diese Publikation in der Deutschen Nationalbibliografie; detaillierte bibliografische Daten sind im Internet über http://dnb.d-nb.de abrufbar.

Impressum:

Copyright © Studylab 2019

Ein Imprint der Open Publishing GmbH, München

Druck und Bindung: Books on Demand GmbH, Norderstedt, Germany

Coverbild: Open Publishing GmbH | Freepik.com | Flaticon.com | ei8htz

Vorwort und Danksagung

Über die Möglichkeit, als privater Investor durch Immobilien einen „echten", realen Vermögensaufbau zu betreiben und von Mieteinnahmen sowie von der Immobilienmarktentwicklung zu profitieren, war ich mir lange nicht bewusst. Im Jahr 2016 eröffnete sich mir diese Perspektive durch Impulse aus zwei voneinander gänzlich unabhängigen Richtungen: Zum einen mein Mann Jörg Burghardt, der durch den Kontakt zu dem Real Value-Coach Dieter Conrad auf die Potenziale direkter Immobilieninvestitionen aufmerksam wurde. Und zum anderen Herrn Professor Dr. Rühlemanns Steuervorlesung an der Hochschule München, im Rahmen derer er den Themenblock zu Immobilien sinngemäß einleitete mit: „Heute zeige ich Ihnen, wie Sie zum Millionär werden." Nun liegen meine Lebensziele nicht in materiellem Reichtum – aber ich bin mir bewusst, dass finanzielle Sicherheit die Basis für ein gutes, zufriedenes Leben und für die Verwirklichung aller wahren Lebensziele ist. Kapitalanlagen in Wohnimmobilien faszinieren mich seither, daher machte ich sie zum Inhalt meiner Abschlussarbeit.

Ein besonderer Dank gilt dem Betreuer und Prüfer dieser Masterarbeit, Professor Dr. Gottfried Rühlemann, für seine Unterstützung von der Themenreflektion bis hin zur Ausarbeitung, für seine stets klaren und schnellen Rückmeldungen und für seine wohlwollende Flexibilität, die es mir erlaubte, meinen Zeitplan für mich passend zu definieren. Sein Immobilien-Impuls beeinflusste nicht nur mein MBA-Studium sondern auch mein Privatleben auf positivste Weise. Von Herzen danke ich meinem Mann Jörg Burghardt, der mir mit Geduld und einem stets offenen Ohr zur Seite stand. Durch sein Feedback hat er einen maßgeblichen Beitrag dazu geleistet, dass diese Arbeit in dieser Form vorliegt. Mein ganz besonderer Dank gebührt Claudia und Thomas Burghardt, die meine Arbeit nicht nur inhaltlich unterstützten, sondern mir darüber hinaus als „Bonus-Großeltern" wertvolle Zeitfenster schufen, in denen sie sich auf liebevollste Weise um unseren Sohn Benedikt kümmerten. Auch mein Bruder Walter Kopfinger und unsere lieben Freunde Barbara und Dominik Peter haben mir durch ihre Einschätzungen zu einer klareren Arbeit verholfen – vielen Dank! Danken möchte ich an dieser Stelle auch meinen Eltern Maria und Alois Kopfinger, ohne die ich nicht sein könnte, wer und wo ich bin.

Viel Freude und nützliche Erkenntnisse beim Lesen wünscht Ihnen

Maria Burghardt

München, den 15. August 2018

Zusammenfassung

Bei aller derzeitigen Attraktivität von Immobilieninvestitionen bleibt die Kernfrage – wie auch bei anderen Kapitalanlagen – die Wirtschaftlichkeit. Welches Mindestmaß an Rentabilität der einzelne Investor für sich definiert, unterliegt dabei (abgesehen von Verlusten) klarerweise seiner persönlichen Entscheidung. Da insbesondere private Immobilieninvestoren, die sich nicht allein auf Immobilien- und Finanzberater verlassen wollen, eigener Möglichkeiten zur Prüfung einer Investition bedürfen, bietet diese Arbeit eine Herangehensweise, mit Hilfe derer eine niedrigschwellige, transparente und zügige Form der Wirtschaftlichkeitsanalyse von Immobilien unter Berücksichtigung objektspezifischer Daten ermöglicht wird. Darüber hinaus bietet die Arbeit ergänzend die theoretischen Grundlagen zum Aufbau elementarer Immobilienkenntnisse hinsichtlich des Marktverhaltens, möglicher Umsetzungsstrategien, der konkreten Analyse des Immobilienstandortes sowie investitionswirtschaftlicher Grundlagen. Im Ergebnis stehen Antworten auf die Fragestellung, wie viel eine Immobilieninvestition letztendlich kosten darf. Zu diesem Zweck werden die für eine Mindestwirtschaftlichkeit maximal möglichen Kaufpreise, aus Gründen der Allgemeingültigkeit bezogen auf den Quadratmeter, in insgesamt 42 Tabellen dargestellt, die sich aus erzielbaren Mieteinnahmen einerseits und der gewünschten Eigenkapitalrentabilität andererseits zusammensetzen. Die einzelnen Tabellen drücken hierbei wiederum verschiedene Szenarien der finanzierungstechnischen Umsetzung von Immobilientransaktionen hinsichtlich der Höhe des eingesetzten Eigenkapitals und des vereinbarten Fremdkapitalzinses aus und decken so eine Vielzahl an individuellen Konstellationen von Immobilieninvestments ab.

Inhaltsverzeichnis

Vorwort und Danksagung III

Zusammenfassung IV

Inhaltsverzeichnis V

Abbildungsverzeichnis VII

Tabellenverzeichnis VIII

Formelverzeichnis IX

1 Einführung 1
   1.1 Problemstellung und Zielsetzung 2
   1.2 Methodik und Aufbau 3

2 Kapitalanlagemöglichkeiten 5
   2.1 Geldwerte 6
   2.2 Sachwerte 7

3 Der Wohnimmobilienmarkt in Deutschland 11
   3.1 Volkswirtschaftliche Bedeutung der Immobilienwirtschaft 13
   3.2 Merkmale des Wohnimmobilienmarktes 17
   3.3 Private Kleinanbieter von Wohnimmobilien („Amateurvermieter") 22
   3.4 Nachfrageentwicklung im Wohnimmobilienmarkt 25
   3.5 Preisentwicklung auf dem Wohnungsmarkt im Hinblick auf eine potenzielle spekulative Blase 29

4 Immobilienstrategien und deren steuerrechtliche Behandlung 39
   4.1 Vermietete Immobilien 39
   4.2 Spekulationsgeschäfte/private Veräußerungsgeschäfte 46
   4.3 Selbstgenutzte Immobilien 47
   4.4 Verrentungsimmobilien 48

5 Analyse des Immobilienstandorts ... 51

    5.1 Makroanalyse ... 53

    5.2 Mikroanalyse ... 56

6 Kaufpreismaxima für Immobilientransaktionen ... 60

    6.1 Hintergrund und Wechselwirkungen der einzelnen Einflussparameter ... 61

    6.2 Ermittlung der maximalen Kaufpreise je Quadratmeter ... 70

7 Ergebniswürdigung ... 116

8 Quellenverzeichnis ... 121

9 Abkürzungsverzeichnis ... 130

Abbildungsverzeichnis

Abbildung 1: Magisches Dreieck der Vermögensanlage [2] 5

Abbildung 2: Vergleich der Bruttowertschöpfung verschiedener Branchen im Zeitverlauf [9] 14

Abbildung 3: Strukturdaten der drei Wirtschaftszweige der Immobilienwirtschaft im engeren Sinne, 2015 15

Abbildung 4: Vergleich der Strukturdaten der Immobilienwirtschaft im engeren und im weiteren Sinne, 2015 [9] 16

Abbildung 5: Verteilung der Haushaltstypen 2015 und 2030 [17] 20

Abbildung 6: Prognose der Pro-Kopf-Wohnfläche 2015 bis 2030 [17] 21

Abbildung 7: Anbieterstruktur auf dem deutschen Wohnungsmarkt [20] 22

Abbildung 8: Zeitliche Entwicklung der Zahlen und Anteile privater Kleinvermieter [19, 21] 23

Abbildung 9: Verteilung der jährlichen Netto-Mieteinnahmen privater Kleinvermieter aus Vermietung/Verpachtung von Haus- und Grundbesitz 2015 [9] 25

Abbildung 10: Wohnfläche und Art der Wohnung nach monatlichem Netto-Haushaltseinkommen 2013 [9] 26

Abbildung 11: Netto-Migration pro 1.000 Einwohner im Jahr 2013 [12] 28

Abbildung 12: Prognose der Einwohnerzahl ausgewählter Städte in Deutschland (in Millionen) [26] 29

Abbildung 13: Preisindexentwicklung nach Städtetypen [7] 30

Abbildung 14: Standardindikatoren zur Beurteilung von Wohnimmobilienpreisen in Deutschland [29] 33

Abbildung 15: Bauinvestitionen in % des Bruttoinlandsprodukts [31] 35

Abbildung 16: empirica-Blasenindex – Indikator für Preisblasen am Wohnungsmarkt [39] 38

Abbildung 17: Mietpreiskarte für Wohnungen in Deutschland, Euro pro m² [58] 62

Tabellenverzeichnis

Tabelle 1: Kapitalanlagemöglichkeiten im Vergleich... 6

Tabelle 2: Kerngrößen der Immobilienwirtschaft im weiteren Sinne 2015 [9].................. 17

Tabelle 3: Entwicklung der Anzahl der Privathaushalte, der durchschnittlichen Haushaltsgrößen und der durchschnittlichen pro Kopf-Wohnfläche [14–16].................. 17

Tabelle 4: Charakterisierung der privaten Kleinvermieterhaushalte im Vergleich zum Durchschnitt der deutschen Haushalte [21].. 24

Tabelle 5: Jährlich zu wenig gebaute Wohnungen 2015 bis 2020 [37]........................... 36

Tabelle 6: Kreditvergabevolumina für inländische Unternehmen und Privatpersonen [38].. 37

Tabelle 7: Überblick über statische und dynamische Verfahren der Investitionsrechnung 64

Tabelle 8: Ergebniswirksamkeit von Eigenkapitalquote, Fremdkapitalzinssatz und Bewirtschaftungskosten... 67

Formelverzeichnis

Formel 1: Gesamtkapitalrentabilität [60] 65

Formel 2: Eigenkapitalrentabilität [60] 65

Formel 3: Bruttokaufpreis 67

Formel 4: Eigenkapitalquote 68

Formel 5: Fremdkapitalquote 68

Formel 6: Nettokaltmiete [43] 70

Formel 7: Bruttokaufpreis je m² (mit jährlicher Nettokaltmiete) 71

Formel 8: Bruttokaufpreis je m² (mit monatlicher Nettokaltmiete) 71

1 Einführung

"October. This is one of the peculiarly dangerous months to speculate in stocks in. The others are July, January, September, April, November, May, March, June, December, August, and February." [1] Mark Twain äußert hier in Person seiner Romanfigur Pudd'nhead Wilson eine zutiefst misstrauische Grundhaltung gegenüber Aktienspekulationen und Aktienmärkten, indem er ihnen die damit einhergehende allgegenwärtige Gefahr, finanziell zu scheitern, unterstellt.

Absolut sichere Kapitalanlagen ohne Restrisiko entbehren offensichtlich jeglicher realistischen Grundlage. Selbst risikoarme Geldeinlagen in Finanzinstituten haben in der Geschichte in extremen Ausnahmesituationen zu großer Enttäuschung oder gar Verzweiflung bei Anlegern geführt. Im Spannungsfeld zwischen eigenen Interessen, Erwartungen und Möglichkeiten ergibt sich eine Vielzahl unterschiedlichster Vermögensanlageoptionen. Die zentrale Herausforderung, vor der Kapitalanleger bzw. deren Berater stehen, ist es, das richtige Maß zwischen Sicherheit und Renditeerwartung zu finden – selbstverständlich unter Berücksichtigung persönlicher und ganz individueller Ziele und Risikobereitschaft.

In den letzten Jahren stellen verstärkt Immobilien eine sehr beliebte Vermögensanlage dar. Als realer, physisch sichtbarer und im Normalfall beständiger Vermögenswert gelten sie als sehr sichere Form der Kapitalanlage. Wegen der niedrigen Marktzinsen versprechen sie inzwischen häufig im Gegensatz zu vielen anderen Anlageformen bei passenden Voraussetzungen zudem gute Renditemöglichkeiten:

- Investoren in vermietete (fremdgenutzte) Immobilien erzielen durch Mieteinnahmen monatliche Erträge bzw. nach Abzug aller anfallenden Aufwendungen einen Gewinn und dadurch eine Verzinsung ihres eingesetzten Kapitals. Sie generieren im Idealfall ein zusätzliches passives Einkommen, das ihnen zu finanzieller Freiheit verhelfen kann.

- Für Investoren in selbstgenutzte Immobilien, in ihr Eigenheim, bedeuten Immobilien einen Baustein der Altersvorsorge. Bei richtiger Umsetzung, bei Renteneintritt ein abbezahltes Eigenheim zu besitzen, bringen sie allmonatliche Mietersparnis und die Sicherheit vor unvorhersehbaren Nutzungsänderungen einer gemieteten Immobilie, z.B. einer unerwarteten Kündigung des Mietverhältnisses aufgrund von Eigenbedarf des Vermieters. Die Investoren erhalten eine Art „emotionale Rendite", die nicht messbar wie ihr finanzielles Pendant einer stark subjektiven Wahrnehmung unterliegt und der Bedürfnisbefriedigung nach Unabhängigkeit und Sicherheit dient.

Die Motivation für Immobilieninvestitionen wird darüber hinaus verstärkt durch die Ausnutzung des weiterhin niedrigen Zinsniveaus für die Fremdkapitalaufnahme zur Finanzierung einer Immobilie einerseits sowie durch die Immobilien immanente Wertbeständigkeit andererseits, die den Erhalt der aufgebauten Vermögenswerte für nachfolgende Generationen sichert.

1.1 Problemstellung und Zielsetzung

Für Antworten auf die Schlüsselfrage, was denn die angesprochenen „passenden" Voraussetzungen für ein erfolgreiches Immobilieninvestment sind, bietet diese Arbeit dem Investor eine Hilfestellung. Von nicht zu vernachlässigender Bedeutung ist zunächst, das Marktumfeld, in dem man sich bewegt, gut zu kennen. Der Immobilienmarkt als solches unterliegt dabei einer hohen Komplexität – verschiedene Teilmärkte, eine Vielzahl unterschiedlichster Marktteilnehmer, staatliche Regulierungen einerseits, ein ausgeprägtes Marktverhalten andererseits erschweren die Transparenz und Entscheidungsklarheit für (potenzielle) Investoren.

Durch Erläuterung der wesentlichen Zusammenhänge auf dem Immobilienmarkt sollen dem Leser und Immobilieninvestor mit Hilfe von Kapitel 3 umfassende Grundkenntnisse verschafft und so seine Entscheidungsfindung hinsichtlich der Wahl des für ihn geeignetsten Objektes erleichtert werden. Zur gezielten Konzeption des eigenen Immobilieninvestments erhält der Leser in Kapitel 4 zunächst eine Aufstellung möglicher Umsetzungsstrategien und deren steuerlicher Auswirkungen. Mit diesem Wissen ist er in der Lage, seine eigene Strategie zum Ziel der steuerlichen Optimierung weiter zu justieren. Zur konkreten Analyse des einzelnen Investitionsstandorts dienen ihm die Aspekte der Makro- und Mikroanalyse in Kapitel 5, woraus er das gegenwärtige und unter Umständen auch das zukünftige Entwicklungspotenzial ableiten kann. Insgesamt gesehen sollte der Investor dadurch auf ein breites immobilienbezogenes Grundlagenwissen und auf ein deutlich solideres Urteilsvermögen zurückgreifen können.

Insbesondere bei Betrachtung der Wirtschaftlichkeit von Immobilien ist es für den Investor unabdingbar, die relevanten Zusammenhänge zu kennen und den Überblick über sämtliche ergebniswirksamen Vorgänge zu behalten, anstatt „blind" seinem noch so wohlwollendem Anlageberater zu vertrauen. Letzten Endes wird der Investor selbst mit seiner (Fehl-)Entscheidung umzugehen haben. Für Immobilieninvestitionen gilt die Grundregel: Der Gewinn liegt im Einkauf. Dem Kaufpreis ist daher im Kontext des einzelnen Investitionsobjektes besondere Bedeutung beizumessen. Aus diesem Grund befasst sich Kapitel 6, der Ergebnisteil dieser Arbeit, mit den theoretischen Grundlagen der Wirtschaftlichkeitsanalyse von Immobilieninvestitionen sowie in Form eines umfangreichen Tabellenwerks mit der Darstellung der maximal möglichen Immobilienkaufpreise, um dem Investor unter Berücksichtigung der Gegebenheiten des Einzelobjektes seine gewollte Mindestrendite zu gewährleisten.

Hierdurch erhält der Investor eine stichhaltige Grundlage zur finanziellen Bewertung eines möglichen Investments, die als Ergänzung weiterer üblicherweise zu erstellender Kalkulationen (u.a. Cash Flow, Gewinn- und Verlustrechnung) verstanden werden kann.

1.2 Methodik und Aufbau

Die vorliegende Arbeit beschäftigt sich im Kern mit Immobilieninvestments und den finanziellen Einflussfaktoren, unter denen wirtschaftliche Ergebnisse zu erzielen sind.

Zum Aufbau eines ganzheitlichen Grundverständnisses der Materie, werden neben einem einleitenden Überblick auch über andere Arten der Kapitalanlage, deren Eigenschaften, Vor- und Nachteile, nähere Einblicke in den Immobilienmarkt gegeben. Der Immobilienmarkt zeigt eine große Vielzahl und Vielfalt an Marktakteuren einerseits und an Teilmärkten andererseits – multilaterale, teils schwer vorhersehbaren Wechselwirkungen inbegriffen. Der Betrachtungshorizont ist daher für den Großteil der vorliegenden Arbeit – mit Ausnahme volkswirtschaftlicher Marktdaten für den deutschen Immobilienmarkt als Ganzes in Kapitel 3 – auf den Teilmarkt Wohnimmobilien begrenzt, da die Märkte für Büroimmobilien, Hotels, Industriebauten etc. deutlich unterschiedliche Konstellationen u.a. hinsichtlich Marktteilnehmern, Marktdynamik, Einflussgrößen aufweisen und aus diesem Grund einer separaten Betrachtung bedürfen. Die Kernzielgruppe dieser Arbeit sind private Investoren in fremdgenutzte Wohnimmobilien, die insbesondere die Ergebnisse für die Kaufpreiskalkulationen in Kapitel 6 als Hauptanwender nutzen. Aus ihrer Perspektive sind auch die auf die konkrete Realisierung von Immobilientransaktionen abzielenden Kapitel 4 und 5 zu möglichen Strategien und zur Standortanalyse zu sehen.

Zur Analyse der Wirtschaftlichkeit einer Immobilieninvestition enthält Kapitel 6 zunächst den investitionswirtschaftlichen Hintergrund zum Verständnis der Zusammenhänge der einzelnen im Kontext der Wohnimmobilien anfallenden finanziellen Größen, welche anschließend als Grundlage zur Berechnung der höchstens zulässigen Kaufpreise herangezogen werden, um sicherzustellen, dass die individuelle Renditeerwartung des Investors noch erfüllt ist. Den individuellen Anforderungen an das Maß der Wirtschaftlichkeit wird anhand eines umfangreichen Tabellenwerks in Kapitel 6 Rechnung getragen, mit Hilfe dessen die gewollte Eigenkapitalverzinsung innerhalb eines breiten Spektrums frei vom Investor wählbar ist. Für die weiteren Einflussparameter – ob frei bzw. bedingt gestaltbar oder aufgrund externer Gegebenheiten feste Größen – steht ebenfalls eine unter realen Bedingungen ausreichend weite Spanne zur Verfügung, wodurch der Individualfall jeglicher Immobilientransaktionen abgebildet werden können sollte. Für Inputparameter außerhalb der Bereiche des Tabellenwerkes bzw. für feinere Abstufungen der Inputparameter innerhalb der erfassten Bereiche zur Vermeidung ansonsten erforderlicher Interpolationen, kann auf Nachfrage ein Excel-Tool zur Ermittlung der Kaufpreismaxima zur Verfügung gestellt werden.

Für die zur Erstellung dieser Arbeit erforderliche Datengrundlage, insbesondere für die Analyse des Immobilienmarktes sowie für die Ausarbeitungen zu Immobilienstrategien und Standortanalyse wurden diverse Marktstudien, Marktdaten, Gesetzestexte und einschlägige Fachliteratur in Form von Internetdokumenten, Büchern und wissenschaftlichen Arbeiten herangezogen.

Im Sinne der besseren Lesbarkeit wird in der vorliegenden Masterarbeit bei personenbezogenen Substantiven und Pronomen die männliche Sprachform verwendet. Damit ist jedoch keine Benachteiligung des weiblichen Geschlechts verbunden. Dies soll vielmehr einer geschlechtsneutralen Formulierung dienen.

2 Kapitalanlagemöglichkeiten

Die richtige Wahl für seine Geldanlagen zu treffen, ist sicherlich nicht immer eine leichte Entscheidung. Bei einer Vielzahl an unterschiedlichsten Anlageformen, die eine noch größere Vielzahl an spezifischen Eigenschaften, Vor- und Nachteilen aufweisen, sollte man sich zunächst einen Überblick verschaffen, ein grundlegendes Verständnis aufbauen und im nächsten Schritt seine persönlichen Kriterien und Ziele der Kapitalanlage herausarbeiten.

Anlageformen sind insbesondere nach den Kriterien Rendite, Fungibilität (also die Verfügbarkeit oder Aus-/Rücktauschbarkeit in finanzielle Mittel) und Sicherheit zu differenzieren, wobei sich diese drei Ziele in der Realität als durchaus konkurrierend und widersprüchlich erweisen. Möchte ein Investor sein Kapital möglichst sicher anlegen, so wird diese Anlageform in aller Regel keine allzu hohen Erträge abwerfen. Umgekehrt erfordern hohe Gewinne sehr wahrscheinlich ein größeres Maß an Risikobereitschaft. Ähnlich werden die Renditeaussichten mit zunehmender Fungibilität sinken.

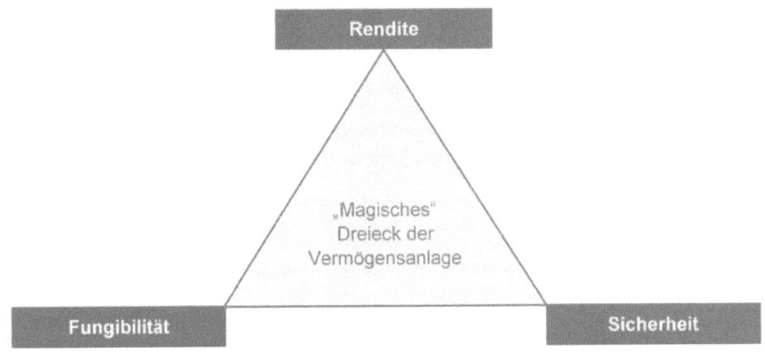

Abbildung 1: Magisches Dreieck der Vermögensanlage [2]

Die Wechselwirkungen dieser drei Kriterien auf die Kapitalanlage lassen sich mit Hilfe eines Dreiecks wie in Abbildung 1 veranschaulichen, in dem bei einer Annäherung an einen der Eckpunkte aufgrund der persönlichen Gewichtung dieses Kriteriums die anderen beiden Kriterien unmittelbar abnehmen.

Weitere Kriterien zur näheren Charakterisierung der einzelnen Anlageform sind die während der Haltedauer anfallenden laufenden Kosten sowie ihre Wertentwicklung bzw. ihre langfristige Werthaltigkeit, die den Investor vor inflationsbedingten Wertverlusten schützt.

Um die bestmöglichen Ergebnisse zu erwirtschaften, empfehlen Experten gemeinhin eine breite Streuung des Anlageportfolios. Je nach persönlicher Präferenz, Expertise und Engagement lassen sich selbstverständlich ganz individuelle Portfolios zusammenstellen, die auch mit weniger Diversifizierung eine gute Performance versprechen.

Ausgehend von allgemeingültigen Bedingungen erlaubt Tabelle 1 einen ersten grob-schematischen Überblick über Kapitalanlagemöglichkeiten und ihre Eigenschaften hinsichtlich der Kriterien Rendite, Sicherheit und Fungibilität. Zum Zwecke der systematischen Einteilung der verschiedenen Kapitalanlagemöglichkeiten werden diese nachfolgend in Geldwerte und Sachwerte unterschieden und anhand ihrer jeweiligen Eigenschaften näher skizziert.

	Spareinlagen, Tages-/Festgeld	Bundesstaatsanleihen	Devisen	Aktien	Edelmetalle	Immobilien
Rendite	--	-	+	+	-	+
Sicherheit	++	+	-	--	+	+
Fungibilität	?	+	++	++	+	-

Tabelle 1: Kapitalanlagemöglichkeiten im Vergleich

2.1 Geldwerte

Die Vermögensanlage in Geldwerte bringt im momentanen Zinsumfeld einen entscheidenden Nachteil mit sich: Die derzeit langanhaltend niedrigen Zinsen gleichen die allgemeine Inflationsrate nicht aus. Das bedeutet im Umkehrschluss für die gängigen Geldwertanlagen, dass ihr Realwert, also die tatsächliche Kaufkraft des angelegten Geldes, kontinuierlich sinkt. [3] In diesem Kontext wird stellenweise auch der Begriff der schleichenden Enteignung von Sparern herangezogen.

2.1.1 Spareinlagen, Festgeld-, Tagesgeldkonten

Die „klassische" Konzeption des Sparens und der Vermögensanlage braucht diese Anlageformen. Spätestens aufgrund des eingangs beschriebenen Zinsumfeldes und der daraus resultierenden Realwertverluste sind diese Instrumente jedoch kaum noch attraktiv und zeitgemäß. Sie bieten dank der staatlichen Einlagensicherung, die die Sparer vor Teil- oder Totalverlusten während einer eventuellen Finanzkrise bewahren soll,

- ein Maximum an **Sicherheit**,
- gleichzeitig aber keine realen **Renditeaussichten**.

- Die Flexibilität der **Verfügbarkeit** über die finanziellen Mittel variiert je nach Instrument zwischen sofort und mehreren Jahren.

2.1.2 Festverzinsliche Wertpapiere

Festverzinsliche Wertpapiere sind auch als Anleihen oder Rentenpapiere bekannt und werden meist von Staaten, Unternehmen oder Banken emittiert. Ihr Charakteristikum besteht in der Verbriefung eines fixen Zinssatzes.

- Die **Rendite** ist für den einzelnen Anleger also kalkulierbar, wobei anfallende Abschluss- und/oder Depotgebühren unbedingt berücksichtigt werden sollten.
- Das mit Anleihen einhergehende **Risiko** bemisst sich an der Kreditwürdigkeit des Emittenten. So gelten beispielsweise Bundesstaatsanleihen als sehr sicher, gleichzeitig gewähren sie aber nur einen vergleichsweise niedrigen Zinssatz.
- Die **Fungibilität** festverzinslicher Wertpapiere ist trotz ihrer festen Laufzeit kaum eingeschränkt, da sie an der Börse wiederveräußert oder auch ertragsmindernd vorzeitig zurückgegeben werden können. [4]

2.1.3 Devisen

Wenn auch keine typische Geldanlage, so sei an dieser Stelle der Währungshandel dennoch erwähnt, insbesondere aufgrund des jüngsten Hypes von Kryptowährungen wie beispielsweise Bitcoins. Anleger haben hierbei schon mit vergleichsweise niedrigen Anlagesummen die Möglichkeit, an den weltweiten Devisenmärkten innerhalb kurzer Zeit hohe Erträge zu erzielen, sie aber auch genauso schnell wieder zu verlieren. [4]

Zusammengefasst lässt sich der Devisenhandel durch

- sehr hohe Renditechancen
- bei gleichzeitig hohem Risiko und
- einem beträchtlichen Maß an Fungibilität charakterisieren.

2.2 Sachwerte

Die Finanzkrisen der letzten Jahre in Europa haben die Fragilität der Finanzmärkte aufgezeigt. Insbesondere in Zypern, wo Sparer 2013 trotz staatlicher Einlagensicherung eine Teilenteignung ihrer Geldwerte hinnehmen mussten, wurde den

Bürgern weit über Zypern hinaus die Flüchtigkeit ihres Ersparten aufs Deutlichste bewusst. [5] Die Angst der Kapitalanleger, ihr in vermeintlich sicheren Finanzanlagen gespartes Geld zu verlieren, hat nicht zuletzt in Deutschland zu einer „Flucht" in Sachwerte geführt.

Sach- oder Realwerte zeichnen sich durch ihre physische Existenz aus – im Gegensatz zu Geldwerten, die größtenteils als reines Buchgeld in digitaler Form existieren. Die wichtigsten Vertreter von Sachwerten finden sich in den folgenden Unterkapiteln.

2.2.1 Aktien

Mit einer Aktie erwirbt der Investor Anteile an einem börsennotierten Unternehmen und wird dadurch zum Miteigentümer mit Mitspracherechten, allen voran dem Stimmrecht im Rahmen der Jahreshauptversammlung.[1]

- Die **Rendite** ergibt sich für den Aktionär zum einen aus der Dividendenausschüttung, sofern diese beschlossen wird, zum anderen über mögliche Kursgewinne der Aktien.
- Das **Risiko** von Aktieninvestments ist aufgrund von Kursschwankungen und möglicher Kursverluste nicht vernachlässigbar. [4] Um nicht Pudd'nhead Wilsons Misstrauen gegenüber Aktien (siehe Seite 1) teilen zu müssen, ist es ratsam, sich Grundwissen und umfassende Informationen zu den Aktienmärkten anzueignen.
- Langjährige Aktieninvestments weisen häufig eine sehr gute Wertentwicklung auf. Aktien eignen sich aufgrund ihres hohen Maßes an **Fungibilität** aber auch für kurzfristige Spekulationsgeschäfte.

2.2.2 Edelmetalle

Gold, Silber, Platin, Palladium sind die wesentlichen Vertreter von Investment-Edelmetallen. Als Geldanlage ist allen voran Gold sehr beliebt, da es in (Finanz-)Krisen oder konjunkturell schwachen Zeiten als „Krisenwährung" fungieren kann. [4] Zudem genießt es gegenüber anderen Edelmetallen den Vorteil der Mehrwertsteuerbefreiung innerhalb der EU und der Schweiz.

---

[1] Ausgenommen hiervon sind sogenannte Vorzugsaktien, bei denen der Aktionär in der Regel kein Stimmrecht erhält, als Kompensation aber andere Vorrechte genießt, z.B. eine höhere Dividende.

- Edelmetalle generieren zwar keine **Rendite** in Form von regelmäßigen Dividenden- oder Mieterträgen, haben sich aber über lange Sicht als vergleichsweise werthaltig erwiesen.

- Die Investition in Edelmetalle ist aufgrund der Kursschwankungen jedoch auch mit einem nicht unerheblichen **Risiko** verbunden, was eine Begrenzung des Edelmetallanteils z.b. auf 10 % des Investmentbudgets nahelegt.

- Durch die unkomplizierte und schnelle Wiederverkäuflichkeit der Barren oder Münzen weisen sie eine hohe **Fungibilität** auf und stellen somit eine sehr flexible Form der Geldanlage dar. [6]

2.2.3 Liebhaber-Sachwerte

Am Rande seien auch Anlagegüter genannt, die eine besondere Vorliebe für die jeweilige Assetklasse und ein umfassendes damit einhergehendes Wissen darüber voraussetzen. Dies können beispielsweise Kunstgegenstände, Oldtimer oder Briefmarken sein.

- Die **Rendite**-Aussichten sind kaum allgemeingültig festzustellen.

- Das **Risiko** ist ebenfalls unkalkulierbar, u.a. da teils erhebliche operative Kosten für Reparatur, Restauration etc. anfallen können.

- Die **Fungibilität** kann je nach Objekt stark variieren. [6]

2.2.4 Immobilien

Die Investition in Immobilien erfreut sich in den letzten Jahren einer enormen Beliebtheit. Nachdem klassische Geldanlagen kaum mehr Rendite versprechen und Aktien- oder Edelmetalle wenig Investitionssicherheit versprechen, gelten Immobilien als die ersehnte Alternative: Sie haben grundsätzlich das Potenzial, durch kontinuierliche Wertsteigerungen einen Inflationsausgleich zu bieten, weisen von Anfang an einen hohen Nutzwert auf, indem sie vom Eigentümer bewohnt oder vermietet werden können, und sie versprechen dem Investor regelmäßige Einnahmen. Immobilieninvestments sind jedoch komplex und erfordern Marktkenntnisse und idealerweise Vorerfahrung, um tatsächlich „Betongold" zu erwirtschaften.

- Eine Immobilie wirft im Normalfall Einnahmen ab – im Fall einer vermieteten Immobilie direkt durch Mieteinnahmen, im Fall einer selbstbewohnten Immobilie durch die Mietersparnis. Welche **Rendite** dem Investor aber letztlich bleibt, hängt von einer Vielzahl von Faktoren ab, von den

Finanzierungskonditionen über die Besteuerung bis hin zu Lage und Zustand der Immobilie selbst.[2]

- Eine 100-prozentige **Investitionssicherheit** bieten auch Immobilien nicht. Ihre Wertentwicklung von Wohnimmobilien weist über die letzten beiden Jahrzehnte im deutschlandweiten Durchschnitt mit 2,4 % pro Jahr zwar positive Zahlen auf, dies gibt für den Einzelfall jedoch keine Garantie. [7] Nicht zu vernachlässigen ist das Risiko von unvorhergesehenen Reparatur- und Sanierungskosten, die über eventuelle Instandhaltungsrücklagen hinausgehen.

- Abgesehen von Objekten an stark nachgefragten Standorten ist die **Fungibilität** von Immobilien oftmals eingeschränkt.

Neben der Immobilien-Direktanlage gibt es auch indirekte Anlageformen. Dies sind einerseits Immobilienfonds sowie als Sonderform der Aktieninvestments sogenannte Immobilienaktien, mit denen der Aktionär eine Beteiligung an Unternehmen erwirbt, die sich auf die Bewirtschaftung, Vermietung und/oder Projektentwicklung von Immobilien spezialisiert haben.

Immobilienfonds sind von Fondgesellschaften aufgelegte Investmentfonds, die das von Anlegern eingesammelte Geld in Immobilien investieren. Hierbei unterscheidet man offene und geschlossene Fonds. Offene Fonds streuen die Investitionen in viele verschiedene Immobilien, vorwiegend Gewerbe- oder Wirtschaftsimmobilien, in geringen Umfang mittlerweile auch in Wohnimmobilien. Geschlossene Immobilienfonds akquirieren finanzielle Mittel, um gezielt ein bestimmtes Immobilienvorhaben realisieren zu können.

Insbesondere offene Immobilienfonds bieten gegenüber den direkten Käufen den Vorteil, dass Anleger schon mit geringeren Vermögenswerten am Immobilienmarkt partizipieren können. Sie erlauben dem Investor wenig eigenen Spielraum, da das Fondsmanagement für die Investitionsentscheidungen verantwortlich ist, und gehen mit nicht unerheblichen Abschlusskosten in Form von Ausgabeaufschlägen beim Kauf einher. [6]

---

[2] Die Analyse dieser Einflussgrößen ist wiederum Schwerpunkt der vorliegenden Arbeit und findet an dieser Stelle keine näheren Ausführungen.

3 Der Wohnimmobilienmarkt in Deutschland

„Immobilien spielen in unserem Leben eine große Rolle. Wir wohnen, wir arbeiten und wir verbringen einen großen Teil unserer Freizeit in Immobilien. Gutes Wohnen bietet soziale Sicherheit und eröffnet Lebens-Räume. Gleichzeitig leistet das Geschäft rund um die Immobilie einen wichtigen Beitrag zu Beschäftigung und Wirtschaftswachstum." [8]

So leitet das Bundesministerium für Verkehr, Bau und Stadtentwicklung seinen Bericht über die Wohnungs- und Immobilienwirtschaft in Deutschland ein und spricht damit die grundlegende Bedeutung von Immobilien für den Einzelnen sowie für die gesamte Gesellschaft an.

Aus volkswirtschaftlicher Sicht handelt es sich bei Immobilien um ein „normales" Gut, das der grundsätzlichen Logik eines Marktes folgt, in welchem sich Preisbildung sowie Nachfrage- und Angebotsmengengerüste an Einkommensveränderungen anpassen. Steigen die Einkommen wächst die Nachfrage nach mehr Wohnraum, wodurch die Preise steigen und mehr Anbieter auf den Markt gelockt werden. Abgesehen von der Markttheorie weisen Immobilien jedoch eine Reihe von Besonderheiten auf, die sie in der Realität deutlich von sonstigen „normalen" Wirtschaftsgütern unterscheiden. [9]

- Eine fundamentale Besonderheit von Immobilien ist, dass sie immobil, also standortgebunden sind und somit keine überregionalen Ausgleiche von Angebotsüberhängen und Nachfrageanstiegen zulassen.
- Wohnimmobilien befriedigen das Grundbedürfnis „Wohnen". Ein Konsumverzicht ist damit quasi ausgeschlossen, was die immense Bedeutung des Immobilienmarktes an sich unterstreicht.
- Zudem bedeuten Immobilien deutlich größere *Investitionsvolumina* im Vergleich zu anderen Gütern.
- Verschiedenste *Eigentümergruppen* erfordern ein hohes Maß an individualisierten Vorgängen und Entscheidungen.

- Die *Vielzahl und Vielfalt an Marktteilnehmern*[3] *und Teilmärkten*[4] erschweren die Markttransparenz: Im Ergebnis bestehen lange Reaktionszeiten zwischen Bedarfsentstehung und dessen Deckung – häufig sogar so lang, dass sich phasenweise sehr stark ausgeprägte Immobilienpreiszyklen ergeben.

- Immobilientransaktionen gehen mit vergleichsweise hohen *Transaktionskosten* einher, was die Transaktionshäufigkeiten insgesamt verringert und eine zügige Marktanpassung ebenfalls erschwert.

- Planungs-, genehmigungs- und bautechnisch bedingt lassen sich *Skaleneffekte* selbst für große Projekte oder große Unternehmen oft nur begrenzt realisieren.

- Aufgrund ihrer langen *Lebenszyklen* erfordern sie langfristige, dauerhafte Lösungen für ihre Nutzung und Bewirtschaftung.

- Schließlich bieten sie wegen ihrer Heterogenität je nach *Assetklasse* als Wohn-, Büro-/Gewerbe- oder Hotelimmobilie grundlegend unterschiedliche Voraussetzungen, denen mit spezifischen Strategien zu begegnen ist. [9]

Diese Tatsachen bewirken, dass der Immobilienmarkt von mangelnder Transparenz und fehlender Informationseffizienz, schwer vorhersehbaren Wechselwirkungen und einer langsamen Marktanpassungsfähigkeit geprägt ist. Der Immobilienmarkt als solches ist demnach ein vielschichtiges, komplexes Konstrukt, dessen Besonderheiten von allen Akteuren in ihren Entscheidungen zu berücksichtigen sind. Der weithin beobachtbare Trend der Spezialisierung und Arbeitsteilung hat auch in der Immobilienwirtschaft maßgeblich zu der erforderlichen Professionalisierung der Branche beigetragen, um den vielfältigen Herausforderungen gerecht zu werden. [8]

---

[3] Marktteilnehmer sind sämtliche Akteure, die an Errichtung, Sanierung, Kauf, Verkauf, Vermietung, Verpachtung und Bewirtschaftung von Immobilien beteiligt sind. Nähere Informationen bietet Abschnitt 3.1.

[4] Teilmärkte lassen sich je nach Perspektive verschiedenartig einteilen:
- nach Objektart/Assetklasse (sachlich): Wohnungen, Wirtschaftsimmobilien i.e. Büro, Handel, Hotels etc.
- nach räumlichem Bezug (regional): ortsbezogen, überregional
- nach Nutzung/Betätigung (vertikal): Vermietung, Investment, Fertigstellung
Aktivitäten der Marktteilnehmer auf einem Teilmarkt können immer unmittelbare oder nachgelagerte Auswirkungen auf andere Teilmärkte haben.

3.1 Volkswirtschaftliche Bedeutung der Immobilienwirtschaft

Die Immobilienwirtschaft entwickelt sich seit Jahren stetig positiv. Sie zeigt ein solides Wachstum und bietet unterschiedlichsten Akteuren Betätigungsfelder, die so ihren Beitrag zur Generierung von Wohlstand und Arbeitsplätzen leisten. Dabei sind die verschiedenen Unternehmen und Gewerbetreibenden der Immobilienwirtschaft sowohl im Feld der Wohnimmobilien, dem Betrachtungsschwerpunkt dieser Arbeit, als auch im Feld der Büro- und Gewerbeimmobilien sowie in der Hotellerie tätig.

Zur Immobilienwirtschaft zählen im engeren Sinne sämtliche Unternehmen, die mit der

- Vermittlung von Immobilien an Dritte,
- Verwaltung von Immobilien für Dritte betraut sind sowie
- Selbstnutzer (Erschließung, Kauf und Verkauf) und
- private Kleinvermieter (Vermietung und Verpachtung eigener Immobilien). Letztere werden als Kernakteure dieser Arbeit näher in Kapitel 3.3 beleuchtet.

Diese enge Fassung beruht auf der Definition des Statistischen Bundesamts, welches die Immobilienwirtschaft zu Analyse- und Vergleichszwecken auf das Grundstücks- und Wohnungswesen beschränkt. [10]

In einer weiter gefassten Definition zählen sämtliche Branchen hinzu, die zur Wertschöpfung im gesamten Lebenszyklus einer Immobilie beitragen. [9] Diese umfasst demnach auch die Bereiche

- Planung,
- Bau,
- Bewirtschaftung und
- Finanzierung von Immobilien.

Bereits nach der engeren Definition erzielte das Grundstücks- und Wohnungswesen eine Bruttowertschöpfung[5] von über 300 Milliarden Euro oder 10,9 % mit einem Wachstum von 13 % allein zwischen 2010 und 2016. [9]

---

[5] Die Bruttowertschöpfung einer Branche bemisst den Mehrwert der einzelnen Produktionsprozesse („Wertschöpfungsstufen") und liefert somit einen Anhaltspunkt dafür, wie stark die

Die Immobilienwirtschaft im weiteren Sinne leistete 2016 einen Beitrag von 500 Milliarden Euro oder 18,2 % zur Bruttowertschöpfung in Deutschland. Als eine der größten Branchen der Volkswirtschaft trägt sie im Vergleich zu allen anderen Wirtschaftszweigen den höchsten Anteil bei.

Abbildung 2 zeigt die Resilienz der Immobilienwirtschaft gegen Krisen – trotz der New Economy-Krise (ab 2000) und insbesondere trotz der Finanz- und Staatsschuldenkrise (ab 2007), in der branchenübergreifend teils enorme Einschnitte hingenommen werden mussten, konnte sie im betrachteten Zeitraum durchgehend ein kontinuierliches Wachstum der Bruttowertschöpfung erzielen. Maßgebliche Ursachen dieser stabilen Entwicklung sind unter anderem in der positiven Arbeitsmarktlage, in dem niedrigen Zinsniveau und im Bevölkerungszuwachs begründet. [12]

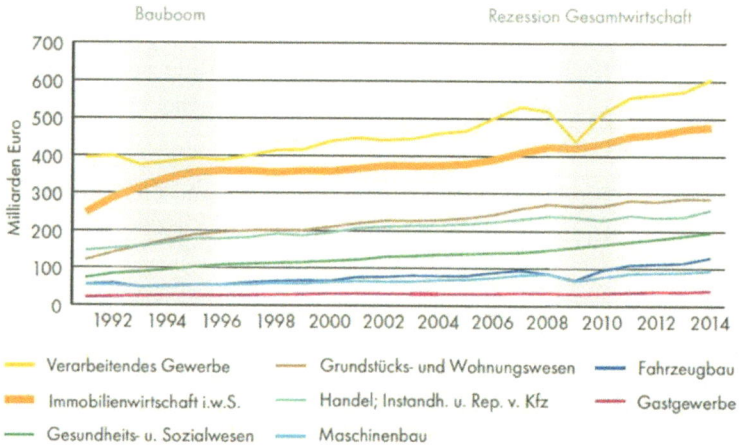

Abbildung 2: Vergleich der Bruttowertschöpfung verschiedener Branchen im Zeitverlauf [9]

Daneben lassen sich Aussagen über die Branchenstabilität und die volkswirtschaftliche Bedeutung der Immobilienwirtschaft auch durch immobilienwirtschaftliche Strukturdaten ableiten, insbesondere die Anzahl der sozialversicherungspflichtigen (svp) *Arbeitsplätze* sowie der in ihr tätigen *Unternehmen* und deren *Umsatzvolumina*.

Branche zur Wirtschaftskraft der ganzen Volkswirtschaft beiträgt und wie stabil und krisenfest sie ist. [11].

3.1.1 Strukturdaten über die Unternehmen der Immobilienwirtschaft im engeren Sinne

2015 waren im engeren Sinne 302.000 Unternehmen in der Immobilienwirtschaft tätig. Abbildung 3 veranschaulicht die Anteile der strukturrelevanten Kenngrößen Unternehmensanzahl, Umsatz und sozialversicherungspflichtig Beschäftige (svp-Beschäftigte) innerhalb der drei Wirtschaftszweige Vermietung/Verpachtung, Vermittlung/Verwaltung und Immobilienhandel.

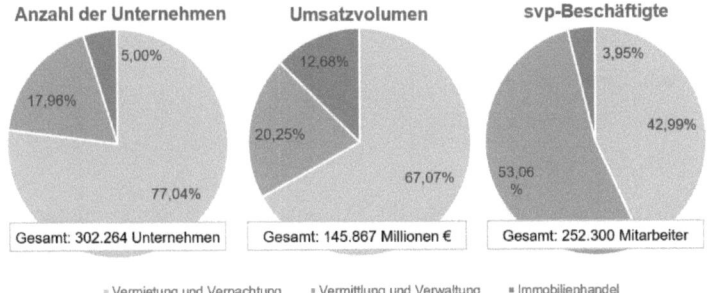

Abbildung 3: Strukturdaten der drei Wirtschaftszweige der Immobilienwirtschaft im engeren Sinne, 2015

Von allen Unternehmen der Immobilienwirtschaft im engeren Sinne lassen sich über drei Viertel, nämlich ca. 233.000, der Vermietung, Verpachtung von eigenen oder geleasten Grundstücken, Gebäuden und Wohnungen zuordnen. Diese Kategorie umfasst gewerblich-professionelle Immobilieninvestoren der Privatwirtschaft, nicht darin berücksichtigt ist die große Gruppe der privaten Kleinanbieter von Immobilien (vgl. hierzu Abschnitt 3.3).

In Punkto Umsatz erzielten ebenfalls Vermieter und Verpächter mit knapp 100 Millionen Euro vor der Vermittlung und Verwaltung mit knapp 30 Millionen Euro und dem Immobilienhandel mit knapp 20 Millionen Euro die höchsten Werte.

Hinsichtlich der sozialversicherungspflichtigen Beschäftigten jedoch zeigt die Vermittlung und Verwaltung mit über 50 % den größten Anteil.

3.1.2 Strukturdaten über die Unternehmen der Immobilienwirtschaft im weiteren Sinne

Die Immobilienwirtschaft im weiteren Sinne umfasst den gesamten Lebenszyklus der Immobilie. Sie reicht neben dem Grundstücks- und Wohnungswesen (siehe oben) von der Planung über die Genehmigung bis hin zur Bewirtschaftung und Finanzierung. Im Einzelnen zählen daher auch Unternehmen folgender Bereiche hinzu:

- Architektur- und Ingenieurbüros
- Bauwirtschaft
- Immobilienfinanzierung
- Hausmeisterdienstleistungen
- Gebäudereinigung

Diese Unternehmen vervielfachen die Größenordnungen obiger Kenndaten teils erheblich, wie Abbildung 4 verdeutlicht:

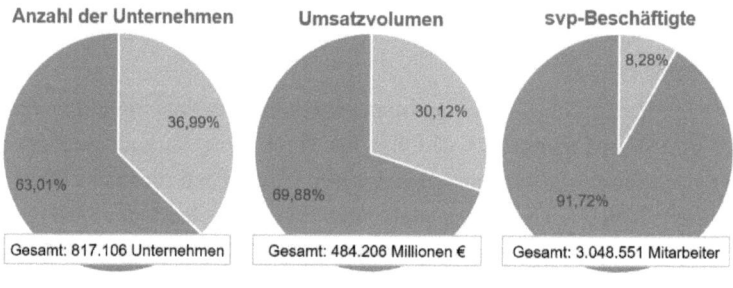

Abbildung 4: Vergleich der Strukturdaten der Immobilienwirtschaft im engeren und im weiteren Sinne, 2015 [9]

Mit 817.000 Unternehmen stellt die Immobilienwirtschaft im weiteren Sinne über ein Viertel der deutschen Unternehmen insgesamt dar. Zusammenfassend lässt sich feststellen, dass die Immobilienbranche damit zahlenmäßig sehr groß ist, gleichzeitig jedoch deutlich kleinteiliger als andere Branchen der deutschen Volkswirtschaft. Besonders deutlich wird dies anhand der relativen Umsatz- und Mitarbeiterzahlen: Wie Tabelle 2 zeigt, stellen Immobilien-Unternehmen 25 % aller Unternehmen dar, zeichnen jedoch nur für 7,4 % des Umsatzes und 9,5 % der Mitarbeiter aller Unternehmen verantwortlich. Die durchschnittliche Unternehmensgröße innerhalb der Immobilienwirtschaft ist damit bedeutend kleiner als in der Gesamtwirtschaft.

Umsätze	Unternehmen	svp-Beschäftigte
484.206 Millionen €	817.106 Unternehmen	3,049 Millionen Personen
7,4 % des Umsatzes aller Unternehmen in Deutschland	25,1 % aller Unternehmen in Deutschland	9,5 % aller Beschäftigten in Deutschland

Tabelle 2: Kerngrößen der Immobilienwirtschaft im weiteren Sinne 2015 [9]

3.2 Merkmale des Wohnimmobilienmarktes

Der Gebäude- und Wohnungszensus aus dem Jahr 2011 beziffert die Anzahl der Wohnungen in Deutschland auf knapp 41,3 Millionen Wohneinheiten mit einer durchschnittlichen Wohnungsgröße von 90,1 m², die in etwa 19 Millionen Gebäuden (der Kategorien Ein- und Zweifamilienhaus sowie Mehrfamilienhaus) untergebracht sind. [13] Die durchschnittliche Haushaltsgröße betrug 2011 noch 2,02 Personen je Wohneinheit, die durchschnittliche Wohnfläche pro Einwohner rund 46,1 m². [14, 14]

Der Wohnungsbestand in Deutschland erfährt seit Jahren zwei Kerntendenzen: Zum einen nehmen die durchschnittlichen Haushaltsgrößen ab, es wohnen weniger Personen in einer Wohneinheit zusammen (Tendenz zu Single-Haushalten). Zum anderen steigt als logischer Umkehrschluss die durchschnittliche Wohnfläche pro Person, häufig auch bedingt durch den sogenannten Remanenzeffekt, durch den ältere Bewohner nach Auszug ihrer Kinder bzw. Tod ihres Partners alleine in ihrer Wohneinheit bleiben. Tabelle 3 verleiht diesen Kerntendenzen, die auch mittel- bis langfristig noch vorherrschen dürften, zahlenmäßig Ausdruck.

	2011	2020	2030*/2035
Anzahl der Privathaushalte (in 1.000)	40.315	42.202	43.170
Haushaltsgröße (in Personen)	2,02	1,97	1,90
pro Kopf-Wohnfläche (in m²)	46,1	48-51	50-54*

Tabelle 3: Entwicklung der Anzahl der Privathaushalte, der durchschnittlichen Haushaltsgrößen und der durchschnittlichen pro Kopf-Wohnfläche [14–16]

Etwas mehr als die Hälfte aller Wohnungen (54 %) befindet sich in Mehrfamilienhäusern (knapp 20 % der Wohngebäude insgesamt). Die restlichen 46 % entfallen auf Ein- und Zweifamilienhäuser, welche wiederum über 80 % der Gebäudetypen ausmachen. Der Wohnungsbestand stammt zu überwiegenden Teilen aus den Wiederaufbaujahren nach dem zweiten Weltkrieg (allein aus dieser Zeit ca. 50 %)

sowie aus den Bauboom-Jahren nach der Wiedervereinigung. Knapp ein Drittel aller deutschen Wohnungen wurde vor 1948 errichtet. Der Wohnungsbestand weist damit eine hohe Heterogenität in punkto Alter, Zustand und Struktur auf. bulwiengesa, ein Analyseunternehmen der Immobilienbranche, beziffert den Wert des deutschen Wohnimmobilienbestandes auf Basis einer Aggregationsrechnung mit Durchschnittsmieten für Bestands- und Neubauwohnungen sowie mit durchschnittlichen Kaufpreisen über alle Gebäudekategorien hinweg auf 182.000 Euro je Wohneinheit, woraus sich ein insgesamter Wohnimmobilienwert von rund 7.520 Milliarden Euro ableitet. [9]

Diese universellen Zahlen für ganz Deutschland zeigen bei differenzierterer Betrachtung mitunter starke Abweichungen von den genannten Durchschnittswerten, sodass weitere Analysen hinsichtlich lage- und nutzerabhängiger Merkmale angebracht sind.

3.2.1 Lage und regionale Verteilung

Der folgende Abschnitt verdeutlicht die Unterschiedlichkeit der Merkmale des deutschen Wohnimmobilienmarktes in Abhängigkeit der jeweiligen Lage und der regionalen Verteilung der Bevölkerung bzw. von Bevölkerungsgruppen.

Ostdeutschland – Westdeutschland

Trotz laut Langzeitprognosen rückläufiger Bevölkerungszahlen in Deutschland werden die Haushaltszahlen ebenfalls laut Prognose weiter steigen, nämlich bis 2030 um 500.000 und damit ausgehend vom Basisjahr 2015 um knapp 1,3 % höher liegen. Zwischen Ost- und Westdeutschland herrscht hierbei jedoch ein frappierendes Ungleichgewicht: Die prognostizierten Zuwächse an Haushalten werden quasi ausschließlich in Westdeutschland anzutreffen sein, während Ostdeutschland bis 2030 mit jährlichen Rückgängen der Haushaltszahlen zwischen 0,2 und 0,5 % zu rechnen hat. [17]

städtisch – ländlich

Analog der Bevölkerungsentwicklungen aufgrund natürlicher und räumlicher Veränderungen ergibt sich auch für die Wohnungsgröße ein unterschiedliches Bild – je nach städtischer oder ländlicher Prägung: In kreisfreien Großstädten leben die Menschen durchschnittlich auf 6 m² weniger Wohnraum pro Person als der Durchschnittsdeutsche (46,2 m²), wohingegen die pro Kopf-Wohnflächen in ländlichen Strukturen deutlich darüber liegen. Dieses Phänomen ist umso stärker ausgeprägt, je knapper und teurer der Wohnraum in den Städten ist (insbesondere also in den sieben A-Städten), da der offensichtliche Treiber in den hohen Kosten für Miete bzw. Kauf zu verorten ist. [9]

3.2.2 Eigentümerstruktur: Selbstnutzung – Miete

Im Durchschnitt der 27 EU-Staaten liegt der Wohneigentumsanteil bei ca. 67 % der Haushalte. [18] Damit liegt Deutschland im europäischen Vergleich mit einer Wohneigentumsquote von 45,5 % der Haushalte (bzw. 52 % der Menschen) lediglich im unteren Mittelfeld. [9] Der weit verbreitete Wunsch nach den „eigenen vier Wänden" wird laut Prognosen bis 2030 zu Eigentumsquoten von rund 50 % der Haushalte führen. Die Steigerungen vollziehen sich hierbei größtenteils in Ostdeutschland, wo ein Anstieg um 8 Prozentpunkte auf 43 % Wohneigentumsquote vorhergesagt wird. Aufgrund des niedrigeren Anstiegs in Westdeutschland (4 Prozentpunkte auf 52 % Eigentumsquote) kann es in diesem Zusammenhang zu einer Angleichung auf den Wohnungsmärkten in Ost- und Westdeutschland kommen. [17] In den letzten Jahren jedoch hat die Wohneigentumsbildung in Deutschland trotz der geringen Zinsen, dem steigenden Altersvorsorgebedarf und der daraus resultierenden Attraktivität des Wohneigentums stagniert. Hohe Eigenkapitalanforderungen der Banken sowie hohe Transaktionskosten, insbesondere durch gestiegene Grunderwerbssteuern in vielen Bundesländern, erschweren in diesem Zusammenhang den Aufbau von Wohneigentum. [19]

Der deutsche Wohnungsmarkt gilt insgesamt betrachtet nach wie vor als Mietwohnungsmarkt: Mehr als die Hälfte aller Wohnungen in Deutschland (rund 23 Millionen) sind vermietet. Insbesondere in den kreisfreien Großstädten ist der Anteil an Mietwohnungen hoch. Entsprechend niedrig sind hier mit durchweg weniger als 25 % die Eigentumsquoten. In städtischen und ländlichen Kreisen hingegen leben deutlich über 50 % der Haushalte im Eigenheim.

Selbstnutzer und Mieter unterscheiden sich hinsichtlich ihrer Wohnsituation bei der durchschnittlichen Wohnfläche: Selbstnutzer verfügen im Schnitt über 47 m^2 Wohnfläche pro Person. Das sind pro Kopf 9 m^2 mehr als Mieter durchschnittlich bewohnen.

Ein weiterer Unterschied zwischen diesen beiden Gruppen findet sich in der Frage Geschosswohnung oder Wohnhaus. Selbstnutzer leben mehrheitlich im eigenen Haus (80 %), während Mieter größtenteils in einer Geschosswohnung in Mehrfamilienhäusern wohnen (81 %). Je nach Lage ergeben sich hiervon Verschiebungen (z.B. leben Selbstnutzer in Großstädten häufiger in Geschosswohnungen), die Grundtendenz bleibt jedoch übergreifend bestehen. [17]

3.2.3 Alters- und Größenstruktur der Haushalte

Einen Eindruck von der Haushaltsgröße und vom Alter der Haushaltsbewohner vermittelt Abbildung 5. 2015 waren 44,4 % aller Haushalte Ein- und Zweipersonenhaushalte und weitere 36,2 % ältere Haushalte mit Bewohnern über 60 Jahren. Letztere dürften aufgrund der mit dem Alter einhergehenden passiven Haushaltsverkleinerung durch den Auszug der Kinder oder den Tod des Partners in aller Regel ebenfalls Ein- bzw. Zweipersonenhaushalte sein. Nur gut ein Fünftel aller Haushalte waren damit größere Haushalte mit drei oder mehr Personen, in der Lebensrealität hauptschlich Eltern mit Kindern. Die Zusammensetzung der oben genannten durchschnittlichen Haushaltsgröße von 1,98 Personen lässt sich damit gut plausibilisieren. [17]

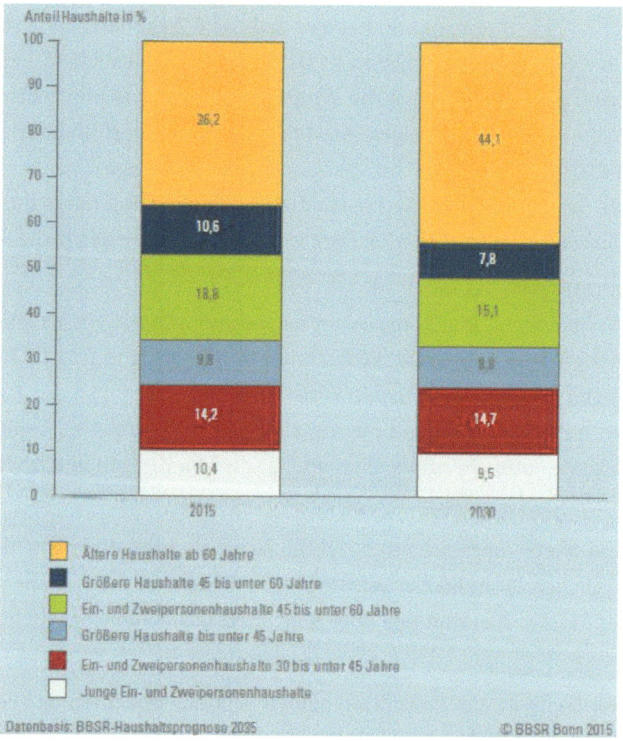

Abbildung 5: Verteilung der Haushaltstypen 2015 und 2030 [17]

Der demografische Wandel in Deutschland – die zunehmende Alterung der Gesellschaft – bewirkt, dass die Anzahl an älteren Haushalten über 60 Jahren im Jahr 2030 sichtbar auf 44,1 % angestiegen sein wird. Der Anteil der größeren Haushalte bis unter 45 Jahre sowie zwischen 45 und 60 Jahren wird leicht auf 17,6 % gesunken sein. Im Umkehrschluss kommt es zu einer weiteren Zunahme der Ein- und Zweipersonenhaushalte, was den bereits angesprochenen Trend zu kleineren und insgesamt mehr Haushalten belegt.

Die sich je nach Lebenssituation verändernden Wohnbedürfnisse bestimmen den Bedarf an bestimmten Wohnungsgrößen und Gebäudetypen. Der Bedarf an kleinen und Kleinstwohnungen (den sogenannten „Mikrowohnungen") für die kleinen Haushaltsgrößen wird anhalten bzw. mit der beobachtbaren zunehmenden Migrationsdynamik in die Städte und Ballungsräume steigen. In der Konsequenz steigt auch die Wohnfläche pro Kopf, in Abbildung 6 dargestellt für Mieter und Eigentümer sowie für Ost-, West- und Gesamtdeutschland.

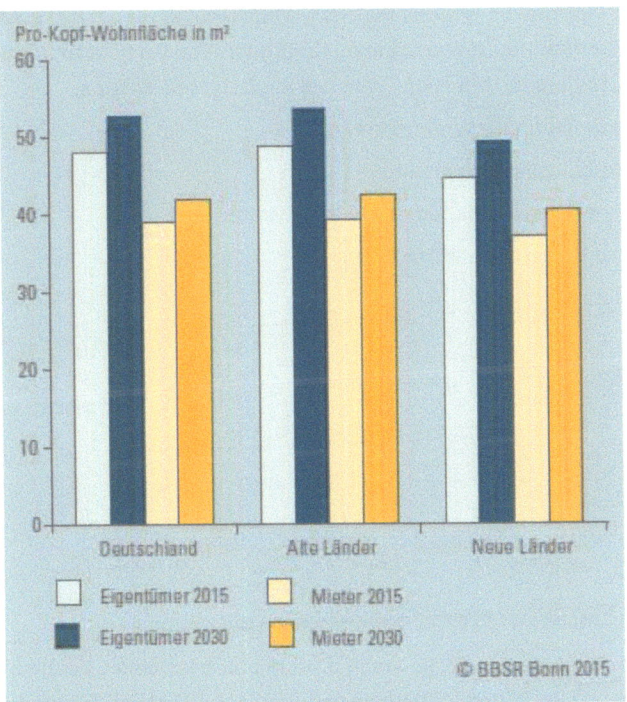

Abbildung 6: Prognose der Pro-Kopf-Wohnfläche 2015 bis 2030 [17]

Zukünftig steht der Wohnungsbau vor den Herausforderungen, den demografischen Entwicklungen nicht nur zahlenmäßig durch hinreichenden Zubau gerecht zu werden, sondern auch durch den erforderlichen altersgerechten, barrierefreien Baustandard. Neben diesen veränderten Wohnbedürfnissen hat die Wohnungswirtschaft zudem die Aufgabe, den Wohnungsbestand an die Anforderungen des Klimaschutzes und der Energieeinsparung anzupassen. [8]

3.3 Private Kleinanbieter von Wohnimmobilien („Amateurvermieter")

Die Anbieter von Wohnimmobilien lassen sich im Wesentlichen in drei große Kategorien einteilen: Professionell-gewerbliche Anbieter, private Kleinanbieter und Selbstnutzer (siehe Abbildung 7). Den größten Anteil machen dabei, bezogen auf die Anzahl der Wohnungen, die Selbstnutzer aus, die 43 % aller Wohneinheiten überwiegend in Ein- und Zweifamilienhäusern besitzen. Den niedrigsten Anteil haben professionell-gewerbliche Anbieter mit 20 % inne. Zu ihnen zählen in absteigender Wohneigentumsreihenfolge

- privatwirtschaftliche professionell-gewerbliche Eigentümer: privatwirtschaftliche Wohnungsunternehmen, Kreditinstitute, Versicherungsunternehmen, Immobilienfonds und sonstige Kapitalgesellschaften,
- kommunale Wohnungsunternehmen,
- Wohnungsbaugenossenschaften,
- Kirchen und Organisationen ohne Erwerbszweck sowie
- öffentliche Wohnungsunternehmen.

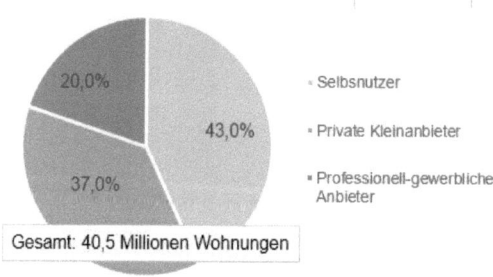

Abbildung 7: Anbieterstruktur auf dem deutschen Wohnungsmarkt [20]

Die privaten Kleinanbieter, auch als Amateurvermieter bezeichnet, halten 37 % oder in absoluten Zahlen 14.980.000 Wohneinheiten des deutschen Wohnimmobilienmarktes. Zu gut zwei Dritteln sind dies Geschosswohnungen und zu knapp einem Drittel Ein- oder Zweifamilienhäuser. [20] Diese Verteilung lässt sich mit den höheren spezifischen Preisen (Kaufpreise je Quadratmeter Wohnfläche) von Ein-/Zweifamilienhäusern im Vergleich zu Geschosswohnungen begründen, weshalb letztere für private Investoren die häufigere Wahl darstellt. [6]

Laut Abbildung 8 besaßen im Jahr 2015 etwa 3,9 Millionen Haushalte, also gut 9 % aller deutschen Haushalte, vermietetes Wohneigentum. Diese Zahlen hatten sich in den Vorjahren auf diesem hohen Niveau eingependelt, nachdem die Anzahl der Haushalte seit Beginn der 2000er Jahre von nur gut 3 Millionen angestiegen war. Diese Aufwärtstendenzen – sowohl bei den absoluten Zahlen als auch beim Anteil der Kleinvermieter an allen privaten Haushalten, auch wenn sich der Trend bei letzterem seit dem Höhepunkt im Jahr 2013 etwas eingebremst hat – spiegeln die günstigen Marktentwicklungen aufgrund der Niedrigzinsphase und der wachsenden Nachfrage nach Wohnraum für den Erwerb von Wohnimmobilien wider.

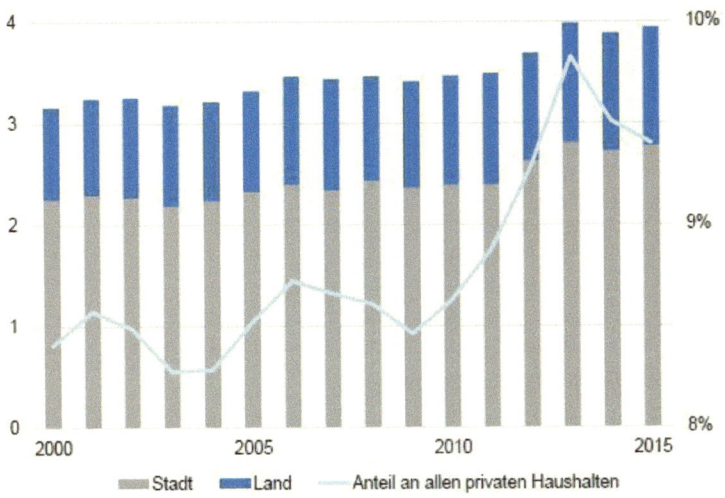

Abbildung 8: Zeitliche Entwicklung der Zahlen und Anteile privater Kleinvermieter [19, 21]

Auch geht aus Abbildung 8 hervor, dass der Großteil (rund 70 %) der privaten Kleinvermieter in städtisch geprägten Gebieten wohnt. Im Bundesländer-Ranking weist Baden-Württemberg mit ca. 15 % gefolgt von Bayern mit ca. 12 % den höchsten Anteil privater Kleinvermieter an allen Haushalten auf. Der ostdeutsche Durchschnitt liegt mit einer Quote von 4,5 % deutlich unter dem Bundesdurchschnitt. [21]

Weitere Eigenschaften von privaten Kleinvermieterhaushalten im Vergleich zu allen deutschen Haushalten liefert Tabelle 4. So sind Kleinvermieterhaushalte deutlich häufiger Freiberufler und Selbstständige, etwas häufiger Beamte, befinden sich seltener in Ausbildung und sind häufiger Rentner. Aufgrund des Durchschnittsalters von Kleinvermietern, das mit 59,8 Jahren deutlich über dem Durchschnitt der übrigen privaten Haushalte mit 53,4 Jahren liegt, sind in den nächsten Jahren vermehrt Eigentumsübergänge an Erben oder an Dritte zu erwarten. [8]

	Private Kleinvermieter	Übrige private Haushalte
Beruflicher Status		
Nicht erwerbstätig	2,57%	3,53%
Ausbildung, Praktikum, Wehr-/Zivildienst	0,54%	2,93%
Arbeitslos	1,00%	6,17%
Rentner	38,85%	30,31%
Arbeiter, Facharbeiter, Meister	5,02%	13,79%
Freiberufler, Selbständig	13,99%	5,68%
Angestellter	32,72%	33,71%
Beamter	5,30%	3,88%
Familienstatus		
Verheiratet (zusammenlebend)	61,99%	41,34%
Verheiratet (getrenntlebend)	1,87%	3,01%
Ledig	14,19%	28,06%
Geschieden	10,46%	15,01%
Verwitwet	11,49%	12,59%

Tabelle 4: Charakterisierung der privaten Kleinvermieterhaushalte im Vergleich zum Durchschnitt der deutschen Haushalte [21]

In Summe erwirtschafteten alle privaten Kleinanbieter von Wohnimmobilien im Jahr 2015 Brutto-Mieteinnahmen in Höhe von rund 55 Milliarden Euro. Nach Abzug der Bewirtschaftungskosten etwa für Hausverwaltung und Instandhaltung verblieben ihnen rund 35 Milliarden Euro an Netto-Mieteinnahmen (vor Steuern und Zinsen). Im Durchschnitt erzielte jeder deutsche Vermieterhaushalt jährliche Netto-Einkünfte von 8.889 Euro und verzeichnete damit durchschnittliche jährliche Steigerungsraten von 3,5 % seit 2005, welche zum einen auf gestiegene Wohnungsmieten insbesondere in den Ballungsräumen zurückzuführen sind, im Wesentlichen aber auf Kosteneinsparungen durch Skaleneffekte bei der Bewirtschaftung zurückgehen, da die Anzahl der vermieteten Objekte je privatem Kleinvermieter im Betrachtungszeitraum zugenommen hat. [21]

Wie Abbildung 9 veranschaulicht, erwirtschafteten knapp 30 % der Kleinvermieterhaushalte 2015 zwischen 5.000 und 9.999 Euro, weitere 20 % sogar noch mehr. Etwa 45 % erzielten Einkünfte zwischen 0 und 4.999 Euro, 7,4 % wiesen negative Einkünfte aus. Diese Zahlen zeigen, dass nur relativ wenige private Kleinvermieter ihr Haushaltseinkommen wesentlich steigern konnten, für den Großteil bedeutet ihre Vermietertätigkeit einen kontinuierlichen Vermögensaufbau zu betreiben, eine Altersversorgung aufzubauen und dafür eine zusätzliche Einnahmequelle zu beruflichen Einkünften zu erschließen.

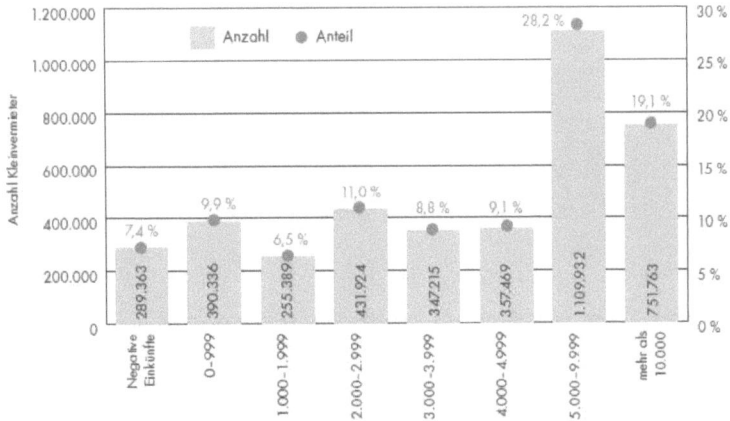

Abbildung 9: Verteilung der jährlichen Netto-Mieteinnahmen privater Kleinvermieter aus Vermietung/Verpachtung von Haus- und Grundbesitz 2015 [9]

3.4 Nachfrageentwicklung im Wohnimmobilienmarkt

Wie einleitend angemerkt bewegen sich Immobilien auf einem Markt, der durch Angebot und Nachfrage charakterisiert werden kann. Eine fundamentale Besonderheit von Immobilien liegt darin begründet, dass sich ihre Nachfrage nicht alleine durch Einkommensveränderungen bestimmt, sondern maßgeblich auch durch das aktuelle Zinsniveau sowie durch demografische Effekte.

3.4.1 Nachfragetreiber Einkommen

Zunächst lassen sich kausale Zusammenhänge zwischen der Immobiliennachfrage und dem Einkommen feststellen. Steigen die Einkommen, wird mehr Wohnraum nachgefragt und umgekehrt. Die Einkommen privater Haushalte weisen in der Langzeitbetrachtung kontinuierliche jährliche Steigerungen auf. Ausgehend vom Jahr 2000 stieg das verfügbare Einkommen pro Jahr um ca. 2,4 % und lag 2016 bei 21.636 € je Arbeitnehmer. [22]

Anhand von Abbildung 10 wird erkenntlich, dass die Wohnfläche je Haushalt für einkommensstarke Haushalte mit gut 140 m² mehr als doppelt so hoch ist wie die einkommensschwacher Haushalte (knapp 60 m²). Diese übergreifende Tendenz gilt separat betrachtet in vergleichbarem Umfang ebenso für die verschiedenen Wohnraumkategorien (Ein-, Zwei-, Mehrfamilienhaus, sonstige Gebäude).

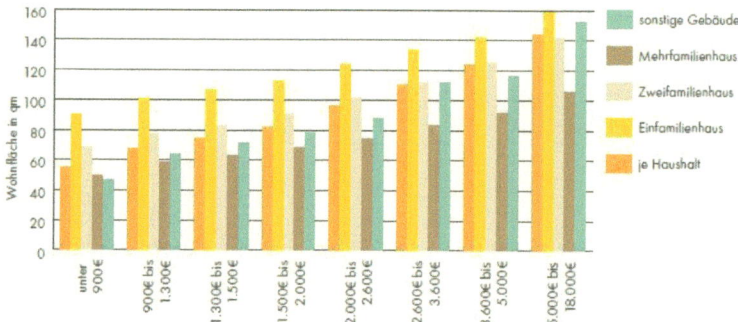

Abbildung 10: Wohnfläche und Art der Wohnung nach monatlichem Netto-Haushaltseinkommen 2013 [9]

Aus dem Zusammenhang zwischen Einkommen und Wohnraumnachfrage lässt sich eine direkte Verbindung zu den Arbeitsmärkten und zur konjunkturellen Lage herstellen: Während eines Aufschwungs steigt die Nachfrage nach Wohnraum, wohingegen sie während einer Rezession sinkt. [9]

3.4.2 Nachfragetreiber Zinsniveau

Angesichts der hohen Investitionsvolumina von Immobilien werden diese selten alleine aus Eigenkapital finanziert. Daher hat das Zinsniveau für Immobiliendarlehen einen erheblichen Einfluss auf die Nachfrage. Als Folge der Finanz- und Staatsschuldenkrise hat die Europäische Zentralbank (EZB) in ihrem Versuch, die Konjunktur in den besonders von der Krise betroffenen südeuropäischen Staaten zu stimulieren, ihren Leitzins kontinuierlich bis auf 0 % abgesenkt und auch aktuell wieder auf diesem niedrigen Niveau bestätigt. [23] Wenngleich die Niedrigzinsphase mittelfristig anhalten dürfte, so könnte die Ankündigung der EZB, ihr Programm zum Ankauf von Staatsanleihen auslaufen zu lassen, einen Umschwung bedeuten und langfristig einen Anstieg der Zinsen mit sich bringen. [24]

In der derzeitig noch anhaltenden Ultraniedrig-Zins-Phase werden Immobilieninvestments auch aufgrund des Mangels an attraktiven Alternativen angereizt, die Nachfrage ist entsprechend hoch, was stellenweise sogar zu überproportionalen Anstiegen der Kaufpreise im Vergleich zu den Mietpreisen führt. Hiervon betroffen sind zuletzt vor allem die sieben A-Städte (auch Big Seven genannt), die größten und in nationaler wie internationaler Hinsicht bedeutendsten Immobilienmärkte in Deutschland: München, Hamburg, Köln, Berlin, Düsseldorf, Stuttgart und Frankfurt am Main. [9]

3.4.3 Nachfragetreiber Bevölkerungsentwicklung

Änderungen der Bevölkerungszahlen haben direkte Auswirkungen auf die Nachfrage. Steigt die Bevölkerung, steigt gleichzeitig auch der Bedarf an Wohnraum und umgekehrt. Zu demografischen Verschiebungen kommt es einerseits aufgrund von Geburten- und Sterberaten (natürlicher Saldo) sowie andererseits aufgrund der Zu- und Abwanderungssalden von bzw. nach Deutschland (räumlicher Saldo). [25] Die etwa seit Mitte der 2000er Jahre in der Tendenz eher rückläufigen Bevölkerungszahlen aufgrund der im Vergleich zu den Geburtenraten höheren Sterberaten haben sich durch positive Zuwanderungssalden aus wirtschaftlichen und politischen Gründen insbesondere aus Süd- und Osteuropa sowie aufgrund der Flüchtlingszuwanderung aus Afghanistan, Irak und Syrien seit 2012 innerhalb kurzer Zeit in eine positive Richtung verändert. [17]

Deutschlandweite Zahlen geben hierbei einen Aufschluss über demografische Trends. Da Immobilien aber wie einleitend bereits angesprochen per Definition immobil sind, ist das entscheidende Kriterium für die tatsächlichen Auswirkungen auf Wohnimmobilienmärkte die regionale Ausprägung der Bevölkerungsentwicklung. Heruntergebrochen auf einzelne Regionen Deutschlands ergeben sich diametral verschiedene Situationen der Marktdynamik auf den Wohnungsmärkten: Wohingegen weite Teile Ostdeutschlands von Schrumpfung und Abwanderung betroffen sind, zeigt sich ein Bevölkerungsanstieg in vielen Teilen Süddeutschlands und einigen Ballungsräumen, insbesondere in und um Hamburg und Berlin. Die Zuwanderung aus dem Ausland und Wanderungen innerhalb Deutschlands vollziehen sich also stark selektiv in Richtung der wirtschaftsstarken Großstädte und Metropolen sowie attraktiver Städte mittlerer Größe. Die Ursachen hierfür liegen in der besser ausgebauten Bildungs- und Arbeitsinfrastruktur, einem höheren Anteil an Mietwohnungen, einem besonders für junge Rentner interessanten größeren Angebot an Kultur und medizinischer Versorgung sowie der – besonders für ausländische Zuwanderer von Bedeutung – besseren Integrationsmöglichkeiten aufgrund der kulturellen Vielfalt in den Städten.

Der Wohnimmobilienmarkt in Deutschland

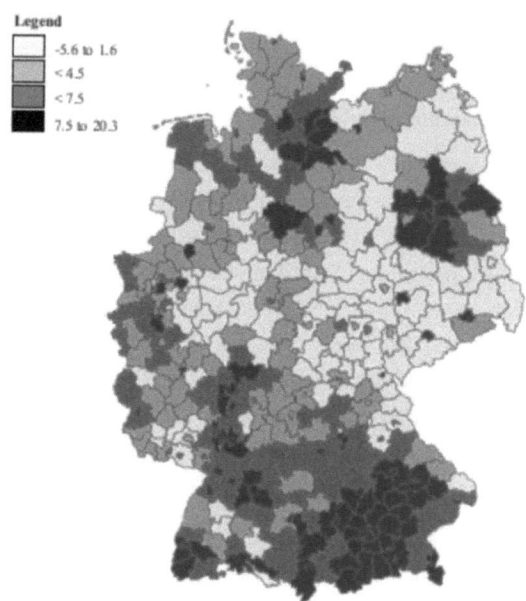

Abbildung 11: Netto-Migration pro 1.000 Einwohner im Jahr 2013 [12]

Einen guten Eindruck der regional differenzierten Bevölkerungsentwicklung und des verstärkten Trends der Re-Urbanisierung vermittelt Abbildung 11 aus dem Jahr 2013. In und um die deutschen Großstädte sowie in weiten Teilen Süd- und Westdeutschlands sind positive Wanderungssalden mit bis zu 20 zusätzlichen Einwohnern je 1.000 Einwohner zu verzeichnen.

Langzeit-Prognosen bis 2030 des Bundesinstituts für Bau-, Stadt- und Raumforschung (BBSR) bestätigen diese regionalen Tendenzen auch langfristig – trotz der Annahme einer insgesamten Bevölkerungsschrumpfung (ca. ab 2021). Insbesondere die großen Städte werden weiterwachsen, vergleiche Abbildung 12. Und der entscheidende Faktor für die Wohnungsnachfrage, nämlich der Trend, dass die Haushaltsgrößen weiter sinken und damit die Anzahl der Haushalte weiter wächst, wird ebenfalls anhalten (siehe hierzu auch Tabelle 3 in Kapitel 3.2 „Merkmale des Wohnimmobilienmarktes"). [17]

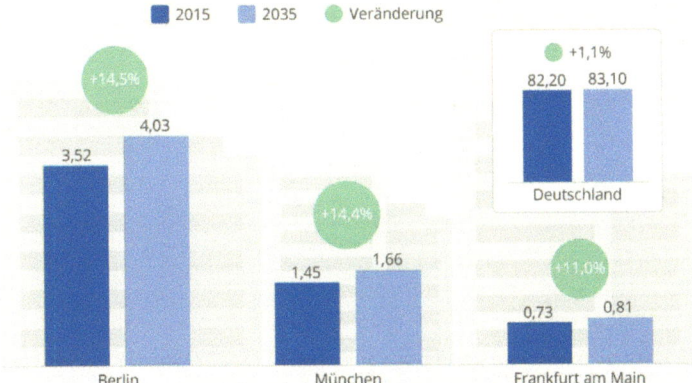

Abbildung 12: Prognose der Einwohnerzahl ausgewählter Städte in Deutschland (in Millionen) [26]

3.5 Preisentwicklung auf dem Wohnungsmarkt im Hinblick auf eine potenzielle spekulative Blase

Die Entwicklung der Kaufpreise von Wohnimmobilien kennt seit mittlerweile zwölf Jahren in Folge nur eine Richtung, wie Abbildung 13 eindrucksvoll belegt – hier anhand des Immobilienpreisindexes mit Basisjahr 1990. Die Steigerungen vollziehen sich für alle vier vom Herausgeber definierten Städtetypen[6] ähnlich deutlich. Vor allem die A-Städte zeigen schon seit 2005 ungebrochen Anstiege, die seit 2010 besonders steil verlaufen.

---

[6] Die Kategorisierung der Städtetypen der bulwiengesa AG in vier Klassen richtet sich nach der funktionalen Bedeutung für den internationalen, nationalen, regionalen oder lokalen Immobilienmarkt:
„A-Städte
Wichtigste deutsche Zentren mit nationaler und zum Teil internationaler Bedeutung. In allen Segmenten (Wohnen, Gewerbe, Büro) große, funktionsfähige Märkte. [...]
B-Städte
Großstädte mit nationaler und regionaler Bedeutung. [...]
C-Städte
Wichtige deutsche Städte mit regionaler und eingeschränkt nationaler Bedeutung, mit wichtiger Ausstrahlung auf die umgebende Region.
D-Städte
Kleine, regional fokussierte Standorte mit zentraler Funktion für ihr direktes Umland; geringeres Marktvolumen und Umsatz." [27].

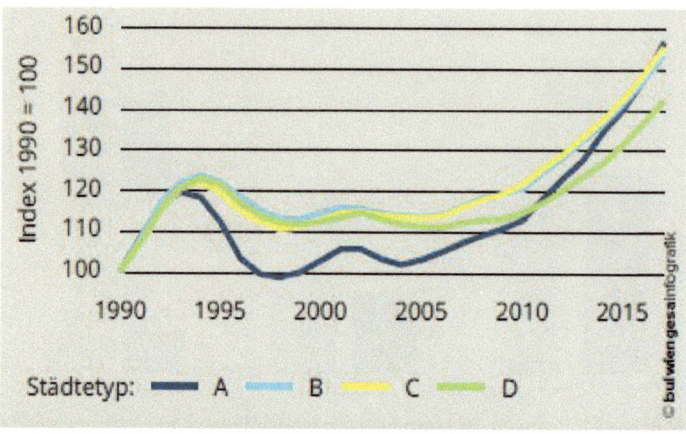

Abbildung 13: Preisindexentwicklung nach Städtetypen [7]

Deutschlandweit stiegen die Preise für Wohnimmobilien seit 1990 durchschnittlich um 2,4 % pro Jahr. Zum Vergleich: Die Preissteigerung von 2016 auf 2017 betrug 7,6 % und liegt damit erheblich höher als die Inflationsrate von knapp 2 % in 2017. [7] Bei Wohnimmobilien liegt somit ein überdurchschnittlicher Preisanstieg vor. Insbesondere vor dem Hintergrund der gravierenden Preissteigerungen in den Agglomerationsräumen in jüngerer Vergangenheit wirft dies die Frage nach den Ursachen für die Preisanstiege auf und schürt Befürchtungen, dass hierbei spekulative Preisübertreibungen – eine Preisblase – vorliegen könnten.

3.5.1 Definition einer Preisblase

Die Kernfrage zur Klärung des Vorliegens einer spekulativen Preisblase liegt darin, ob die realen Preise von Vermögenswerten – im spezifischen Fall von Wohnimmobilien – fundamentale Werte repräsentieren. Da Vermögenswerte per se dem Zweck dienen, Einkommen aus ihnen zu erzielen, und sie im Gegensatz zu Konsumgütern nicht dem Verzehr dienen, bestimmt sich ihr fundamentaler Wert wesentlich aus der zukünftigen Ertragsentwicklung und ihrer Risikostruktur. [18] Bei Wohnimmobilien sind dies demnach die erwarteten Mieteinnahmen (bzw. -ersparnisse bei Eigennutzern) und das mit der Wohnimmobilie verbundene Risiko verglichen mit alternativen Anlagen. Anders ausgedrückt: Können aus einem Immobilieninvestment hohe Erträge aus dem Halten der Immobilie, d.h. der Vermietung oder Eigennutzung, bei vergleichbar niedrigem Risiko erwirtschaftet werden, sind Preisanstiege fundamental gerechtfertigt und geben keinen Hinweis auf eine Preisblase.

Die Erfahrung aus vergangenen Preisblasen zeigt, dass die Preise dann in bedenklichem Maße steigen, wenn Investoren ihre Erwartungen in zukünftige Wertsteigerungen setzen. Für solche Investoren steht nicht der Ertrag aus der Nutzung des Vermögensgegenstands im Vordergrund, sondern der Ertrag aus der Wiederveräußerung. Stiglitz bringt diese Beobachtung mit seiner Definition einer Preisblase wie folgt auf den Punkt: „*if the reason that the price is high today is only because investors believe that the selling price will be high tomorrow – when 'fundamental' factors do not seem to justify such a price – then a bubble exists.*" [28]

Allein der Glaube, die „Spekulation" auf höhere Wiederverkaufspreise bewirkt die Preissteigerungen. Aufgrund des während Anlagebooms vielfach erkennbaren Herdentriebs dreht sich die Preisspirale so lange weiter nach oben, bis die Investoren ihre hohen Preiserwartungen am Markt nicht mehr durchsetzen können und plötzlich mit den Realwerten konfrontiert werden. Zu diesem Zeitpunkt platzt die Blase: Die Investoren wollen ihre Vermögenswerte quasi kollektiv abstoßen und die Preise fallen in der Konsequenz rapide in sich zusammen.

Nach einer Phase des substanziellen und meist raschen Preisanstiegs folgt ein rasanter Preisverfall – ein Charakteristikum für den Verlauf von Preisblasen – mit der Folge, dass eine eindeutige Identifikation einer Preisblase erst im Nachhinein nach dem Platzen der Blase möglich ist. Vorläufig kann eine Untersuchung der zugrunde liegenden Fundamentalfaktoren Aufschluss über das potenzielle Vorliegen oder Tendenzen hin zu einer spekulativen Preisblase geben.

3.5.2 Untersuchung der Fundamentalfaktoren für die Preisentwicklung am Wohnungsmarkt

Die Ursache für Diskussionen um eine mögliche Immobilienblase liegt in den steigenden Immobilienpreisen (vgl. Abbildung 13). Bei niedrigen Preisen könnte eine Preisblase zügig ausgeschlossen werden, doch auch bei hohen Preisen muss nicht zwangsläufig eine vorliegen. Ausschlaggebend ist, ob die Entwicklung der Preise zur Entwicklung der fundamentalen Faktoren passt. Dies sind insbesondere

- die nachfragebestimmenden Faktoren Einkommen, Demografie und Zinsen,
- die Miet- bzw. Wohnnutzerkosten (User Cost of Housing),
- die Bautätigkeit als Indikator für die Angebotsseite sowie
- das Kreditvergabevolumen.

Einkommen, Demografie und Zinsen

Im vorhergehenden Kapitel 3.4 zur „Nachfrageentwicklung im Wohnimmobilienmarkt" konnte für alle drei Nachfragekomponenten festgestellt werden, dass sie in der momentanen Situation grundsätzlich Anlass für Immobilienpreissteigerungen geben.

Die Einkommen der Deutschen sind aufgrund der soliden wirtschaftlichen Entwicklung kontinuierlich angewachsen. Mit steigenden Gehältern steigen zunächst die Möglichkeiten des Einzelnen, sich eine Immobilie leisten zu können, in anderen Worten: Immobilien werden „erschwinglicher". Die höhere Nachfrage führt zu höheren Preisen. Diese Kausalkette kann nicht nur auf Immobilien*käufe* angewendet werden, sondern gilt analog für das *Mieten* bzw. *Vermieten* von Wohnungen – mit dem einzigen Unterschied, dass sich die höheren Kaufpreise aufgrund besserer Ertragserwartungen dank höherer Mieteinnahmen für den Eigentümer (= Vermieter) ergeben.

Ob sich nun hierin schon eine fundamentale Rechtfertigung für Preisanstiege allein aufgrund der höheren Nachfrage verbirgt, lässt sich anhand zweier Kennzahlen für die Erschwinglichkeit von Wohnimmobilien eingehender analysieren:

- das Preis-Einkommens-Verhältnis: Der Kaufpreis wird ins Verhältnis zum Einkommen gesetzt, um überprüfen zu können, *„ob sich die Immobilienpreise im Einklang mit den gegenwärtigen wirtschaftlichen Grundlagen der privaten Haushalte entwickeln."* [29]
- das Preis-Miete-Verhältnis („Vervielfältiger", „Faktor"): Der Kaufpreis wird auf die Jahresmieteinnahmen bezogen und dient damit der Bewertung der Rentabilität der Immobilie.

Liegen die beiden Kennzahlen über dem langjährigen Durchschnitt oder steigen sie sprunghaft an, kann dies ein Indiz für ein Überhitzen des Marktes und ein Zeichen für eine spekulative Blase sein. [18] In diesen Fällen lägen die Preise nämlich oberhalb dessen, was sich fundamental rechtfertigen ließe. Wie Abbildung 14 zeigt, sind beide Werte ausgehend vom Basisjahr 2010 gestiegen, d.h. die Kaufpreise weisen im Vergleich zu den Einkommen und den Jahresmieteinnahmen überproportional starke Anstiege auf.

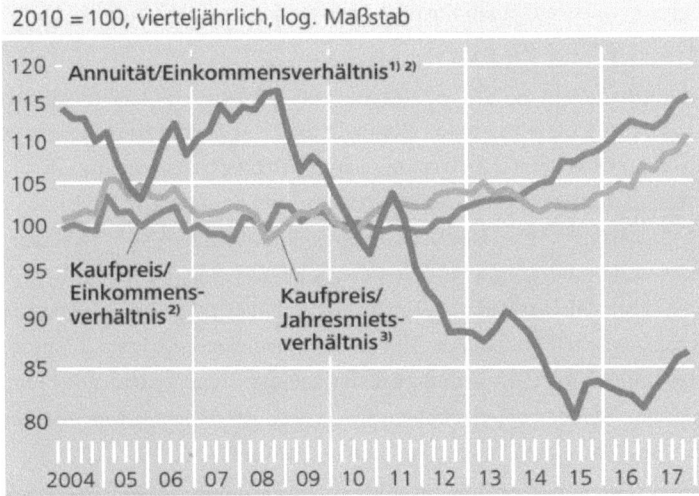

Abbildung 14: Standardindikatoren zur Beurteilung von Wohnimmobilienpreisen in Deutschland [29]

Die Erschwinglichkeit von Wohnimmobilien wird über das Einkommen und Mieteinnahmen hinaus maßgeblich von Finanzierungskosten beeinflusst. Diese sind seit 2008 aufgrund des niedrigen Zinsniveaus stark zurückgegangen, wie auch das in Abbildung 14 dargestellte Annuitäts-Einkommens-Verhältnis verdeutlicht. Trotz der überproportionalen Anstiege der Preise im Verhältnis zu Einkommen und Mieteinnahmen hat sich die Erschwinglichkeit von Immobilien damit absolut gesehen verbessert, was die Nachfrage weiter antreibt und die Preise weiter anheizt.

Miet- bzw. Wohnnutzerkosten (User Cost of Housing)

Ein weiterer Ansatz zur Untersuchung einer Blasenbildung geht von der Kongruenz der Kosten für das Wohnen in einer Mietwohnung und in einer eigenen Wohnung[7] aus. Langfristige Differenzen können sich am Markt nicht behaupten, da die Entscheidungen (Kaufen oder Mieten) immer für die günstigere Variante getroffen werden und damit die Nachfrage für die andere Variante fällt und in der Konsequenz die Kosten sinken. Bestehen dennoch starke Kostenunterschiede, so weist

---

[7] Dieser Ansatz ist nicht nur für Selbstnutzer geeignet ist, sondern auch für Investoren, die weitervermieten, da die Kostengefüge sie in ihrer Kaufentscheidung analog beeinflussen werden.

dies möglicherweise auf einen Korrekturbedarf der Immobilienpreise und auf eine eventuelle Blase hin. [30]

Da der Kaufpreis nicht per se die tatsächlichen, jährlichen Kosten für die gekaufte Wohnung wiedergibt, wird hier das Konzept der User Cost of Housing angewendet (zu Deutsch auch Wohnnutzerkostenkonzept). Dieses berücksichtigt die komplexen Einflussparameter auf die Kostenstruktur des Käufers zur Einschätzung des Marktes umfassender. Die User Cost of Housing bestimmen sich nach den jährlichen Kosten und finanziellen Vorteilen der Selbstnutzung gegenüber dem Mieten. Damit bilden sie eine Art kalkulatorische Miete und ermöglichen die Vergleichbarkeit mit tatsächlichen Mietkosten. Neben der Zinsbelastung, Instandhaltungskosten, Grundsteuer, typischen Grundstückswertsteigerungen und aus der Immobilie resultierenden Steuervor-/-nachteilen beinhalten die User Cost of Housing auch die Opportunitätskosten aus entgangenen Einnahmen. [18]

Analysen der User Cost of Housing zeigen, dass diese in Deutschland insgesamt sowie auf Landkreisebene mit Ausnahme einiger bayerischer Kreise (unter anderem München, Regensburg, Kempten) unterhalb der Kosten des Mietens liegen und damit die aktuelle Preisentwicklung nach wie vor fundamental gerechtfertigt ist. Der Kauf von Wohneigentum ist demnach vorteilhafter als die Miete. Ausschlaggebend sind auch in diesem Kontext die niedrigen Zinsen. Sobald es mittel- bis langfristig zu einer Zinswende kommt, können jedoch Preiskorrekturen die Folge sein. [30]

Bautätigkeit

Angebotsseitig ist der deutsche Immobilienmarkt in den letzten Jahren stetig gewachsen. Die positive Entwicklung der Bauwirtschaft lässt sich maßgeblich auf die solide Konjunktur, den robusten Arbeitsmarkt, steigende Bevölkerungszahlen sowie das niedrige Zinsniveau – im Grunde also die wesentlichen Nachfragetreiber – zurückführen. Dennoch bleibt der nötige Bauboom, der für die Fertigstellung des prognostizierten Wohnungsbedarfs nötig wäre, bisher aus. [31]

Die Kapazitätsauslastungen in der Baubranche erreichen aktuell ihren Höchststand der letzten zwanzig Jahre. Bezogen auf das Bruttoinlandsprodukt jedoch stagnieren die Investitionen im Baugewerbe seit Jahren bei etwa 10 % über die drei Teilsegmente öffentlicher, Gewerbe- und Wohnungsbau hinweg.

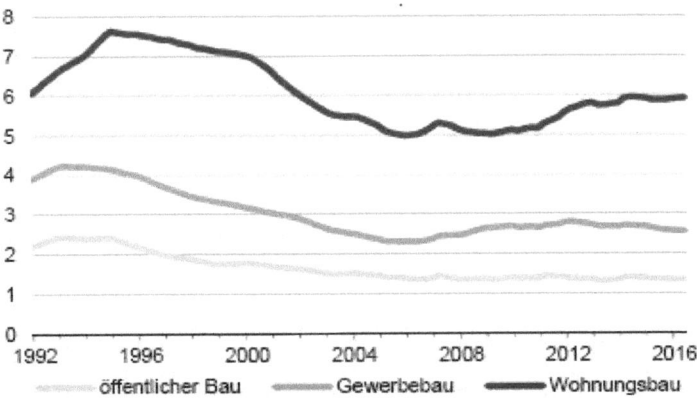

Abbildung 15: Bauinvestitionen in % des Bruttoinlandsprodukts [31]

Die Bauwirtschaft steht vor der Herausforderung der vor allem in den Städten gravierenden Grundstücksknappheit. Die Wohnungsfertigstellung wird darüber hinaus maßgeblich von der derzeit ohnehin schon hohen Auslastung der Bauindustrie gebremst, die stellenweise mit Kapazitätsengpässen, hauptsächlich bei den verfügbaren Mitarbeitern, einhergeht. Paradoxerweise führt einer der Treiber der Nachfrage nach Wohnraum – die positive Arbeitsmarktsituation – dazu, dass es der Bauwirtschaft an Mitarbeitern fehlt, da sich insbesondere Nachwuchskräfte angesichts der florierenden Konjunktur in attraktiveren Berufsfeldern betätigen. [32]

Im Ergebnis bleibt die Anzahl der fertig gestellten Wohnungen weit hinter dem Baubedarf zurück, der sich einerseits aus den demografischen Trends zur Urbanisierung und zur höheren Pro-Kopf-Wohnfläche ableitet sowie andererseits einen Ersatz- und Nachholbedarf aus Jahren mit geringer Bautätigkeit beinhaltet. Dabei hinkt das Angebot der Nachfrage im Bauwesen naturgemäß etwas hinterher. Insbesondere aufgrund der eingangs angesprochenen Markttransparenz sowie langer Planungs- und Genehmigungszyklen kann es mehrere Perioden dauern, bis sich die Bautätigkeit angepasst hat. In der Zwischenzeit kommt es auch aufgrund dieser Tatsache zu Preisspannungen wegen der vorübergehenden Knappheit.[8]

Die aktuellen Zahlen für Deutschland und für große deutsche Städte zeigen jedoch gravierendere Abweichungen, als es sich durch solch zyklische Preis- und Mengen-

---

[8] Hieraus resultierende Preisschwankungen weisen über die Zeit betrachtet einen wellenförmigen Verlauf auf. Diese Preiszyklen finden im sogenannten „Cobweb-Theorem" ihre theoretische Begründung. [33].

anpassungen erklären ließe. Den jährlichen Baubedarf bis 2020 bezifferte das Institut der deutschen Wirtschaft Köln e.V. Ende 2015 auf jährlich über 430.000 Wohnungen für ganz Deutschland. [34] Im Jahr 2016 wurden jedoch nur knapp 278.000 Wohnungen fertiggestellt – allein daraus ergibt sich eine Bedarfslücke von über 150.000 Wohnungen im Jahr 2016. [35] Die Fertigstellungszahlen entwickeln sich dabei seit Jahren positiv: Von 2015 auf 2016 ist eine Steigerung von über 12 % zu verzeichnen, für 2017 wird ein weiteres Plus von 15 % auf 320.000 Wohnungen erwartet. [36] Dennoch verbleibt eine beträchtliche Lücke, die auch in den folgenden Jahren insbesondere wieder die großen Städte über 100.000 Einwohner betreffen wird. Tabelle 5 zeigt die jährlich zu wenig gebauten Wohnungen in ausgewählten Städten und in ganz Deutschland, basierend auf Zahlen und Prognosen aus 2014, und vermittelt damit einen Eindruck, wo es voraussichtlich zu besonders prekären Wohnungsengpässen kommen wird.

	fertiggestellte Wohnungen 2014	jährlicher Baubedarf 2015 bis 2020	jährliche Lücke
Berlin	8.744	19.655	10.911
München	6.661	13.408	6.747
Hamburg	6.974	10.424	3.450
Köln	3.824	6.169	2.345
Frankfurt a.M.	4.418	6.217	1.799
Düsseldorf	2.373	2.755	382
Deutschland	245.000	430.000	185.000

Tabelle 5: Jährlich zu wenig gebaute Wohnungen 2015 bis 2020 [37]

Besonders in den drei größten deutschen Städten klaffen die Werte für die tatsächliche Fertigstellung und den Bedarf besonders weit auseinander und üben so zunehmenden Druck auf die Preise aus. Trotz der beschriebenen positiven Entwicklungen bei den Fertigstellungszahlen bleibt die preistreibende Ausgangssituation bestehen: Die Nachfrage liegt deutlich über dem Angebot.

Kreditvergabevolumen

Typisch für spekulative Blasen ist eine starke Ausweitung der Kreditvolumina. Beobachtbar war dies in jüngerer Vergangenheit in einigen europäischen Ländern, wie Spanien oder Irland, wo Immobilienblasen tatsächlich entstanden waren und im Verlauf der Staatsschuldenkrise mit teils beträchtlichen Preiskorrekturen platzten. Insbesondere die Kreditvergabepraktiken in den USA im Vorfeld der dortigen Immobilienkrise, bei denen Immobiliendarlehen mit hohen Beleihungsausläufen und niedrigen Anfangstilgungsraten ohne strenge Bonitäts- und Sicherheitskriterien vergeben werden konnten, verdeutlichen jedoch die Kausalkette zur Preisblasenbildung. In der Wissenschaft gilt eine *"schnelle und nachhaltige Ausweitung der aggregierten Kreditmenge [...] als ein zuverlässiger Vorlaufindikator für Finanzkrisen, die als Folge von Vermögenspreisblasen entstehen."* [18]

Die Situation in Deutschland gestaltet sich so, dass Wohnungsbaukredite eher konservativ vergeben werden. Die Änderungsraten verlaufen laut Tabelle 6 seit Jahren im niedrigen einstelligen Bereich.

Jahr	Kredite für den Wohnungsbau an inländische Unternehmen und Privatpersonen (Jahreswerte, in Milliarden €)	Änderungsrate gegenüber dem Vorjahr
2004	1.086 €	
2005	1.093 €	0,67%
2006	1.115 €	1,96%
2007	1.101 €	-1,21%
2008	1.093 €	-0,71%
2009	1.095 €	0,12%
2010	1.102 €	0,63%
2011	1.114 €	1,13%
2012	1.135 €	1,88%
2013	1.159 €	2,14%
2014	1.189 €	2,53%
2015	1.230 €	3,49%
2016	1.277 €	3,77%
2017	1.327 €	3,92%

Tabelle 6: Kreditvergabevolumina für inländische Unternehmen und Privatpersonen [38]

Wenngleich der jährliche Anstieg unlängst auf knapp vier Prozent angewachsen ist, so liegt der Beleihungsanteil im Durchschnitt konstant unter 80 %, während die anfängliche Tilgung kontinuierlich steigt. Unter Berücksichtigung der Zins- und Immobilienpreisentwicklung kann *„die derzeitige Kreditvergabe sogar als unterdurchschnittlich angesehen werden".* [9]

Insgesamt gilt das deutsche Finanzierungssystem, das auf Festzinshypotheken und Bausparverträge anstatt auf Subprimemärkte setzt, als sehr solide aufgestellt. [8]

3.5.3 Resümee

Zusammenfassend kann nach Betrachtung der wesentlichen Fundamentalfaktoren festgestellt werden, dass es sich vereinzelt durchaus um überhitzte Situationen vor allem auf den Wohnimmobilienmärkten der größeren Städte handelt. Aufgrund der real existierenden Spannungen zwischen Bedarf und Fertigstellung können diese momentan aber noch fundamental begründet werden: Die deutlichen Anstiege der Immobilienpreise sind Folge der anhaltend günstigen Nachfragebedingungen sowie der verzögerten Angebotsausweitung. [29]

Besondere Sorgfalt ist bei einer Veränderung der Rahmenbedingungen gegeben – einem Anstieg des Zinsniveaus oder einem Abflauen der Konjunktur. Dann nämlich könnte sich die Nachfragesituation für potenzielle wie aktuelle Kreditnehmer beträchtlich verschlechtern und im Ergebnis einen Preisverfall einläuten. Für Wachstumsregionen und große Städte könnten sich Rückschlagpotenziale ergeben. Angemerkt sei aber hier, dass für die meisten Kreise Deutschlands kaum Gefahr besteht und selbst Zinsen von bis zu 4 % noch zu keinen marktverzerrenden Fehlbewertungen führen würden. [30]

Der sogenannte Blasenindex des wirtschafts- und sozialwissenschaftlichen Forschungs- und Beratungsinstitut empirica veranschaulicht in Abbildung 16 die Wahrscheinlichkeiten für das Vorliegen einer spekulativen Preisblase auf dem Wohnimmobilienmarkt. Bestimmt wird er anhand der Preis-Einkommens- sowie Preis-Miete-Verhältnisse, anhand spekulativer Investitionen sowie anhand des Kreditvergabevolumens. Für Deutschland insgesamt liegt er im Normalbereich, für Wachstumsregionen aber immerhin rund 30 Prozentpunkte oberhalb des Normalwertes.

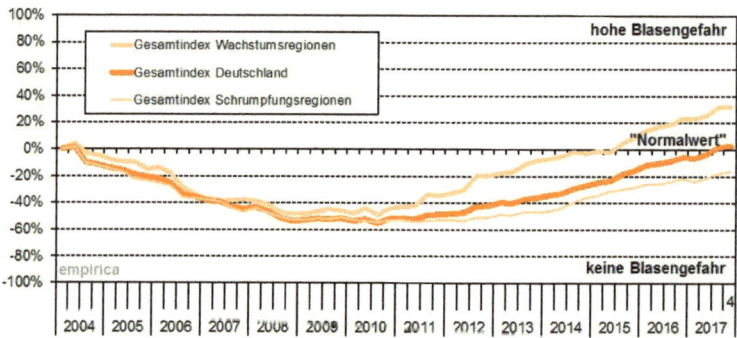

Abbildung 16: empirica-Blasenindex – Indikator für Preisblasen am Wohnungsmarkt [39]

Insgesamt stuft die Fachwelt die Gefahr einer spekulativen Blase als sehr gering ein. Die Entwicklungen sollten jedoch weiterhin sorgfältig analysiert werden, da sich „*spekulative Blasen auch auf Basis ursprünglich fundamental gerechtfertigter Preisbewegungen entwickeln [können], wenn die Erwartungen irrational optimistisch werden.*" [30]

4 Immobilienstrategien und deren steuerrechtliche Behandlung

Der Immobilienerwerb kann aus unterschiedlichsten Anlässen erfolgen – abhängig von der jeweils zugrunde liegenden Strategie des Investors. Immobilien werden wie eingangs angesprochen beispielsweise als Altersversorgung oder zu Renditezwecken angeschafft. Nach dem Erwerb stellt sich die Frage der Nutzung, die der Investor strategiespezifisch ebenfalls auf verschiedenste Weisen realisieren kann – selbstgenutzt, vermietet oder (als Sonderform der Nutzung) wiederveräußert.

„Im Steuerrecht gilt die Immobilie als das komplexeste Wirtschaftsgut überhaupt. [...] Dennoch ist die Nachfrage nach Immobilien ungebrochen." [40] Da jedes Strategiemodell eine individuelle Behandlung nach steuerlichen Maßstäben insbesondere des Einkommensteuer-, Bewertungs-, Grunderwerbsteuer- und Umsatzsteuerrechts erfährt, ist es äußerst zielführend, die Grenzen und Möglichkeiten der einzelnen steuerrechtlichen Umsetzungsmodelle der Unterkapitel 4.1 bis 4.4 zu analysieren und seine eigene Strategie danach auszurichten.

Aus Immobilien generierte Einnahmen und Gewinne sind vom privaten Investor nach Einkommensteuergesetz zu versteuern. Richtig umgesetzt, ergeben sich unter Umständen und je nach projektspezifischer Umsetzung Möglichkeiten, die Steuerlast zu reduzieren. Die allgemeingültigen Zusammenhänge sind in den nachfolgenden Unterkapiteln skizziert, für konkrete Projekte sei jedoch in jedem Fall eine individuelle Steuerberatung empfohlen.

Die dieser Arbeit zugrundeliegende Perspektive richtet sich auf Privatinvestoren. Die für sie in Frage kommenden zu versteuernden Einkunftsarten sind im Wesentlichen Einkünfte aus Vermietung und Verpachtung (gemäß § 21 EStG) sowie Einkünfte aus privaten Veräußerungsgeschäften (gemäß § 22 f. EStG). [41] Die konkrete steuerrechtliche Behandlung des Investments richtet sich nach den nachfolgenden Umsetzungsstrategien der Unterkapitel 4.1 bis 4.4. Die tatsächliche Höhe der Besteuerung hängt über die Vermietungstätigkeit hinaus maßgeblich von der persönlichen Lebens- und Arbeitssituation des privaten Immobilieninvestors ab und ist daher nur einzelfallspezifisch festzustellen.

4.1 Vermietete Immobilien

Die im Kontext von vermieteten Wohnimmobilien relevanten Einkünfte fallen unter die in § 21 EStG erfasste Einkunftsart „Vermietung und Verpachtung". Sie werden aus der Vermietung oder Untervermietung von Wohnraum sowie auch aus der Vermietung von Stellplätzen oder Garagen erzielt. Grundsätzlich sind auch die vom

Mieter geleisteten Nebenkostenvorauszahlungen als Einkünfte des Vermieters einzustufen. Sie werden in der Regel kalenderjährlich mit den tatsächlich anfallenden Nebenkosten verrechnet und exakt mit dem Mieter abgerechnet, der sie nutzungsbedingt zu tragen hat.

Um letztendlich den Effekt auf das zu versteuernde Einkommen des Investors zu ermitteln, werden den Erträgen aus der Vermietung die damit verbundenen Aufwendungen gegenübergestellt. Dies sind im Wesentlichen Werbungskosten und Abschreibungen.

4.1.1 Werbungskosten (gemäß § 9 EStG)

Steuerlich als Werbungskosten absetzbare Aufwendungen sind sämtliche Ausgaben, die im Zusammenhang mit der Immobilienvermietung stehen. Typische Werbungskosten sind:

- Finanzierungskosten:
    - Darlehenszinsen
    - Kosten der Grundschuldeintragung zugunsten des Darlehensgebers
    - Bankgebühren (z.B. Abschlussgebühren für Bausparer zur Immobilienfinanzierung, Disagio)
- Hausverwaltungskosten
- Renovierungs- und Instandhaltungskosten (Erhaltungsaufwendungen)
- Rechts- und Steuerberatungskosten
- Gutachterkosten
- Vermietungskosten (z.B. Inserate, Maklerkosten)
- Nebenkosten [42, 43]

Die aufgeführten Werbungskosten sind sofort, also in dem Kalenderjahr, in dem sie anfallen, absetzbar. Im Fall der Erhaltungsaufwendungen gilt dies nur bei Unterschreitung einer näher im Unterkapitel „Erhaltungsaufwendungen" auf Seite 44 erläuterten Kostengrenze.

4.1.2 Abschreibungen (gemäß § 7 EStG)

Zusätzlich können die anfallenden Abschreibungen auf den Gebäudewert steuerlich geltend gemacht werden. Im Gegensatz zu den eben aufgeführten Werbungskosten zeigen die Abschreibungen keine Zahlungswirksamkeit, sondern stellen kalkulatorische Kosten dar, die ohne direkten Einfluss auf den Cash Flow sehr wohl aber Einfluss auf das wirtschaftliche Ergebnis der Immobilie ausüben. Das wirtschaftliche Ergebnis wiederum ist die Grundlage zur Feststellung der Steuerlast des Immobilieninvestors: Gewinne erhöhen das zu versteuernde Einkommen und bewirken eine Erhöhung seines Steuersatzes, wohingegen Verluste aus der Immobilienvermietung das zu versteuernde Einkommen und schließlich den persönlichen Steuersatz senken.[9]

Hohe Abschreibungen sind aufgrund dieser Korrelation grundsätzlich im Interesse des Immobilieninvestors. Ohne seinen Cash Flow zu beeinträchtigen, senken sie seine Steuerlast und können hierdurch indirekt sogar eine positive Cash Flow-Wirkung entfalten. Die Ermittlung der Abschreibungshöhe unterliegt dabei klaren gesetzlichen Vorgaben, um eventuelle missbräuchliche Festlegungen zwischen den Vertragsparteien im Kaufvertrag (siehe hierzu Abschnitt „Kaufpreisaufteilung im Kaufvertrag" auf Seite 43) einzuschränken und letztlich um Steuergerechtigkeit zu gewährleisten.

Steuerliche Nutzungsdauer

Die der Ermittlung der Abschreibungshöhe zugrunde liegende steuerliche Nutzungsdauer beträgt 50 Jahre (bzw. 40 Jahren bei Gebäuden mit Baujahr vor 1925), sodass sich der in § 7 Absatz 4 Satz 1 Nummer 2 EStG festgesetzte jährliche lineare Abschreibungssatz von 2 % (bzw. 2,5 %) ergibt.[10] [41]

Abschreibungsbemessungsgrundlage

Die Abschreibungsbasis hierfür stellen die Anschaffungs- und Herstellungskosten ausschließlich für den Gebäudeanteil der Investition dar, nicht jedoch für den Grund- und Bodenanteil, da Grundstücke per se nicht abnutzbar und folglich nicht abschreibbar sind. [6] Dabei handelt es sich um einen in der Besteuerungspraxis wenig trivialen Umstand, da Kaufverträge den Preis der Immobilie als Ganzes regeln, dieser für die Besteuerung aber erst noch auf Grundstücks- und Gebäudeanteil aufzuteilen ist.

Grundsätzlich ist zu beachten, dass sich die zu aktivierenden Anschaffungskosten aus dem reinen Kaufpreis der Immobilie (auch als „Nettokaufpreis" bezeichnet) und den Kaufnebenkosten (i.d.R. Grunderwerbsteuer, Notarkosten und

---

[9] Vereinfacht systematische Darstellung ohne Berücksichtigung der Besonderheiten des Einzelfalls
[10] Die Abschreibungshöhe ist bei unterjährigen Käufen zeitanteilig zu bemessen.

Maklercourtage) zusammensetzen. In Summe ergeben diese Bestandteile den „Bruttokaufpreis" (vgl. Formel 3 in Kapitel 6 „Kaufpreismaxima für Immobilientransaktionen"). Der Bruttokaufpreis wiederum umfasst die Anschaffungskosten für die wesentlichen Bestandteile der Immobilie (gemäß § 94 BGB), also sowohl für das nicht abnutzbare Grundstück als auch für *„die mit dem Grund und Boden fest verbundene Sache"*, also das Gebäude bzw. die Wohnung an sich, welche wiederum sehr wohl einer Abnutzung unterliegt. [44] Um die relevante Abschreibungsbemessungsgrundlage, den reinen Gebäudewert, zu erhalten, ist der Bruttokaufpreis aufzuteilen: auf Grund und Boden einerseits, auf das Gebäude andererseits.

Aufteilung des Kaufpreises

Die Aufteilung des Bruttokaufpreises für ein bebautes Grundstück hat entsprechend eines BFH-Urteils vom 10. Oktober 2000 *„nach dem Verhältnis der Verkehrswerte oder Teilwerte auf den Grund und Boden einerseits sowie das Gebäude andererseits"* zu erfolgen. [45] *„Boden- und Gebäudewert [sind demnach zunächst] gesondert zu ermitteln und sodann [sind] die Anschaffungskosten nach dem Verhältnis der beiden Wert-anteile in Anschaffungskosten für den Grund- und Bodenanteil und den Gebäudeanteil aufzuteilen."* [46] Unzulässig ist die alleinige Bewertung von Grund und Boden beispielsweise anhand von Bodenrichtwerten und die anschließende Berechnung des Gebäudewertes als Differenz aus Gesamtkaufpreis und Bodenwert gemäß der sogenannten Restwertmethode. [46]

Die Kaufpreisaufteilung und damit die Festlegung der Abschreibungsbemessungsgrundlage erfolgt spätestens mit der ersten Steuererklärung und bleibt für die kommenden Nutzungsjahre unveränderbar.

Arbeitshilfe zur Kaufpreisaufteilung

Das Bundesministerium der Finanzen stellt eine Arbeitshilfe in Form einer xls-Kalkulationstabelle zur Kaufpreisaufteilung mit einer umfassenden Anleitung hierüber zur Verfügung. Diese ermöglicht die Anwendung dieses bundeseinheitlichen, typisierten Verfahrens entweder zur eigenständigen Aufteilung des Kaufpreises oder zur Plausibilitätsprüfung einer vorliegenden Aufteilung. [47]

Auf Grundlage der Vorschriften zur Verkehrswertermittlung, speziell des Sachwertverfahrens nach den § 21 ff. der Immobilienwertermittlungsverordnung, wird anhand der im Folgenden aufgelisteten, in das Kalkulationstool einzutragenden Grundstücks- und Gebäudeangaben ein separater Wert für Grund und Boden auf der einen Seite und Gebäude auf der anderen Seite ermittelt und ein auf den vertraglichen Kaufpreis zu übertragendes Verhältnis dieser beiden Einzelwerte errechnet:

1. Lage des Grundstücks
2. Grundstücksart
3. Datum des Kaufvertrags
4. Kaufpreis in € (inkl. Nebenkosten)
5. Ursprüngliches Baujahr
6. Wohn- bzw. Nutzfläche in m²
7. Ggf. Anzahl Garagenstellplätze
8. Ggf. Anzahl Tiefgaragenstellplätze
9. Ggf. Miteigentumsanteil – Zähler
10. Ggf. Miteigentumsanteil – Nenner
11. Grundstücksgröße in m²
12. Bodenrichtwert in €/m²

Auf einzelfallspezifische Besonderheiten, wie z.B. Teileigentumserwerb bei Mehrfamilienhäusern oder den Erwerb mehrerer Grundstücke mit unterschiedlichen Bodenrichtwerten, kann mit Hilfe des Tools eingegangen werden. Für eine weitere Interpretation der errechneten Einzelwerte ist zu berücksichtigen, dass sie keine Marktanpassung enthalten und demnach nicht den aktuellen Verkehrswert widerspiegeln. Da für die Kaufpreisaufteilung das Verhältnis der Einzelwerte ausschlaggebend ist, erfüllt das Kalkulationstool auch ohne Marktanpassung seinen Zweck. Das Ergebnis bildet „*eine qualifizierte Schätzung, die sachverständig begründet widerlegbar ist.*" [47]

Kaufpreisaufteilung im Kaufvertrag

Die Festlegung der Wertanteile für Grund und Boden und Gebäude kann bereits im Kaufvertrag von den Vertragsparteien beschlossen werden.

> „Eine vertragliche Kaufpreisaufteilung ist der Berechnung der AfA zu Grunde zu legen, [jedoch nur,] sofern sie zum einen nicht nur zum Schein getroffen wurde sowie keinen Gestaltungsmissbrauch darstellt und zum anderen unter Berücksichtigung der Gesamtumstände die realen Wertverhältnisse widerspiegelt und wirtschaftlich haltbar erscheint." [48]

Da „häufig nicht auszuschließen [ist], dass die von den Vertragsparteien selbst vorgenommene Aufteilung nicht den wirtschaftlichen Gegebenheiten entspreche und nur 'der Steuern wegen' vorgenommen wurde [...und] es in den Fällen der vereinbarten

Kaufpreisaufteilung mangels Interessengegensatzes nicht selten einer Überprüfung anhand des objektiven Verhältnisses der Verkehrswerte bedürfe, müsse der Großteil der Kaufpreisaufteilungen durch die für die Einkommensteuerveranlagung zuständigen Stellen selbstständig durchgeführt bzw. auf Plausibilität geprüft werden." [46]

In der Praxis führt dies dazu, dass notarvertragliche Kaufpreisaufteilungen zwischen den Vertragsparteien regelmäßig keinerlei Relevanz für die weitere Besteuerung haben und stattdessen die Finanzverwaltungen die Kaufpreisaufteilungen selbstständig vornehmen. Bei Abweichungen von bis zu 10 % zwischen dem vertraglichen Verteilungsmaßstab und dem Ergebnis der Finanzverwaltung, kann die Festlegung im Kaufvertrag zugrunde gelegt werden. [46]

4.1.3 Steuerfreiheit des Veräußerungsgewinns nach Ablauf der Spekulationsfrist

Ein wesentlicher Steuervorteil von fremdvermieteten Objekten ist die Steuerfreiheit des erzielten Veräußerungsgewinns, sofern die Immobilie für einen Zeitraum von mindestens zehn Jahren (Spekulationsfrist) vermietet worden war. In diesem Fall unterliegen sie nicht dem Geltungsbereich des § 23 EstG und stellen kein privates Veräußerungsgeschäft dar. [41] Wird für eine zunächst fremdvermietete Wohnung innerhalb der Spekulationsfrist Eigenbedarf angemeldet, so ist ein steuerfreier Verkauf auch dann möglich, wenn die Immobilie immerhin innerhalb der letzten drei Jahre vor Verkauf vom Eigentümer bewohnt war.

4.1.4 Steuerrechtliche Sonderfälle bei vermieteten Wohnobjekten

Einer näheren Betrachtung lohnen folgende drei Sonderfälle bei der Realisierung von Vermietungsvorhaben, die dem Investor zusätzliche Steuerbegünstigungen ermöglichen und seinen Gestaltungsspielraum aufzeigen.

Erhaltungsaufwendungen

Im Zusammenhang mit gezielten Aufwertungsmaßnahmen ist einerseits ihre Höhe sowie andererseits der Zeitpunkt, zu dem sie anfallen, steuerrechtlich höchst relevant.

Übersteigen die Erhaltungsaufwendungen für Sanierungen oder Modernisierungen innerhalb der ersten drei Nutzungsjahre 15 Prozent (netto) der Anschaffungskosten des Gebäudeanteils, so sind sie als anschaffungsnaher Aufwand vollständig zu aktivieren, erhöhen folglich den abschreibungsrelevanten Gebäudewert und sind linear über 50 (bzw. 40) Jahre abzuschreiben. [6] Bewegt sich ihre Höhe jedoch bis maximal 15 Prozent des Gebäudewertes, so können Erhaltungsaufwendungen wie oben beschrieben als sofort abziehbare Werbungskosten geltend gemacht werden. [43]

Fallen ab dem vierten Jahr der Nutzung größere Erhaltungsaufwendungen an, so hat der Investor nun ein Wahlrecht bezüglich deren steuerlicher Behandlung. Er kann sie entweder als Werbungskosten vollständig im Jahr der Entstehung absetzen, um seine Steuerlast zu reduzieren. Je nach individueller Konstellation kann es aber sinnvoller sein, von dem Wahlrecht Gebrauch zu machen, und die entstandenen Kosten über einen Zeitraum von zwei bis fünf Jahren abzuschreiben. Dadurch ergeben sich u.U. Steuerprogressionseffekte, durch die sich die Steuerlast des Investors insgesamt weiter absenken lässt. [43]

Vermietung an Angehörige

Wer eine Investmentimmobilie besitzt, verfolgt in aller Regel eine Einkunftserzielungsabsicht, d.h. der Investor will aus der Vermietung Mieteinnahmen generieren. Sollen nahe Verwandte oder enge Freunde in der Immobilie wohnen, möchte man ihnen eventuell eine Art Sonderpreis anbieten und ihnen eine günstigere Wohnungsmiete ermöglichen.

Sofern in solch einem Fall alle fiskalen Vorteile der Werbungskostenabsetzung geltend gemacht werden sollen, muss die in einem zivilrechtlich wirksamen Mietvertrag geregelte Miethöhe laut § 21 Absatz 2 EStG mindestens 66 % der ortsüblichen Vergleichsmiete betragen (vor 2012 waren dies mindestens 56 %). Andernfalls werden die erklärten Werbungskosten nur anteilig anerkannt. [41] Zur Bestimmung der ortsüblichen Vergleichsmiete können von der Steuerverwaltung den gegebenenfalls vorhandenen Mietspiegel der Gemeinde oder Durchschnittswerte für vergleichbare Mietobjekte auf Immobilienportalen herangezogen werden. War die Immobilie zuvor regulär vermietet, kann auch die bisherige Miethöhe als Anhaltspunkt dienen.

Denkmalimmobilien und Immobilien in Sanierungsgebieten/städtebaulichen Entwicklungsbereichen

Baudenkmäler sind von hohem kulturellen, gesellschaftlichen Wert, bedeuten für den Investor jedoch auch mehr Kosten und Risiken aufgrund eines höheren und diffizileren Modernisierungs- und Sanierungsbedarfs oder wegen weiterer Unwägbarkeiten zum Zustand beispielsweise der Bausubstanz. Um die Investitionen in Denkmal-immobilien dennoch anzureizen, sieht das Steuerrecht Sonderabschreibungsmöglichkeiten für Erhaltungsaufwendungen vor, die der Erhaltung des Gebäudes als Baudenkmal dienen und eine sinnvolle Nutzung ermöglichen.

Zusätzlich zur regulären jährlichen Abschreibung können die für vermietete Denkmalimmobilien entstehenden Erhaltungsaufwendungen acht Jahre lang mit 9 % pro Jahr und im Anschluss vier Jahre lang mit 7 % pro Jahr geltend gemacht werden, sodass sie nach 12 Jahren vollständig abgeschrieben sind (vgl. § 7i EStG). Die oben für übrige Immobilien beschriebene 15 %-Regelung der Erhaltungsaufwendungen in den ersten drei Jahren greift für Denkmalimmobilien nicht (vgl. § 11a f. EStG). [41]

Ähnliche Regelungen und Steuervorteile wie für Denkmalimmobilien liegen laut § 7h EStG häufig in Sanierungsgebieten (§ 142 BauGB) und städtebaulichen Entwicklungsgebieten (§ 165 BauGB) vor, die von Städten oder Gemeinden förmlich festgelegt werden können. [41, 49] Der Zweck solcher städtebaulicher Gebietsausweisungen ist der Erhalt eines einheitlichen Bildes oder eines bestimmten „Flairs" eines häufig historischen Stadtteils. Sonderabschreibungen sind in Sanierungsgebieten auch dann vorgesehen, wenn die einzelne Immobilie nicht explizit unter Denkmalschutz steht.

4.2 Spekulationsgeschäfte/private Veräußerungsgeschäfte

Als Spekulationsgeschäfte werden im Gegenzug zum langjährigen Halten (mindestens zehn Jahre ab Beurkundungstermin) oder Bewohnen von Immobilien (mindestens innerhalb der letzten drei Jahre seit Verkaufsdatum) solche Immobilientransaktionen bezeichnet, die innerhalb eines kürzeren Zeitraums nach Kaufdatum wieder verkauft werden. Wird die relevante Spekulationsfrist unterschritten, unterliegt der Gewinn aus dem privaten Veräußerungsgeschäft gemäß § 23 EStG der vollen Besteuerung. [41] Der Gewinn ist hierbei als Differenz zwischen Verkaufserlös und Buchwert zu ermitteln. [43]

Die Zielsetzung des Investors richtet sich in diesem Fall auf die Realisierung eines im Vergleich zum Einkaufspreis höheren Verkaufspreises. Dies setzt einerseits eine hervorragende Marktkenntnis voraus, durch die der Investor entweder die Wertsteigerungspotenziale innerhalb kurzer Zeit in dynamischen Immobilienmärkten ausschöpfen kann oder aber er aufgrund von Informationsvorteilen teurer verkaufen kann. Andererseits lassen sich höhere Veräußerungspreise häufig durch Aufwertungsmaßnahmen wie Sanierungen, Renovierungen oder Umbauten zum Zweck der Nutzflächenerweiterung oder Nutzungsänderung realisieren. [43] Bei solchen auch als „Fix and Flip"-Deals bezeichneten Investitionen steht klarerweise die rein kaufmännische Frage im Raum, ob die Zusatzinvestitionen durch den später erzielten Verkaufspreis gedeckt oder gar übertroffen werden können.

Wie eingangs erwähnt, beziehen sich die gemachten Ausführungen auf Privatinvestoren. Im Zusammenhang mit Spekulationsgeschäften ist zu beachten, dass der Immobilienhandel, sofern innerhalb eines Zeitraums von fünf Jahren mehr als drei Objekte erworben und wieder veräußert wurden, nicht mehr als privates Veräußerungsgeschäft sondern als gewerbliche Tätigkeit eingestuft wird („Drei-Objekt-Grenze"). Veräußerungsgewinne sind dann entsprechend anders zu versteuern (Stichwort Gewerbesteuer). [50]

4.3 Selbstgenutzte Immobilien

Eine selbst bewohnte Immobilie erfreut sich im Gegensatz zur vermieteten Immobilie (vgl. Kapitel 4.1) nicht der vielfältigen beleuchteten steuerlichen Erleichterungen. Nichtsdestoweniger sollte für beide Immobilienstrategien gelten, dass sie nicht allein aus steuerlichen Gründen angeschafft wurden. Während bei vermieteten Immobilien die Renditemöglichkeiten im Vordergrund stehen, überwiegen bei selbstgenutzten Immobilien immaterielle Aspekte wie die Unabhängigkeit vom Vermieter und die Sicherheit vor dessen Eigenbedarfsansprüchen und nicht zuletzt die Mietkostenersparnis (insbesondere zur Altersversorgung nach Renteneintritt). [40]

Drei bedeutende steuerliche Vorteile für selbstgenutzte Immobilien sieht das Steuerrecht aber dennoch vor:

- Wurde eine in der Vergangenheit vermietete Immobilie in den letzten drei Jahren selbst bewohnt, so kann sie ohne Versteuerung des Veräußerungsgewinns verkauft werden.

- Für Denkmalimmobilien sowie Immobilien in Sanierungs- oder städtebaulichen Entwicklungsgebieten (vgl. Kapitel 4.1) entstehende Erhaltungsaufwendungen sind laut § 10f EStG auch bei Selbstnutzung abschreibbar, nämlich über zehn Jahre mit je 9 % jährlich. [41]

- Wurde die Immobilie selbst errichtet, so kann gemäß § 10e EStG eine Steuerbegünstigung der zu eigenen Wohnzwecken genutzten Wohnung im eigenen Haus beansprucht werden. Dies beinhaltet die steuerliche Geltendmachung der entstandenen Herstellungskosten der Wohnung *„zuzüglich der Hälfte der Anschaffungskosten für den dazugehörenden Grund und Boden"* als Sonderausgaben. [41]

Da für übliche selbstgenutzte Immobilien weder Abschreibungen noch Werbungskosten abgesetzt werden können, ist es ratsam, die Finanzierungskonditionen hieran anzupassen. Um die Belastung durch Fremdkapitalzinsen, die sich nicht steuermindernd auswirken können, gering zu halten, sollte grundsätzlich möglichst viel Eigenkapital in die Finanzierung eingebracht werden. Der Finanzierungsvertrag sollte zudem Sondertilgungsmöglichkeiten einräumen, die nach Möglichkeit ausgeschöpft werden, da die Vermeidung von Finanzierungskosten in den meisten Fällen vorteilhafter sein dürfte als eine anderweitige Kapitalanlage.

4.4 Verrentungsimmobilien

Der Grundgedanke der Verrentung sieht vor, dass Immobilieneigentümer nach Übertragung ihrer Immobilie auf einen Investor als „Kaufpreis" eine lebenslange Rente (Leibrente) sowie ein lebenslanges Wohnungsrecht in ihrer Immobilie beziehen. Anstelle einer Einmalzahlung erhalten Eigentümer für ihren Hausverkauf demnach eine Art Ratenzahlung. Insbesondere für Senioren, die keine Nachkommen haben, bietet die Verrentung so den Vorteil, ihre finanziellen Möglichkeiten im Alter aufzubessern, ohne den (ohnehin nicht vorhandenen) Erben den lebenslangen Vermögensaufbau in Form der Immobilie vorzuenthalten. Auch kann der Wunsch bestehen, vorhandenes Vermögen schon vorzeitig in Form von finanziellen Mitteln an die Nachkommen zu verteilen, anstatt ihnen das Eigenheim zu vererben.

Die vertraglichen Ausgestaltungsmöglichkeiten des einzelnen Verrentungsmodells sind vielfältig:

- Anstatt eines Wohnungsrechts kann auch ein Nießbrauchsrecht eingetragen werden, das dem Verkäufer die Weitervermietung seiner Wohnung gestattet, falls er sich entschließen sollte umzuziehen.

- Statt lebenslanger Zahlungen („Leibrente") kann eine zeitlich begrenzte Vertragslaufzeit („Zeitrente") vereinbart werden.

- An Stelle einer monatlichen Leib-/Zeitrente kann eine Einmalzahlung erfolgen oder eine Kombination aus beidem.

- Im Extremfall ist auch ein vollständiger Verkauf mit Rückvermietung als Sonderform der Verrentung denkbar, der in der Praxis zunehmend an Bedeutung gewinnt. [51]

Zur Absicherung der beiden Vertragsseiten Verkäufer (= bisheriger Gebäudeeigentümer) und Investor sollten nach Möglichkeit mindestens folgende Vereinbarungen getroffen werden:

- Wertsicherungsklausel: Schützt den Verkäufer vor inflationsbedingtem Wertverlust seiner Leibrentenzahlungen.
- Eintragung einer Reallast ins Grundbuch: Sichert dem Verkäufer die Leibrente.
- Rückübertragungsansprüche durch Vormerkung im Grundbuch: Schützt den Verkäufer bei Nichterfüllung der vertraglichen Pflichten des Investors (z.B. Zahlungsunfähigkeit).
- Eintragung einer Eigentumsvormerkung im Grundbuch: Sichert dem Investor das Eigentum an der Immobilie zu. [52]

Die Immobilienverrentung bedeutet für den Investor, dass er eine Immobilie in sein Eigentum aufnimmt, vorerst aber nicht frei über sie verfügen kann. Darüber hinaus hat er bis zum Tod des bisherigen Eigentümers bzw. bis zum Ende der Vertragslaufzeit (je nach vertraglicher Ausgestaltung) monatliche Leibrentenzahlungen (Verrentungsraten) zu leisten. Die Höhe der Leibrentenzahlungen hängt von verschiedenen Faktoren ab, allen voran vom Wert des zu verrentenden Gebäudes sowie vom Lebensalter des bisherigen Eigentümers und dessen Lebenserwartung, also von der voraussichtlichen (bzw. fix vereinbarten) Vertragslaufzeit, sowie nicht zuletzt vom Umfang der Nutzungsrechtseinräumung (Wohnungs-/Nießbrauchsrecht).

Da dem Investor die Verrentungsimmobilie zunächst nicht zur freien Verfügung steht und er, solange der Veräußerer noch darin wohnt, keine Mieteinnahmen erzielen kann, fehlt dem Investor aus steuerlicher Sicht die Einkunftserzielungsabsicht, die ihn zum Abzug von Werbungskosten berechtigt. Das Leibrentenzahlungs-Modell der Immobilienverrentung bietet demnach keinerlei steuerliche Vorteile für den Investor und verliert nicht zuletzt deshalb in der Praxis an Relevanz.[11] [51] Bei einer unentgeltlichen Vermögensübertragung gegen Versorgungsleistungen können die vom Investor zu zahlenden Leibrenten unter Umständen als Sonderausgaben geltend gemacht werden, sofern sie die wirtschaftliche Leistungsfähigkeit des Steuerpflichtigen mindern.

---

[11] Anders gestaltet sich die Situation, sofern der oben angesprochene Verrentungssonderfall des Verkaufs mit Rückvermietung an den bisherigen Eigentümer vereinbart wird. In diesem Fall gelten die unter Kapitel 4.1 getroffenen Ausführungen zu vermieteten Objekten.

„Da Renten und dauernde Lasten regelmäßig [so auch im Falle der Verrentung; Anm. d. Verf.] vertraglich und damit frei vereinbart werden, ist ihr Abzug aus Gründen der wirtschaftlichen Leistungsfähigkeit steuersystematisch zweifelhaft. [...] [Bei] Vermögensübertragungen im Austausch mit einer Gegenleistung [z.B. einer Einmalzahlung; Anm. d. Verf.] [kommt] ein Abzug der wiederkehrenden Bezüge als Sonderausgaben [..] nicht mehr in Betracht." [53]

Als Anlageform ist die Immobilienverrentung möglicherweise aber dennoch interessant, da sie dem Investor Zugang zu Immobilien verschafft, die sich so ansonsten noch nicht am Markt befinden würden. Insbesondere in Ballungsgebieten und angespannten Immobilienmärkten sind erschwingliche Investmentimmobilien nur sehr selten anzutreffen. Mit Hilfe von Verrentungsimmobilien lassen sich unter Berücksichtigung aller Nutzungseinschränkungen und der zeitlichen Ungewissheit bis zur eigenen Nutzung unter Umständen gute „Kaufpreise" (in Form der Barwerte der kumulierten Verrentungsraten) erzielen.

5 Analyse des Immobilienstandorts

Deutschlandweit gibt es teils erhebliche Unterschiede zwischen den Immobilienmärkten der verschiedenen Städte und Regionen. Oft liegen schon innerhalb von Städten oder sogar von einzelnen Stadtteilen oder Straßenzügen unterschiedlichste Voraussetzungen vor. Die Lage einer Immobilie hat als zentrales Erfolgskriterium für Immobilieninvestments weitreichenden Einfluss auf ihre Attraktivität und schließlich auch auf ihre Wirtschaftlichkeit. Hierbei sind sowohl das gesamte Einzugsgebiet, also die weitere großräumige Umgebung (der „Makrostandort"), als auch das unmittelbare Umfeld (der „Mikrostandort") von Bedeutung. [54]

Der Suche nach dem richtigen Standort, an dem in eine Immobilie investiert werden soll, geht eine umfassende Standortanalyse voraus, die die wesentlichen, ausschlaggebenden Lagefaktoren sowohl im größeren Umfeld als auch in der direkten kleinräumigen Umgebung prüft. Dies trifft für die Gruppe der Immobilieninvestoren zu, deren Strategie die Fremdvermietung oder der Wiederverkauf der Immobilie ist (vgl. die unter 4.1 und 4.2 beleuchteten Immobilienstrategien). Investoren in Mietobjekte und Spekulationsgeschäfte sollten sich ausgiebig nach einem geeigneten Investitionsstandort umsehen. Für sie stellt sich zunächst je nach Strategie die Frage, ob sich die Stadt/die Region kurz- bis mittelfristig (Spekulationsgeschäfte) oder langfristig (Vermietung) positiv entwickeln wird – sprich, ob sie zukunftsfähig ist.

Die Gruppe der Eigennutzer und in begrenztem Umfang auch Investoren in Immobilien zur Vermietung an Angehörige werden das großräumige, überregionale Umfeld in aller Regel nicht in voller Detailtiefe analysieren. Wegen des bestehenden z.B. familiären oder beruflichen Bezugs zur Stadt oder zur Region wird eine Standortbeurteilung auf Basis einer Makroanalyse (siehe Punkt 5.1) ihre großräumige Standortentscheidung eher selten beeinflussen. Für sie stellt jedoch insbesondere die unter Punkt 5.2 erläuterte Mikroanalyse wissenswerte und nützliche Inhalte bereit, um in ihrer Wahl Einflussfaktoren aus der direkten Nachbarschaft der Immobilie berücksichtigen zu können.

Als Informations- und Datenquellen für eine fundierte Analyse der Makro- und Mikrolagen des Immobilienstandorts kommen insbesondere folgende Wege in Betracht:

- Mit Hilfe des Internets lassen sich viele der relevanten Inhalte häufig frei zugänglich recherchieren. Geografische Daten zur Lage sind über Dienste wie beispielsweise „Google Maps", „Google Earth" oder auch „Google Streetview" erhältlich. Diverse Onlineportale bieten darüber hinaus Marktdaten zu Miet- und Kaufpreisen, häufig in kartenbasierter Form, oder auch Klassifizierungen der Lage (z.B. einfach – mittel – gut – sehr gut – top) durch eingefärbte Karten. Dies sind insbesondere „Immobilienscout24", „Immowelt", der Capital „Immobilien-Kompass" oder auch „www.wohnpreis.de". Für Angaben zur Wirtschaft und Bevölkerung am Standort können die Internetportale „Wegweiser Kommune" oder „Prognos Zukunftsatlas" herangezogen werden.

- Daneben finden sich Daten zu Miet- und Kaufpreisen sofern vorhanden unter Umständen auch im Anhang des Mietspiegels der betreffenden Gemeinde.

- Auch aus der Lokalpresse lassen sich bei der Berichterstattung über aktuelle Ereignisse und Geschehnisse unter Umständen zielführende Informationen zur Charakterisierung der Gegend ableiten.

- Darüber hinaus bietet es sich an, durch Fragen an den jeweiligen Makler an nicht sofort sichtbare, aber durchaus entscheidungsrelevante Informationen, wie etwa die Vermarktungsdauer, zu gelangen. Gute Makler weisen sich durch exzellente Kenntnisse ihrer jeweiligen Makro- und Mikrostandorte aus und können daher zu wertvollen Datenquellen für die eigene Immobilienprüfung werden.

- Nicht zuletzt ist im Zuge einer Ankaufsprüfung die aktive persönliche Begehung des Standorts zu empfehlen, durchaus verbunden mit Gesprächen mit „alteingesessenen" Bürgern, z.B. Kiosk- oder Imbissbudenbetreibern, Nachbarn, die man zufällig auf der Straße trifft etc. Der Gesamteindruck, der „Flair" von Stadt und Wohnviertel vermittelt sich so auf unmittelbarste und unverfälschte Weise.

Idealerweise deuten Langzeitprognosen über die nächsten Jahre/Jahrzehnte – soweit vorhanden oder ableitbar – für alle Kennzahlen und Untersuchungsinhalte der Makro- und Mikroanalyse positive Tendenzen an.

5.1 Makroanalyse

Die Makroanalyse setzt sich mit den Standortgegebenheiten einer großräumigeren Umgebung und dessen Einzugsgebiet auseinander. Ein Standort, etwa eine Gemeinde, ein Stadtgebiet oder eine Region, wird als Ganzes untersucht und in einem weiteren Schritt beispielsweise durch Vergleiche mit bundesweiten Durchschnittskennzahlen oder mit Städten ähnlicher Größenordnung in einen allgemeinen Kontext gestellt.

Damit verfolgt die Makroanalyse das Ziel, valide Einschätzungen der derzeitigen Immobilienmarktverhältnisse treffen zu können, insbesondere hinsichtlich der Vermietbarkeit der Immobilie am Standort und ihres Zielmieterklientels, sowie hinsichtlich der zukünftigen Entwicklungen des Marktes bzw. der Immobilie am Standort.

5.1.1 Bestandteile der Makroanalyse

Die folgenden Kennzahlen und Untersuchungsinhalte der Makroanalyse erlauben dem Investor eine neutrale Beurteilung seines potenziellen Investitionsraums und bieten ihm eine Indikation, ob es sich um einen zukunftsfähigen und aussichtsreichen Makrostandort handelt.

Bevölkerungsentwicklung

Wie bereits in Kapitel 3.4 erläutert, bildet die Bevölkerung als zentraler Nachfrager nach Wohnraum die Grundlage für die Wertentwicklung von Immobilien. Ein guter Immobilienstandort zeichnet sich durch eine wachsende oder zumindest stabile Bevölkerung aus. [43] Von Belang für die Makroanalyse sind u.a. diese sozio-demografischen Kennzahlen des Makrostandortes:

- Bevölkerungsstruktur: Bevölkerungszahl, Altersstruktur, Anzahl der Haushalte, Haushaltsgrößen, Anzahl von Familien mit Kindern
- Geburten-/Sterberate (natürlicher Saldo)
- Zuzüge/Abwanderungen (räumlicher Saldo)
- Kaufkraft und Wohlstand der Bevölkerung

Wirtschaftliche Dynamik

Die ökonomischen Rahmenbedingungen an einem Makrostandort stehen in engem Zusammenhang mit den obigen Kennzahlen zur Bevölkerungsentwicklung: Eine positive Arbeitsmarktentwicklung führt zum Zuzug von Arbeitskräften, erhöht im Normalfall Kaufkraft und Wohlstand und schafft zusätzlichen Wohnraumbedarf.

Wie wirtschaftsstark ein Standort ist, kann zudem mit diesen Daten evaluiert werden:

- Arbeitslosen-/Erwerbslosenquoten
- Art und Anzahl der Beschäftigungsverhältnisse
- Ein-/Auspendlerquote
- Anzahl von Unis/Hochschulen

Die wirtschaftliche Dynamik eines Makrostandorts schlägt sich darüber hinaus in arbeitgeberbezogenen Kennzahlen nieder:

- Anzahl und Diversifizierungsgrad der Arbeitgeber und Wirtschaftsbranchen
- Struktur der Arbeitgeber (viele kleinere oder ein dominierender großer)[12]
- Umfang von unternehmerischen Investitionen
- Zuzüge von Unternehmen
- Lebendige Start-Up-Szene

Infrastruktur und Sozialstruktur

Ein sehr wesentlicher Wirkungszusammenhang für die Attraktivität eines Immobilienstandorts leitet sich daraus ab, wie gut er angebunden ist. Damit ist einerseits die Anbindung an die lokale, regionale und überregionale Verkehrsinfrastruktur gemeint, andererseits aber ebenso die Anbindung an bzw. überhaupt das Vorhandensein von Sozialstrukturen und Einrichtungen zur Versorgung mit Ge- und Verbrauchsgütern aller Art innerhalb des Großraums. Folgende Aspekte sind hierbei von Belang:

- Bahnanbindung, Autobahnen, öffentlicher Personennahverkehr (ÖPNV) innerhalb der Stadt bzw. des Großraums
- Nähe zum nächsten Ballungsraum
- Einkaufsmöglichkeiten
- Medizinische Versorgung

---

[12] Sind an einem Makrostandort viele Arbeitnehmer (und Mieter) bei nur einem oder wenigen großen Unternehmen angestellt, wie etwa bei VW in Wolfsburg oder BMW im Großraum Dingolfing, so besteht im Falle gravierender wirtschaftlicher Schwierigkeiten des/der Unternehmen eine Art „Klumpenrisiko" für die vermietenden Immobilieninvestoren, also ein Mietausfallrisiko.

Eine Studie des Bundesinstituts für Bau- Stadt- und Raumforschung (BBSR) hat 2015 den Zusammenhang zwischen der ÖPNV-Angebotsqualität und den Preisen und Mieten für Wohnungen bestätigt. Demnach liegt der Anteil der ÖPNV-Angebotsqualität bei rund 4 % an der Miet- und Kaufpreisbildung. Ausschlaggebend für die positiven Preiseffekte seien „sowohl der lokale Zugang zur Infrastruktur (Erschließung), als auch das ÖPNV-Angebot als Ganzes (Verkehrssystemqualität, Systemverfügbarkeit und Umsteigehäufigkeit)". [55]

Immobilienmarktdaten

An dieser Stelle überschneiden sich Markt- und Standortanalyse in Teilen. Eine übergeordnete Marktanalyse anhand der unter Kapitel 3 beschriebenen Marktmerkmale liefert Angaben zu Marktstrukturen, Preisen, Kosten, Renditen sowie Angebots- und Nachfragekennzahlen im jeweiligen Marktsegment. Heruntergebrochen auf den einzelnen Makrostandort lassen sich die Daten weiter konkretisieren und zu lagespezifischen Miet- und Kaufpreisniveaus, Leerstandsquoten, Vermietungsdauer etc. ableiten.

Lebens- und Wohnqualität am Makrostandort

Die Wahrnehmung der Lebens- und Wohnqualität ist stark subjektiv und als „weicher" Einflussfaktor somit schwer bezifferbar. Da Investitionsentscheidungen (in diesem Kontext insbesondere von Eigennutzern) häufig nicht rein rational getroffen werden, kann ihnen dennoch eine nicht unerhebliche Bedeutung beigemessen werden. Folgende Indikatoren erlauben eine nähere Einschätzung:

- Freizeitangebote, Naherholung
- Geografische Lage: städtisch/ländlich, Landschaft und Natur, Witterungseinflüsse
- Nachhaltigkeit (kommunale oder bürgerliche Initiativen und Aktivitäten)
- Image der Stadt oder Region

Politische und rechtliche Rahmenbedingungen

Generell kann festgestellt werden, dass sich der Makrostandort nicht zwangsläufig an definierten politischen Gebietskörperschaften orientieren muss. Er kann sich vielmehr über Gemeinde- oder Stadtgrenzen hinweg erstrecken, je nach Zusammenwirken von bestehenden wirtschaftlichen Beziehungen. [56] Für den konkreten Immobilienstandort können jedoch folgende für die jeweilige Gebietskörperschaft zutreffenden Faktoren von Interesse sein:

- Eventuelle Förderprogramme für Wohnraum von Gemeinden oder Ländern
- Steuerliche Situation, z.B. Grund- und Grunderwerbssteuer
- Steuerhebesätze der Kommunen
- Landesplanung und Regionalplanung

5.2 Mikroanalyse

Im Gegensatz zur Makroanalyse bezieht sich die Mikroanalyse auf das direkte Umfeld des jeweiligen Immobilienstandorts. Hierbei spielen die oben im Zusammenhang mit der Makroanalyse beschriebenen Untersuchungsaspekte ebenfalls eine tragende Rolle. Räumlich und inhaltlich beschränkt sich die Mikroanalyse jedoch auf den Einfluss der *unmittelbaren* Umgebung auf die Immobilie. So verhilft die Mikroanalyse dem Immobilieninvestor zu einem klaren Blick auf seinen Mikrostandort mit all seinen Stärken und Schwächen.

5.2.1 Bestandteile der Mikroanalyse

Durch die Analyse der Beziehungen und Wechselwirkungen zwischen konkretem Standort und Mikroumfeld erlangt der Investor wertvolle Kenntnisse, die ihm beispielsweise für die Bestimmung des immobilienspezifisch adäquatesten Mieterklientels und für die zielgruppenspezifische Erstellung von Mietinseraten von Nutzen sind. Im Folgenden finden sich die wesentlichen Einflusskriterien für eine Mikroanalyse aufgeführt.

Lage

Die Lage als solches stellt wie schon erwähnt das zentrale Kriterium für eine erfolgversprechende, zukunftsfähige Immobilie dar. Im Kontext der folgenden Bezugsgrößen lassen sich für eine detailliertere Untersuchung des Mikroumfeldes wertvolle Kenntnisse gewinnen:

- Lage in der Stadt, Stadtteil (gentrifizierende Stadtteile, Wohnviertel, soziale Brennpunkte)
- Straßenlage (vielbefahrene, mehrspurige Hauptverkehrsstraße oder verkehrsberuhigter Bereich)
- Lage im Gebäude (Nord-/Südausrichtung)
- Lage im Einzugsgebiet von Emissionsquellen wie Flughafen, große Energieerzeugungsanlagen, Gewerbe-/Industriegebiet etc.

Unmittelbare Verkehrsanbindung

Wie schon für die Makroanalyse stellt die verkehrstechnische Anbindung auch für die Mikroanalyse ein entscheidendes Einflusskriterium dar. Der Einfluss einer guten ÖPNV-Anbindung auf Immobilienpreise wurde bereits angesprochen. [55] Studien aus den USA und den Niederlanden weisen zudem einen positiven Zusammenhang zwischen der Nahmobilität (fußläufig oder per Fahrrad) und Immobilienpreisen (Miet- und Kaufangebote) nach, daher wird auch für Deutschland „ein Preisaufschlag bei Immobilien in nahmobilitätsorientierten Standorten [...] erwartet". Diese Korrelation gilt insbesondere in durch Mischnutzung geprägten urbanen Räumen, wohingegen „in suburbanen Räumen sowie in durch Wohnnutzung geprägten urbanen Räumen [..] die fußläufige Erreichbarkeit alltagsrelevanter Aktivitätsziele weniger wichtig [ist], da andere Standortfaktoren – insbesondere eine ruhige Lage – von höherer Bedeutung sind." [57]

Für die Bewertung der unmittelbaren Verkehrsanbindung im Rahmen der Mikroanalyse kommen vor allem diese Aspekte in Betracht:

- Möglichkeiten der Nahmobilität, also die fußläufige Erreichbarkeit alltagsrelevanter Aktivitätsziele
- Anbindung an den ÖPNV
- Anbindung mit dem Auto, Parkplatzsituation an der Immobilie
- Nahversorgung, Einkaufsmöglichkeiten, Ärzte
- Erreichbarkeit des Arbeitsplatzes (z.B. ins Stadtzentrum, zu großem Arbeitgeber der Region etc.)

Grundstücks-/Immobilienbeschaffenheit

Naturgemäß tragen die konkreten Eigenschaften der Immobilie (Wohnung/Gebäude und Grundstück) einen erheblichen Beitrag zur Standortbeurteilung durch die Mikroanalyse bei. Dabei sind folgende Parameter von besonderem Interesse:

- Baulicher Zustand (Ermittlung durch Bausachverständige im Rahmen der technischen Objektprüfung)
- Qualität von Mobilfunk und Internetverbindung am Grundstück
- Preisgefüge im Verhältnis zur Nachbarschaft
- Preisgefüge zwischen Miet- und Kaufpreis (kaufmännische Objektprüfung)

Analyse des Immobilienstandorts

Nachbarbebauung

Als Teilaspekt für die Beurteilung der Mikrolage der Immobilie kommen die Nachbarbebauung und das Erscheinungsbild der ganzen Gegend zum Tragen. Diese erlauben nicht zuletzt Rückschlüsse auf das Einwohnerklientel und die Bevölkerungsschichten, die die nähere Umgebung bewohnen, sowie eine Einstufung der Wohngegend in eher wohlhabend, einfach oder gar heruntergekommen.

- Zustand der Bebauung (Bauqualität, Alter der Gebäude etc.)
- weite offene oder enge Bebauung
- Grünflächen (öffentliche vorhanden?, private gepflegt?)
- Zustand der Autos (Alter, Marken etc.)

Allgemeine Wohnqualität am Mikrostandort

Wie schon im Zusammenhang mit der Makroanalyse angesprochen, ist das Empfinden der Wohnqualität sicherlich stark subjektiv und bildet sich aus dem Zusammenspiel der vielen vorgenannten Einflusskriterien. Für Analysezwecke lässt sich die Wahrnehmung der allgemeinen Wohnqualität durch folgende Aspekte aber versachlichen:

- Image des Standortes, Lifestylephänomene (Attraktivität von belebten Stadtzentren vs. ruhige ländliche bzw. Vorstadtlagen)
- Naherholungsmöglichkeiten, z.B. Parks und Spielplätze in fußläufiger Entfernung
- Mieterklientel in der näheren Umgebung (Familien mit Kindern, Singles oder studentisch geprägt Bewohner etc.)
- Kriminalitätsstatistiken, Berichterstattungen zu kriminellen Vorfällen in direkter Umgebung

Entwicklungsindikationen

Eine Mikroanalyse sollte nicht nur den Status Quo eines Immobilienstandorts bewerten, sondern darüber hinaus eine mögliche Entwicklung der Standortfaktoren prognostizieren. Auf der Basis von bestehenden Planungen von Bauvorhaben im Umfeld der Immobilie lässt sich bereits sehr konkret auf die zukünftigen Entwicklungen in der näheren Umgebung schließen. Beispielsweise führen von Kommunen ausgewiesene Neubaugebiete zu einem höheren Verkehrsaufkommen für Straße, Bahn und ÖPNV, können gleichzeitig aber auch eine positive Belebung der benachbarten Siedlungsstrukturen bedeuten oder mit der Schaffung neuer entlastender

Infrastrukturen wie Kindergärten, Schulen, Straßen etc. einhergehen. Bauliche Veränderungen können demnach sowohl positive als auch negative Effekte für den Immobilienstandort mit sich bringen, deren sorgfältige Abwägung empfehlenswert ist.

- Bestehende Städte- und Städtebauplanungen (z.B. Schul-/Campusneubauten, Ausweisung von Gewerbegebieten)
- Geplante Verkehrsinfrastrukturveränderungen (z.B. Verlängerung von U-Bahnlinien)
- Künftige Bauvorhaben privater Träger (z.B. Wohnungsbauvorhaben)
- Erwartete Entwicklungsdynamik aufgrund von Gentrifizierungsanzeichen

6 Kaufpreismaxima für Immobilientransaktionen

Immobilieninvestoren werden immer individuelle Erwartungen an ihre Immobilientransaktionen haben. Der „klassische" Investor, etwa der private Kleinvermieter wie auch der Spekulant, der auf höhere Veräußerungspreise setzt, wird Investitions- oder Renditeziele mit seiner Immobilie verbinden. Für den Selbstnutzer stehen Konsumziele im Vordergrund, angefangen bei elementaren Sicherheits- und Behausungsbedürfnissen bis hin zu Ausstattung und Komfort, Zimmergröße, Ausrichtung nach Süden, Lage an Naherholungs- und Freizeitmöglichkeiten, gute Infrastrukturanbindung etc. [9] Diese Konsumnutzen für den Selbstnutzer sind zunächst nicht direkt finanziell bewertet, können aber über die ortsüblichen Vergleichsmieten, die sich der Selbstnutzer durch Kauf spart, indirekt eingepreist werden, sodass sich seine Ziele auch wirtschaftlich bewerten lassen.

Die durchschlagende Gemeinsamkeit für Investoren aller Kategorien besteht in der fundamentalen Bedeutung des Kaufpreises der Immobilie: Die Höhe des Kaufpreises wirkt sich mittelbar oder unmittelbar auf viele weitere Einflussparameter aus, die die Wirtschaftlichkeit der Transaktion bestimmen. So ergibt sich beispielsweise die Höhe der Fremdkapitalzinsen in direkter Abhängigkeit des Kaufpreises, was sich wiederum im erzielbaren Gewinn niederschlägt. (Detaillierte Erläuterungen zu derlei ergebniswirksamen Zusammenhängen finden sich im direkt anschließenden Kapitel 6.1.)

Daher spielt der Kaufpreis unter Berücksichtigung aller weiteren Bestimmungsgrößen, die der Investor entweder nicht selbst beeinflussen kann oder nach eigenen Ansprüchen oder Verhandlungen in bestimmter Höhe festsetzt, eine tragende Rolle in der finalen Entscheidung für das *Do* oder *Don't* der Transaktion.

In diesem Kapitel wird eine Methode zur Abbildung der *maximalen Kaufpreise* (= Outputparameter) umgesetzt, die der Investor je Quadratmeter zu zahlen bereit sein darf, wenn er in Abhängigkeit des vor Ort erzielbaren *Mietniveaus* (= Inputparameter) seine individuellen *Renditeerwartungen* (= Inputparameter) realisieren möchte.

6.1 Hintergrund und Wechselwirkungen der einzelnen Einflussparameter

Die wesentliche bzw. in den allermeisten Fällen alleinige Ertragsgröße bei Wohnimmobilien sind die Mieteinnahmen. Aus diesen sollen alle laufenden Kosten der Immobilienbewirtschaftung und -finanzierung gedeckt, der bezahlte Kaufpreis sukzessive amortisiert (bzw. der dafür aufgenommene Kredit getilgt) und darüber hinaus eine attraktive Verzinsung für das Immobilieninvestment und das damit einhergehende Risiko erzielt werden.

6.1.1 Inputparameter: Erzielbare Mieteinnahmen je Quadratmeter

Die Einnahmenseite wird bei Immobilientransaktionen regelmäßig durch die erzielbaren Mieten gestaltet. Dies gilt gleichermaßen für sämtliche Nutzungsstrategien, in denen die Wohnung weitervermietet wird (vgl. Kapitel 4.1 „Vermietete Immobilien"), als auch für Selbstnutzer, für die die theoretisch erzielbaren Mieten vermiedene Kosten bedeuten (vgl. Kapitel 4.3 „Selbstgenutzte Immobilien"). Lediglich für die in Kapitel 4.2 behandelten Spekulationsgeschäfte, welche qua Definition nicht die langjährige Nutzung der Immobilie sondern den höheren Wiederverkaufspreis fokussieren, ist die Herangehensweise anhand der erzielbaren Mieten nicht zielführend. Bei Verrentungsimmobilien (vgl. Kapitel 4.4) kann im Sonderfall Verkauf und Rückvermietung an den Veräußerer ebenfalls von der Systematik vermieteter Immobilien ausgegangen werden.

Die Höhe der erzielbaren Mieteinnahmen richtet sich maßgeblich nach der Lage der Wohnung. Insbesondere die in Kapitel 5 analysierten Standortfaktoren sind hierbei bestimmend. Für den Immobilieninvestor ist diese Größe somit zunächst kaum beeinflussbar. Er hat jedoch die Möglichkeit, durch bauliche Modernisierungsmaßnahmen den Wohnwert erheblich zu verbessern und die ihm entstandenen Modernisierungskosten auf die Mietpreise umzulegen[13] bzw. höhere Mieten zu vereinbaren.

---

[13] Diese sogenannte Modernisierungsumlage in Höhe von 11 % der Kosten pro Jahr darf jedoch nur unter bestimmten Umständen (z.B. Erhöhung des Wohn- und Gebrauchswertes, Energie- und Wassereinsparungen) geltend gemacht werden. [44]

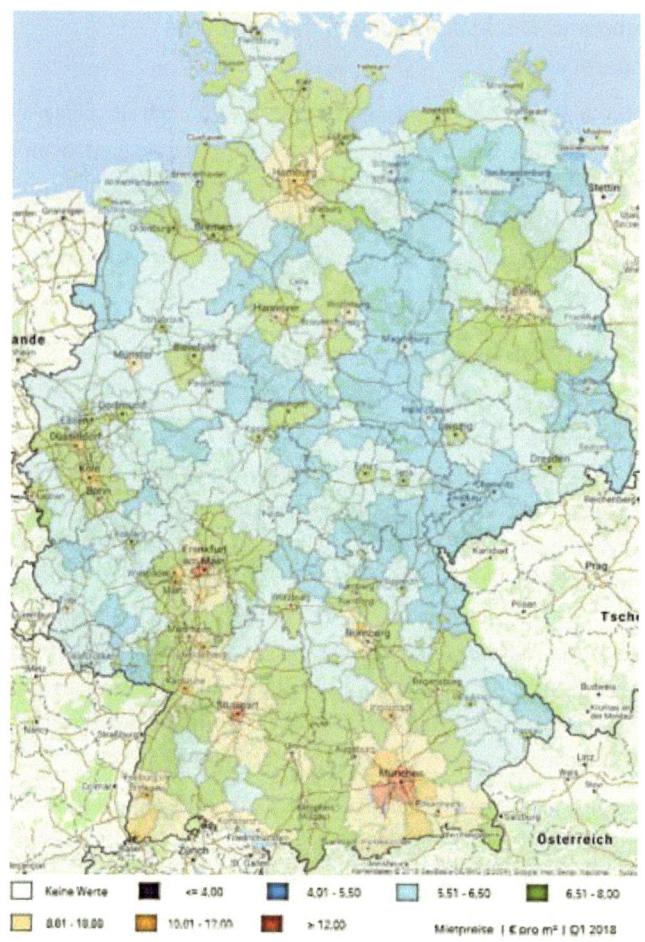

Abbildung 17: Mietpreiskarte für Wohnungen in Deutschland, Euro pro m² [58]

Die Höhe der Mietpreise in Deutschland variiert je nach Standort enorm. Einen groben Eindruck vermittelt Abbildung 17, welche die durchschnittlichen monatlichen Kaltmieten je Quadratmeter auf Landkreisebene zeigt.[14] Weite Teile Deutschlands liegen für diese geringe Auflösung im preislichen Mittelfeld zwischen vier und acht

---

[14] Die Mietpreise basieren laut der Immobilien Scout GmbH auf historischen Angebotsdaten des ersten Quartals 2018 von ImmobilienScout24. Die Berechnung berücksichtigt alle Immobilien, die im angegebenen Zeitraum in der jeweiligen Region angeboten wurden. Aufgelöst auf kleinere Gebiete lassen sich feinere Differenzierungen der jeweils durchschnittlichen Mietpreise durchführen.

Euro pro Quadratmeter (dunkelblaue, hellblaue und grüne Bereiche). Einige Regionen Süddeutschlands und insbesondere die Metropolregionen um deutsche Großstädte bewegen sich mit acht bis zwölf Euro pro Quadratmeter im oberen Mittelfeld (beige und orange Bereiche). In einigen der Metropolen, wie Frankfurt am Main, Stuttgart und allen voran München, haben die durchschnittlichen Mieten die Marke von zwölf Euro zum Teil bereits deutlich überschritten.

Für den Investor ist grundsätzlich die erzielbare Kaltmiete die wesentliche Einnahmengröße. Die Nebenkosten, die den Unterschied zur Warmmiete ausmachen, sind rein auf den mit dem Wohnen verbundenen Verbrauch zurückzuführen und somit vom Mieter zu tragen. Neben den Neben- oder Betriebskosten entstehen auch dem Vermieter Kosten aus der Bewirtschaftung seiner Immobilie, die er nicht auf den Mieter umlegen kann, sondern gewinnmindernd aus seinen Mieteinnahmen bestreitet. Typische Bewirtschaftungskosten fallen für Instandhaltung, Hausverwaltung oder wegen Mietausfall und Leerstand an. [59] Je nach Objekt können sie stark variieren, z.B. wenn keine gewerbliche Hausverwaltung beauftragt ist.[15]

6.1.2 Inputparameter: Eigenkapitalrentabilität

Um die individuelle Zielsetzung des Investors wirtschaftlich wiederzugeben, kommen prinzipiell verschiedene Herangehensweisen in Frage. Die theoretischen Grundlagen der Investitionsrechnung bieten einerseits statische, andererseits dynamische Verfahren zur Wirtschaftlichkeitsberechnung an. Der wesentliche Unterschied zwischen statischen und dynamischen Verfahren liegt wie in Tabelle 7 gegenübergestellt darin, dass dynamische Verfahren neben dem Betrachtungshorizont der statischen Verfahren, nämlich der bloßen Höhe der anfallenden Zahlungen, auch die zeitliche Verteilung der Zahlungsströme in der Zukunft und darüber hinaus zum Teil Eintrittswahrscheinlichkeiten für die Zahlungen und damit das Risiko der Investition mitabbilden.

---

[15] Der Abschnitt „Weitere ergebnisrelevante Einflussparameter und Entscheidungsgrößen" auf Seite 72 ff. beinhaltet detailliertere Aussagen zur Auswirkung der Bewirtschaftungskosten auf das wirtschaftliche Ergebnis der Immobilie.

Statische Verfahren	
Betrachtungshorizont	Entscheidungsgröße
✓ Höhe des Einkommens	Kosten
✗ Zeitliche Verteilung	Gewinn
✗ Wahrscheinlichkeit (Risiko)	Rentabilität
	Amortisationszeit
Dynamische Verfahren	
Betrachtungshorizont	Entscheidungsgröße
✓ Höhe des Einkommens	Kapitalwert
✓ Zeitliche Verteilung	Annutitäten
✓ Wahrscheinlichkeit (Risiko)	Interner Zinssatz
	Dynamische Amortisationszeit

Tabelle 7: Überblick über statische und dynamische Verfahren der Investitionsrechnung

Dynamische Verfahren bieten aufgrund ihres umfassenden Ansatzes, der sämtliche zukünftigen Ein- und Auszahlungen auf einen einheitlichen Zeitpunkt (in der Regel den gegenwärtigen Zeitpunkt) diskontiert, mehr Genauigkeit als statische. Gleichzeitig ist ihre Umsetzung deutlich komplexer und die zukunftsbezogenen Parameter sind mit teils erheblichen Unsicherheiten behaftet. Statische Verfahren hingegen erlauben einen unkomplizierten wenn auch gröberen Überblick über die Wirtschaftlichkeitssituation und stellen so eine schnelle Entscheidungshilfe dar.

Da für den Immobilieninvestor oftmals bereits die anfängliche Situation ausschlaggebend ist, eignen sich statische Ansätze umso mehr, da diese qua Definition den Status Quo bewerten. Das „typische Investitionsumfeld" des Immobilieninvestors legt zudem in aller Regel nahe, dass sich die Ausgangssituation im Zeitverlauf tendenziell verbessern dürfte. Als Beispiele seien hier Investitionen in Gegenden mit der Aussicht auf steigende Mieten und eine (hohe) Fremdkapitalfinanzierung genannt. Dadurch sollten die Gewinne dank steigender Mieteinnahmen und dank niedrigerer Zinsbelastung aufgrund zunehmender Kredittilgung mit den Jahren anwachsen. Demnach sind statische Ansätze insbesondere um einen schnellen Eindruck von der Wirtschaftlichkeit zu gewinnen in den meisten Fällen ausreichend und zielführend.

Im Rahmen der statischen Verfahren stellen sowohl die Kosten, die Gewinne als auch die Amortisationszeit absolute Größen dar, die für individuelle Fallbetrachtungen von Immobilieninvestitionen durchaus nützliche Informationen bieten. Damit verbleibt an statischen Verfahren die Rentabilität, eine relative Größe, die allgemeingültig Rückschlüsse auf die Wirtschaftlichkeit von Immobilieninvestitionen ermöglicht. Sehr allgemein ausgedrückt lässt sich die Rentabilität als Erfolgsgröße aus dem Verhältnis zwischen Output und Input ermitteln und zeigt so das Verhältnis zwischen eingesetztem Kapital und dem daraus innerhalb einer Periode (z.B. einem Jahr) erwirtschafteten Erfolg (z.b. dem Gewinn). Betriebswirtschaftlich konkretisiert lässt sie sich als Gesamtkapitalrentabilität wie in Formel 1 ausdrücken:

$$Gesamtkapitalrentabilität = \frac{Periodengewinn}{gesamtes\ eingesetztes\ Kapital} \quad [in\ \%]$$

Formel 1: Gesamtkapitalrentabilität [60]

Da Immobilienkäufe aufgrund ihres hohen Investitionsvolumens in den seltensten Fällen allein mit Eigenkapital finanziert werden, ist in diesem Kontext der Bezug der Rentabilität auf das vom Investor eingesetzte Eigenkapital schlüssiger. Die Eigenkapitalrentabilität (auch Eigenkapitalrendite, EKR) drückt aus, wie sich das vom Immobilieninvestor eingesetzte Eigenkapital verzinst. Die Verzinsung stellt sich hier als Periodengewinn reduziert um die an Fremdkapitalgeber abzuführenden Zinsen dar. Abgeleitet aus der zugrundeliegenden Formel 1 lässt sich für die Eigenkapitalrentabilität Formel 2 bilden:

$$Eigenkapitalrentabilität = \frac{Periodengewinn - Fremdkapitalzinsen}{eingesetztes\ Eigenkapital} \quad [in\ \%]$$

Formel 2: Eigenkapitalrentabilität [60]

Durch die Aufnahme von Fremdkapital können Investoren unter Berücksichtigung der finanzmathematischen Grundsätze[16] den sogenannten Leverage-Effekt ausnutzen und die Verzinsung ihres eingesetzten Eigenkapitals „hebeln". Immobilieninvestments bergen damit grundsätzlich das Potenzial, Eigenkapitalverzinsungen in deutlich höheren Größenordnungen als beispielsweise durch klassische Geldanlagen in Bausparverträgen oder Sparbüchern (vgl. Abschnitt 2 „Kapitalanlagemöglichkeiten") zu erzielen. Sehr anspruchsvolle Immobilieninvestoren fordern für ihre Transaktionen beispielsweise 20 % und mehr Eigenkapitalrendite, weniger anspruchsvolle begnügen sich vielleicht schon mit 5 %. Wichtig für alle Anleger

---

[16] Finanzmathematischer Grundsatz für die Umsetzung eines positiven Leverage-Effekts zur Steigerung der Eigenkapitalrendite ist, dass die Gesamtkapitalrentabilität (Formel 1) größer ist als der mit dem Fremdkapitalgeber vereinbarte Fremdkapitalzinssatz. Andernfalls führen die überproportional hohen Fremdkapitalzinsen zu einem Sinken der Eigenkapitalrendite bei Fremdkapitalaufnahme.

bleibt aber, dass ihnen ihre Transaktion einen Risikoaufschlag gegenüber der „sicheren" Variante der Geldeinlage bei einer Bank bietet.

Die Eigenkapitalrentabilität bildet für die nachfolgenden Tabellen in Kapitel 6.2 neben den Mieterträgen die zweite bestimmende Eingangsgröße, um die für den Investor maximalen Kaufpreise zu ermitteln.

6.1.3 Outputparameter: Kaufpreis der Immobilie

Wie eingangs erläutert, kommt dem Kaufpreis eine tragende Bedeutung für die Wirtschaftlichkeit der Investition zu. Seine Größenordnung bedingt die meisten ergebnisrelevanten Zahlungsströme und schließlich die wirtschaftliche Gesamtperformance des Objekts. Wird eine Transaktion mit einer bestimmten Summe liquider Eigenmittel beglichen, ergibt sich für einen niedrigeren Kaufpreis automatisch ein höherer Anteil Eigenkapital (Eigenkapitalquote) als für einen höheren Kaufpreis. Die Aufnahme von Fremdkapital (Fremdkapitalquote) verringert sich dadurch. Folglich fallen weniger gewinnmindernde Fremdkapitalzinsen an und das wirtschaftliche Ergebnis verbessert sich.

Auch bedingt der Kaufpreis die Höhe der Kaufnebenkosten und damit das Gesamtinvestitionsvolumen. Die Kaufnebenkosten sind mit durchschnittlich rund 9-15 % des Kaufpreises nicht vernachlässigbar. Zwischen den Bestandteilen der Kaufnebenkosten bestehen prozentuale Korrelationen zum Kaufpreis – die Nebenkosten steigen und fallen mit dem Preis. Die wesentlichsten Bestandteile der Kaufnebenkosten sind:

- Notar- und Grundbuchkosten (Erfahrungssatz von ca. 1,5 % des Kaufpreises) [61]
- Grunderwerbssteuer (Je nach Bundesland zwischen 3,5 und 6,5 % des Kaufpreises) [62]
- Maklerprovision (je nach Bundesland zwischen 3,57 und 7,14 % des Kaufpreises) [63]

Gemäß Formel 3 ist der Kaufpreis mitsamt der Kaufnebenkosten zur präziseren Unterscheidung als Bruttokaufpreis bezeichnet, wohingegen der Kaufpreis ohne Nebenkosten auch Nettokaufpreis genannt wird.

$$Bruttokaufpreis = Nettokaufpreis + Kaufnebenkosten \quad [in \; €]$$

Formel 3: Bruttokaufpreis

Ungeachtet der Tatsache, dass die Kaufnebenkosten je nach Einzelfall variieren und sich ihre finale Höhe nicht eindeutig beziffern lässt, geben die Kaufpreistabellen des nachfolgenden Kapitels aus finanzmathematischen Gründen dennoch die Bruttokaufpreise wider. Für den Investor gilt es dann, aus dem ausgegebenen Bruttokaufpreis den für ihn zutreffenden Nettokaufpreis in Abhängigkeit seines Kaufnebenkostenanteils zu ermitteln.

6.1.4 Weitere ergebnisrelevante Einflussparameter und Entscheidungsgrößen

Die Wirtschaftlichkeit der Immobilieninvestition wird neben den vorgenannten Größen Miet- und Kaufpreis von weiteren Parametern beeinflusst, die der Investor zum Teil innerhalb eines gewissen Spielraums, z.B. im Rahmen der eigenen (finanziellen) Möglichkeiten, variieren oder verhandeln kann. Einen vereinfachten Überblick darüber, wie sich die drei sehr wesentlichen Einflussgrößen Eigenkapitalquote, Fremdkapitalzinssatz und Bewirtschaftungskosten unter sonst gleichen Bedingungen auf das Ergebnis auswirken, gibt Tabelle 8. Beispielsweise steigt der Gewinn ceteris paribus mit der Eigenkapitalquote, da sich hierdurch die Fremdkapitalaufnahme verringert und folglich weniger Fremdkapitalzinsen anfallen.

ergebniswirksame Einflussparameter	Effekt auf	Auswirkungen
Eigenkapitalquote	Fremdkapitalsumme (FK-Quote) → Höhe der FK-Zinsen → Gewinn	↑: Gewinn steigt ↓: Gewinn sinkt
Fremdkapitalzinssatz	Höhe der FK-Zinsen → Gewinn	↑: Gewinn sinkt ↓: Gewinn steigt
Bewirtschaftungskosten	Nettomiete* → Gewinn	↑: Gewinn sinkt ↓: Gewinn steigt
	* vgl. Formel 6 Nettokaltmiete	

Tabelle 8: Ergebniswirksamkeit von Eigenkapitalquote, Fremdkapitalzinssatz und Bewirtschaftungskosten

Im Folgenden werden die Effekte der Eigenkapitalquote, des Fremdkapitalzinssatzes und der Bewirtschaftungskosten auf die wirtschaftliche Gesamtperformance der Investition detailliert abgewogen.

Eigenkapitalquote

Die Eigenkapitalquote drückt aus, wie viel eigene Geldmittel (also Eigenkapital) im Verhältnis zur gesamten Investitionssumme eingesetzt werden (vergleiche Formel

4: Eigenkapitalquote"). Bei Immobilientransaktionen wird als Bezugswert für gewöhnlich der Bruttokaufpreis (unter Berücksichtigung der Kaufnebenkosten) herangezogen. Zur Deckung des restlichen Anteils wird in der Regel eine Finanzierung mit Fremdkapital durch Banken oder Kreditinstitute bzw. sonstige Darlehensgeber gewählt. Im Umkehrschluss ergibt sich so die Fremdkapitalquote als Quotient des aufgenommenen Fremdkapitals und der Investitionssumme (vergleiche Formel 5: Fremdkapitalquote"). In der Summe ergeben Eigen- und Fremdkapitalquote immer 100 %.

$$Eigenkapitalquote = \frac{eingesetztes\ Eigenkapital}{Bruttokaufpreis}\ [in\ \%]$$

Formel 4: Eigenkapitalquote

$$Fremdkapitalquote = \frac{aufgenommenes\ Fremdkapital}{Bruttokaufpreis}\ [in\ \%]$$

Formel 5: Fremdkapitalquote

Aufgrund des direkten Zusammenhangs zwischen der Eigen- und der Fremdkapitalquote geht die Höhe des Eigenkapitals automatisch mit der Höhe des noch erforderlichen Fremdkapitals und in der Folge mit den anfallenden Fremdkapitalzinsen einher, die für den Immobilieninvestor langfristige Aufwendungen bedeuten. Der Eigenkapitaleinsatz ist jedoch begrenzt durch den Rahmen seiner eigenen Möglichkeiten. Aus zwei Gründen mag es im Individualfall durchaus sinnvoller sein, auf einen hohen Eigenkapitaleinsatz zu verzichten und dafür eine hohe Fremdkapitalquote in Kauf zu nehmen: Zum einen kann vorhandenes Eigenkapital so in kleineren Summen auf mehrere Transaktionen verteilt werden, sodass der Investor nicht nur ein Projekt sondern mehrere realisieren kann. Zum anderen bewirken die derzeit niedrigen Marktzinsen ein Sinken der absoluten Fremdkapitalzinsbelastung und ermöglichen eine deutlichere Ausnutzung des Leverage-Effekts (vergleiche Abschnitt 6.1.2 „Inputparameter: Eigenkapitalrentabilität").

Die Umsetzung der EU-Wohnimmobilienkreditvergaberichtlinie im März 2016 führte zu einer strengeren Prüfung der Kreditwürdigkeit von Antragstellern von Wohnimmobiliendarlehen – mit dem Ziel des Ausbaus des Verbraucherschutzes und der *„Vermeidung einer Überschuldung privater Haushalte"*. [64] Als eine der Konsequenzen kann es je nach Darlehensgeber zu teils hohen Eigenkapitalforderungen kommen. Die Auslegung der Anforderungen an die Kreditwürdigkeitsprüfung kann von Kreditinstitut zu Kreditinstitut variieren, die Eigenkapitalforderung hängt zudem von der individuellen Bonität und der Gestaltung weiterer Kreditkonditionen wie etwa der Tilgungsquote, dem Fremdkapitalzinssatz, der Zinsbindungsdauer etc. ab.

Fremdkapitalzinssatz

Die Höhe des Fremdkapitalzinses richtet sich zunächst nach dem Niveau des aktuellen Marktzinses. Unter Kapitel 3.4 „Nachfragetreiber Zinsniveau" wurde bereits beschrieben, dass die derzeitige Null-Zins-Politik der EZB zu sehr günstigen Immobilienkreditfinanzierungsbedingungen führt. Daneben bestimmt sich die Höhe des Fremdkapitalzinses auch in Abhängigkeit der eigenen Bonität. In diese fließen insbesondere persönliche finanzielle Daten wie Einkommen und Vermögen ein, das eigene Zahlungsverhalten, z.b. rechtzeitiges Bedienen von Verbindlichkeiten, aber auch Parameter wie Alter und Wohnort. Bonitätsprüfungen werden durch Datenerhebungen verschiedener Auskunfteien, z.B. der SCHUFA Holding GmbH, durchgeführt und dienen Kreditinstitutionen als Basis für ihre Angebotserstellung an den Investor.

Je höher der Fremdkapitalzinssatz vereinbart wird, desto höher sind folgerichtig die Aufwendungen für Fremdkapitalzinsen (und umgekehrt). Er ist somit direkt ergebniswirksam.

Finanzierungsseitig sei an dieser Stelle die Form des regelmäßig für Immobiliendarlehen eingesetzten Annuitätendarlehens erwähnt. Charakteristikum dessen ist eine über die Laufzeit konstante Höhe der Annuität, die sich aus Fremdkapitalzinssatz und Tilgungsquote zusammensetzt. Die konstanten annuitätischen Raten bieten dem Darlehensnehmer den Vorteil einer guten Planbarkeit seiner Zahlungsströme und einen transparenten Cash-Flow. Neben dem Annuitätendarlehen besteht auch die Möglichkeit einer endfälligen Tilgung, bei der über die Laufzeit lediglich Zinsen jedoch keine Schulden beglichen werden, oder einer Ratentilgung, bei der ein jährlich konstanter Tilgungsbetrag zur Restschulddeckung übertragen wird. In der Praxis sind diese beiden Formen für Immobilienkredite weniger verbreitet als das Annuitätendarlehen.

Bewirtschaftungskosten

Wie bereits in Kapitel 6.1.1 „Erzielbare Mieteinnahmen je Quadratmeter" erwähnt, fallen für den Investor Bewirtschaftungskosten wegen Instandhaltung, Hausverwaltung oder Mietausfall an. Als pauschaler Ansatz für ihre Höhe findet sich eine Größenordnung von 20 % der Kaltmiete als Erfahrungssatz. [65] Von Objekt zu Objekt bzw. auch von Vermieter zu Vermieter können die Bewirtschaftungskosten äußerst unterschiedliche Größenordnungen einnehmen. Manche Vermieter kümmern sich beispielsweise selbst um die Hausverwaltung, in diesem Fall entstehen keine Aufwendungen für einen externen Verwalter, wohingegen andere Wohnungen vertraglich nur mit Haus- und Sondereigentumsverwaltung übernommen werden können. Für Instandhaltung sollten Rücklagen gebildet werden, die je nach Alter und Zustand des Gebäudes sehr stark voneinander abweichen können. Das Mietausfallrisiko aufgrund von Mietnomaden oder Leerstand kann der Vermieter entweder ebenfalls kalkulatorisch als Rücklage abdecken, wobei die angesetzte Höhe auch hier wegen unterschiedlichster durchschnittlicher Leerstandsquoten je nach Standort stark variieren wird, oder aber im Falle des tatsächlichen Mietausfalls mit eigenen Mitteln begleichen oder durch eine Mietausfall-/Mietnomadenversicherung abdecken.

In allen Fällen verschlechtern die Bewirtschaftungskosten das wirtschaftliche Ergebnis. Um den individuell vom jeweiligen Objekt abhängigen Schwankungen der Bewirtschaftungskosten gerecht zu werden, wird für die weiteren Berechnungen dieser Masterthesis eine um die Bewirtschaftungskosten reduzierte Kaltmiete, die sogenannte Nettokaltmiete, herangezogen:

$$Nettokaltmiete = Bruttokaltmiete - Bewirtschaftungskosten \quad [in \ €]$$

Formel 6: Nettokaltmiete [43]

Dies birgt für Investoren den Vorteil, dass sie die objektspezifisch anfallenden Bewirtschaftungskosten eigenständig gemäß Formel 6 herausrechnen und die nachfolgenden Tabellen des Kapitels 6.2 mit der Nettokaltmiete als Eingangsparameter uneingeschränkt nutzen können.

6.2 Ermittlung der maximalen Kaufpreise je Quadratmeter

Im folgenden Kapitel wird anhand von insgesamt 42 Tabellen aufgezeigt, wie viel eine Immobilie je Quadratmeter kosten darf (Kaufpreis = Outputparameter), damit sie bei gegebener lageabhängiger Miete (= Inputparameter) die vom Investor gewünschte Eigenkapitalrentabilität (= Inputparameter) erzielt. Die Höhe der Mieteinnahmen je Quadratmeter ist vom Investor zunächst nicht beeinflussbar, sie orientiert sich an der Lage der Wohnung, wobei sich sämtliche Standortfaktoren der Makro- und Mikroanalyse aus Kapitel 5 preislich niederschlagen. Die Eigenkapitalrendite spiegelt den Anspruch des Investors wider, den er zur Erreichung seiner Investitionsziele individuell festgesetzt hat. Die Monatsmiete je Quadratmeter und die anfängliche Eigenkapitalrendite bilden die beiden Inputparameter für die matrizenartig aufgebauten Tabellen, mit denen sich der Outputparameter Kaufpreismaximum je Quadratmeter ermitteln lässt. Bei den angegebenen Kaufpreisen handelt es sich stets um Bruttokaufpreise gemäß Formel 3, die die Kaufnebenkosten beinhalten.

Rechnerisch lässt sich die Relation zwischen der individuellen Renditeerwartung des Investors und den Höhen von Miete und Kaufpreis aus der allgemeingültigen Definition der Eigenkapitalrendite (Formel 2) herleiten. Bei einem Betrachtungszeitraum von einem Jahr stellt der Periodengewinn in Formel 2 die Mieteinnahmen abzüglich der Bewirtschaftungskosten dar, qua Definition aus Formel 6 also die jährliche Nettokaltmiete. Unter Berücksichtigung des Zusammenhangs zwischen Eigen- und Fremdkapitalquote lässt sich durch lineare Gleichungsumstellung Formel 7 herleiten, die den Bruttokaufpreis je m² aus den Variablen Jahresnettokaltmiete, anfänglicher (statischer) Eigenkapitalrendite, Eigenkapitalquote und Fremdkapitalzinssatz berechnet:

$$Bruttokaufpreis\ je\ m^2\ [in\frac{€}{m^2}]$$
$$= \frac{Jahresnettokaltmiete\ je\ m^2}{Fremdkapitalzinssatz + Eigenkapitalquote * (Eigenkapitalrendite - Fremdkapitalzinssatz)}$$

Formel 7: Bruttokaufpreis je m² (mit jährlicher Nettokaltmiete)

Da die monatliche Nettokaltmiete je m² für den Investor eine gängigere Bewertungszahl darstellt als der Jahreswert, kann Formel 7 unkompliziert in Formel 8 umformuliert werden:

$$Bruttokaufpreis\ je\ m^2\ [in\frac{€}{m^2}]$$
$$= \frac{Monatliche\ Nettokaltmiete\ je\ m^2 * 12}{Fremdkapitalzinssatz + Eigenkapitalquote * (Eigenkapitalrendite - Fremdkapitalzinssatz)}$$

Formel 8: Bruttokaufpreis je m² (mit monatlicher Nettokaltmiete)

6.2.1 Hinweise zur Nutzung des Tabellenwerks

Basierend auf Formel 8 wurden die Kaufpreismaxima der nachfolgenden Tabellen errechnet. Zur besseren Handhabbarkeit des Tabellenwerks seien folgende Nutzungshinweise gegeben:

- Jede Tabelle gibt für eine tabellenspezifisch fixe Kombination aus Eigenkapitalquote und Fremdkapitalzinssatz die Bruttokaufpreise je m² an, die die Immobilie maximal kosten darf, sodass sie die geforderte Eigenkapitalrendite bei einer bestimmten Nettokaltmiete einbringt.

- Die ausgegebenen Maximalkaufpreise sind Bruttokaufpreise (vgl. Formel 3). Zur Ermittlung des Nettokaufpreises, der den relevanten Angebotspreis widerspiegelt, ist der einzelfallabhängige Kaufnebenkostenanteil noch herauszurechnen.

- Die anzugebende Eigenkapitalrendite stellt die anfängliche Rendite für das erste Jahr ab dem Immobilienkauf dar. Abweichungen für die Folgejahre sind sehr wahrscheinlich, insbesondere aufgrund des wegen des unterstellten Annuitätendarlehens niedrigeren Zinsanteils oder auch wegen Mietpreisanpassungen etc.

- Das Tabellenwerk umfasst eine Variation der Eigenkapitalquote von 5 %, 10 %, 20 %, 30 %, 50 %, 75 % sowie 100 %. Die jeweilige Eigenkapitalquote ist stets mit einem festen Fremdkapitalzinssatz (Variationsrahmen: 0,5 %, 1,0 %, 2,0 %, 3,0 %, 4,0 % und 5,0 %) zu einer eigenen Tabelle kombiniert.

- Kalkulationen liegen für Nettomietpreise (gemäß Formel 6) zwischen 4,00 und 20,00 €/m² vor, in Anlehnung an die derzeitige deutschlandweite Mietpreisspanne (vgl. Abbildung 17 in Kapitel 6.1). Die Spanne der Eigenkapitalrendite reicht von 2,0 bis 25,0 %.

- Zwischen den Mietpreisspalten ist eine lineare Interpolation möglich, für Werte über 20,00 €/m² auch eine lineare Extrapolation. Zwischen den Zeilen, in denen die Eigenkapitalrendite angegeben ist, besteht kein linearer Zusammenhang. Im Bedarfsfall kann eine lineare Interpolation hierbei allerdings Annäherungswerte liefern. Werden exakte Werte für Parameter, die zwischen den explizit abgegebenen Werten liegen, benötigt, wird die Anwendung der Formel 8 empfohlen.

- Steuerliche Auswirkungen des Immobilieninvestments sind nicht in den Kalkulationen enthalten, da sie in höchstem Maße von der individuellen Situation des einzelnen Investors, z.B. von dessen Einkommen, Familienstand, weiteren Investments, bzw. auch vom einzelnen Objekt etwa wegen Sonderabschreibungsmöglichkeiten aufgrund von Denkmalschutz oder Erhaltungsaufwendungen, abhängen. Die Beratung und Prüfung durch einen Steuerberater wird an dieser Stelle empfohlen.

- Da steuerliche Auswirkungen unbeachtet bleiben, gelten die Tabellen gleichermaßen für Vermieter und Selbstnutzer, wobei letztere die Tabellen als rein kalkulatorische Grundlage für ihre gesparten Mietausgaben sehen können.

- Unberücksichtigt bleiben ferner: Tilgungsquote (nicht ergebniswirksam), Spekulationsgeschäfte (renditebestimmende Veräußerungsumstände unklar, z.B. Haltedauer zwischen Kauf und Verkauf, Höhe des Veräußerungsgewinns)

- Im Individualfall können die Werte aufgrund verallgemeinernder Annahmen unter Umständen abweichen. Für die Berechnungen kann keine Gewähr gegeben werden.

6.2.2 Untergliederung des Tabellenwerkes

- Die Tabellen für eine **Eigenkapitalquote von 5 %** kombiniert mit den verschiedenen Fremdkapitalzinssätzen finden sich auf Seite 74 ff.

- Die Tabellen für eine **Eigenkapitalquote von 10 %** kombiniert mit den verschiedenen Fremdkapitalzinssätzen finden sich auf Seite 80 ff.

- Die Tabellen für eine **Eigenkapitalquote von 20 %** kombiniert mit den verschiedenen Fremdkapitalzinssätzen finden sich auf Seite 86 ff.

- Die Tabellen für eine **Eigenkapitalquote von 30 %** kombiniert mit den verschiedenen Fremdkapitalzinssätzen finden sich auf Seite 92 ff.

- Die Tabellen für eine **Eigenkapitalquote von 50 %** kombiniert mit den verschiedenen Fremdkapitalzinssätzen finden sich auf Seite 98 ff.

- Die Tabellen für eine **Eigenkapitalquote von 75 %** kombiniert mit den verschiedenen Fremdkapitalzinssätzen finden sich auf Seite 104 ff.

- Die Tabellen für eine **Eigenkapitalquote von 100 %** kombiniert mit den verschiedenen Fremdkapitalzinssätzen finden sich auf Seite 110 ff.

Kaufpreismaxima für Immobilientransaktionen

Eigenkapitalquote: 5,0 % Fremdkapitalzinssatz p.a.: 0,5 %

Kaufpreismaxima in €/m²	\	monatliche Nettokaltmiete in €/m²																
anfängliche Eigenkapitalrendite in % p.a.	4	5	6	7	8	9	10	11	12	13	14	15	16	17	18	19	20
2,0%	8.347,83 €	10.434,78 €	12.521,74 €	14.608,70 €	16.695,65 €	18.782,61 €	20.869,57 €	22.956,52 €	25.043,48 €	27.130,43 €	29.217,39 €	31.304,35 €	33.391,30 €	35.478,26 €	37.565,22 €	39.652,17 €	41.739,13 €
3,0%	7.680,00 €	9.600,00 €	11.520,00 €	13.440,00 €	15.360,00 €	17.280,00 €	19.200,00 €	21.120,00 €	23.040,00 €	24.960,00 €	26.880,00 €	28.800,00 €	30.720,00 €	32.640,00 €	34.560,00 €	36.480,00 €	38.400,00 €
4,0%	7.111,11 €	8.888,89 €	10.666,67 €	12.444,44 €	14.222,22 €	16.000,00 €	17.777,78 €	19.555,56 €	21.333,33 €	23.111,11 €	24.888,89 €	26.666,67 €	28.444,44 €	30.222,22 €	32.000,00 €	33.777,78 €	35.555,56 €
5,0%	6.620,69 €	8.275,86 €	9.931,03 €	11.586,21 €	13.241,38 €	14.896,55 €	16.551,72 €	18.206,90 €	19.862,07 €	21.517,24 €	23.172,41 €	24.827,59 €	26.482,76 €	28.137,93 €	29.793,10 €	31.448,28 €	33.103,45 €
6,0%	6.193,55 €	7.741,94 €	9.290,32 €	10.838,71 €	12.387,10 €	13.935,48 €	15.483,87 €	17.032,26 €	18.580,65 €	20.129,03 €	21.677,42 €	23.225,81 €	24.774,19 €	26.322,58 €	27.870,97 €	29.419,35 €	30.967,74 €
7,0%	5.818,18 €	7.272,73 €	8.727,27 €	10.181,82 €	11.636,36 €	13.090,91 €	14.545,45 €	16.000,00 €	17.454,55 €	18.909,09 €	20.363,64 €	21.818,18 €	23.272,73 €	24.727,27 €	26.181,82 €	27.636,36 €	29.090,91 €
8,0%	5.485,71 €	6.857,14 €	8.228,57 €	9.600,00 €	10.971,43 €	12.342,86 €	13.714,29 €	15.085,71 €	16.457,14 €	17.828,57 €	19.200,00 €	20.571,43 €	21.942,86 €	23.314,29 €	24.685,71 €	26.057,14 €	27.428,57 €
9,0%	5.189,19 €	6.486,49 €	7.783,78 €	9.081,08 €	10.378,38 €	11.675,68 €	12.972,97 €	14.270,27 €	15.567,57 €	16.864,86 €	18.162,16 €	19.459,46 €	20.756,76 €	22.054,05 €	23.351,35 €	24.648,65 €	25.945,95 €
10,0%	4.923,08 €	6.153,85 €	7.384,62 €	8.615,38 €	9.846,15 €	11.076,92 €	12.307,69 €	13.538,46 €	14.769,23 €	16.000,00 €	17.230,77 €	18.461,54 €	19.692,31 €	20.923,08 €	22.153,85 €	23.384,62 €	24.615,38 €
11,0%	4.682,93 €	5.853,66 €	7.024,39 €	8.195,12 €	9.365,85 €	10.536,59 €	11.707,32 €	12.878,05 €	14.048,78 €	15.219,51 €	16.390,24 €	17.560,98 €	18.731,71 €	19.902,44 €	21.073,17 €	22.243,90 €	23.414,63 €
12,0%	4.465,12 €	5.581,40 €	6.697,67 €	7.813,95 €	8.930,23 €	10.046,51 €	11.162,79 €	12.279,07 €	13.395,35 €	14.511,63 €	15.627,91 €	16.744,19 €	17.860,47 €	18.976,74 €	20.093,02 €	21.209,30 €	22.325,58 €
13,0%	4.266,67 €	5.333,33 €	6.400,00 €	7.466,67 €	8.533,33 €	9.600,00 €	10.666,67 €	11.733,33 €	12.800,00 €	13.866,67 €	14.933,33 €	16.000,00 €	17.066,67 €	18.133,33 €	19.200,00 €	20.266,67 €	21.333,33 €
14,0%	4.085,11 €	5.106,38 €	6.127,66 €	7.148,94 €	8.170,21 €	9.191,49 €	10.212,77 €	11.234,04 €	12.255,32 €	13.276,60 €	14.297,87 €	15.319,15 €	16.340,43 €	17.361,70 €	18.382,98 €	19.404,26 €	20.425,53 €
15,0%	3.918,37 €	4.897,96 €	5.877,55 €	6.857,14 €	7.836,73 €	8.816,33 €	9.795,92 €	10.775,51 €	11.755,10 €	12.734,69 €	13.714,29 €	14.693,88 €	15.673,47 €	16.653,06 €	17.632,65 €	18.612,24 €	19.591,84 €
16,0%	3.764,71 €	4.705,88 €	5.647,06 €	6.588,24 €	7.529,41 €	8.470,59 €	9.411,76 €	10.352,94 €	11.294,12 €	12.235,29 €	13.176,47 €	14.117,65 €	15.058,82 €	16.000,00 €	16.941,18 €	17.882,35 €	18.823,53 €
17,0%	3.622,64 €	4.528,30 €	5.433,96 €	6.339,62 €	7.245,28 €	8.150,94 €	9.056,60 €	9.962,26 €	10.867,92 €	11.773,58 €	12.679,25 €	13.584,91 €	14.490,57 €	15.396,23 €	16.301,89 €	17.207,55 €	18.113,21 €
18,0%	3.490,91 €	4.363,64 €	5.236,36 €	6.109,09 €	6.981,82 €	7.854,55 €	8.727,27 €	9.600,00 €	10.472,73 €	11.345,45 €	12.218,18 €	13.090,91 €	13.963,64 €	14.836,36 €	15.709,09 €	16.581,82 €	17.454,55 €
19,0%	3.368,42 €	4.210,53 €	5.052,63 €	5.894,74 €	6.736,84 €	7.578,95 €	8.421,05 €	9.263,16 €	10.105,26 €	10.947,37 €	11.789,47 €	12.631,58 €	13.473,68 €	14.315,79 €	15.157,89 €	16.000,00 €	16.842,11 €
20,0%	3.254,24 €	4.067,80 €	4.881,36 €	5.694,92 €	6.508,47 €	7.322,03 €	8.135,59 €	8.949,15 €	9.762,71 €	10.576,27 €	11.389,83 €	12.203,39 €	13.016,95 €	13.830,51 €	14.644,07 €	15.457,63 €	16.271,19 €
21,0%	3.147,54 €	3.934,43 €	4.721,31 €	5.508,20 €	6.295,08 €	7.081,97 €	7.868,85 €	8.655,74 €	9.442,62 €	10.229,51 €	11.016,39 €	11.803,28 €	12.590,16 €	13.377,05 €	14.163,93 €	14.950,82 €	15.737,70 €
22,0%	3.047,62 €	3.809,52 €	4.571,43 €	5.333,33 €	6.095,24 €	6.857,14 €	7.619,05 €	8.380,95 €	9.142,86 €	9.904,76 €	10.666,67 €	11.428,57 €	12.190,48 €	12.952,38 €	13.714,29 €	14.476,19 €	15.238,10 €
23,0%	2.953,85 €	3.692,31 €	4.430,77 €	5.169,23 €	5.907,69 €	6.646,15 €	7.384,62 €	8.123,08 €	8.861,54 €	9.600,00 €	10.338,46 €	11.076,92 €	11.815,38 €	12.553,85 €	13.292,31 €	14.030,77 €	14.769,23 €
24,0%	2.865,67 €	3.582,09 €	4.298,51 €	5.014,93 €	5.731,34 €	6.447,76 €	7.164,18 €	7.880,60 €	8.597,01 €	9.313,43 €	10.029,85 €	10.746,27 €	11.462,69 €	12.179,10 €	12.895,52 €	13.611,94 €	14.328,36 €
25,0%	2.782,61 €	3.478,26 €	4.173,91 €	4.869,57 €	5.565,22 €	6.260,87 €	6.956,52 €	7.652,17 €	8.347,83 €	9.043,48 €	9.739,13 €	10.434,78 €	11.130,43 €	11.826,09 €	12.521,74 €	13.217,39 €	13.913,04 €

Kaufpreismaxima für Immobilientransaktionen

Eigenkapitalquote: 5,0 % — Fremdkapitalzinssatz p.a.: 1,0 %

Kaufpreismaxima in €/m² \ monatliche Nettokaltmiete in €/m²	4	5	6	7	8	9	10	11	12	13	14	15	16	17	18	19	20
2,0%	4.571,43 €	5.714,29 €	6.857,14 €	8.000,00 €	9.142,86 €	10.285,71 €	11.428,57 €	12.571,43 €	13.714,29 €	14.857,14 €	16.000,00 €	17.142,86 €	18.285,71 €	19.428,57 €	20.571,43 €	21.714,29 €	22.857,14 €
3,0%	4.363,64 €	5.454,55 €	6.545,45 €	7.636,36 €	8.727,27 €	9.818,18 €	10.909,09 €	12.000,00 €	13.090,91 €	14.181,82 €	15.272,73 €	16.363,64 €	17.454,55 €	18.545,45 €	19.636,36 €	20.727,27 €	21.818,18 €
4,0%	4.173,91 €	5.217,39 €	6.260,87 €	7.304,35 €	8.347,83 €	9.391,30 €	10.434,78 €	11.478,26 €	12.521,74 €	13.565,22 €	14.608,70 €	15.652,17 €	16.695,65 €	17.739,13 €	18.782,61 €	19.826,09 €	20.869,57 €
5,0%	4.000,00 €	5.000,00 €	6.000,00 €	7.000,00 €	8.000,00 €	9.000,00 €	10.000,00 €	11.000,00 €	12.000,00 €	13.000,00 €	14.000,00 €	15.000,00 €	16.000,00 €	17.000,00 €	18.000,00 €	19.000,00 €	20.000,00 €
6,0%	3.840,00 €	4.800,00 €	5.760,00 €	6.720,00 €	7.680,00 €	8.640,00 €	9.600,00 €	10.560,00 €	11.520,00 €	12.480,00 €	13.440,00 €	14.400,00 €	15.360,00 €	16.320,00 €	17.280,00 €	18.240,00 €	19.200,00 €
7,0%	3.692,31 €	4.615,38 €	5.538,46 €	6.461,54 €	7.384,62 €	8.307,69 €	9.230,77 €	10.153,85 €	11.076,92 €	12.000,00 €	12.923,08 €	13.846,15 €	14.769,23 €	15.692,31 €	16.615,38 €	17.538,46 €	18.461,54 €
8,0%	3.555,56 €	4.444,44 €	5.333,33 €	6.222,22 €	7.111,11 €	8.000,00 €	8.888,89 €	9.777,78 €	10.666,67 €	11.555,56 €	12.444,44 €	13.333,33 €	14.222,22 €	15.111,11 €	16.000,00 €	16.888,89 €	17.777,78 €
9,0%	3.428,57 €	4.285,71 €	5.142,86 €	6.000,00 €	6.857,14 €	7.714,29 €	8.571,43 €	9.428,57 €	10.285,71 €	11.142,86 €	12.000,00 €	12.857,14 €	13.714,29 €	14.571,43 €	15.428,57 €	16.285,71 €	17.142,86 €
10,0%	3.310,34 €	4.137,93 €	4.965,52 €	5.793,10 €	6.620,69 €	7.448,28 €	8.275,86 €	9.103,45 €	9.931,03 €	10.758,62 €	11.586,21 €	12.413,79 €	13.241,38 €	14.068,97 €	14.896,55 €	15.724,14 €	16.551,72 €
11,0%	3.200,00 €	4.000,00 €	4.800,00 €	5.600,00 €	6.400,00 €	7.200,00 €	8.000,00 €	8.800,00 €	9.600,00 €	10.400,00 €	11.200,00 €	12.000,00 €	12.800,00 €	13.600,00 €	14.400,00 €	15.200,00 €	16.000,00 €
12,0%	3.096,77 €	3.870,97 €	4.645,16 €	5.419,35 €	6.193,55 €	6.967,74 €	7.741,94 €	8.516,13 €	9.290,32 €	10.064,52 €	10.838,71 €	11.612,90 €	12.387,10 €	13.161,29 €	13.935,48 €	14.709,68 €	15.483,87 €
13,0%	3.000,00 €	3.750,00 €	4.500,00 €	5.250,00 €	6.000,00 €	6.750,00 €	7.500,00 €	8.250,00 €	9.000,00 €	9.750,00 €	10.500,00 €	11.250,00 €	12.000,00 €	12.750,00 €	13.500,00 €	14.250,00 €	15.000,00 €
14,0%	2.909,09 €	3.636,36 €	4.363,64 €	5.090,91 €	5.818,18 €	6.545,45 €	7.272,73 €	8.000,00 €	8.727,27 €	9.454,55 €	10.181,82 €	10.909,09 €	11.636,36 €	12.363,64 €	13.090,91 €	13.818,18 €	14.545,45 €
15,0%	2.823,53 €	3.529,41 €	4.235,29 €	4.941,18 €	5.647,06 €	6.352,94 €	7.058,82 €	7.764,71 €	8.470,59 €	9.176,47 €	9.882,35 €	10.588,24 €	11.294,12 €	12.000,00 €	12.705,88 €	13.411,76 €	14.117,65 €
16,0%	2.742,86 €	3.428,57 €	4.114,29 €	4.800,00 €	5.485,71 €	6.171,43 €	6.857,14 €	7.542,86 €	8.228,57 €	8.914,29 €	9.600,00 €	10.285,71 €	10.971,43 €	11.657,14 €	12.342,86 €	13.028,57 €	13.714,29 €
17,0%	2.666,67 €	3.333,33 €	4.000,00 €	4.666,67 €	5.333,33 €	6.000,00 €	6.666,67 €	7.333,33 €	8.000,00 €	8.666,67 €	9.333,33 €	10.000,00 €	10.666,67 €	11.333,33 €	12.000,00 €	12.666,67 €	13.333,33 €
18,0%	2.594,59 €	3.243,24 €	3.891,89 €	4.540,54 €	5.189,19 €	5.837,84 €	6.486,49 €	7.135,14 €	7.783,78 €	8.432,43 €	9.081,08 €	9.729,73 €	10.378,38 €	11.027,03 €	11.675,68 €	12.324,32 €	12.972,97 €
19,0%	2.526,32 €	3.157,89 €	3.789,47 €	4.421,05 €	5.052,63 €	5.684,21 €	6.315,79 €	6.947,37 €	7.578,95 €	8.210,53 €	8.842,11 €	9.473,68 €	10.105,26 €	10.736,84 €	11.368,42 €	12.000,00 €	12.631,58 €
20,0%	2.461,54 €	3.076,92 €	3.692,31 €	4.307,69 €	4.923,08 €	5.538,46 €	6.153,85 €	6.769,23 €	7.384,62 €	8.000,00 €	8.615,38 €	9.230,77 €	9.846,15 €	10.461,54 €	11.076,92 €	11.692,31 €	12.307,69 €
21,0%	2.400,00 €	3.000,00 €	3.600,00 €	4.200,00 €	4.800,00 €	5.400,00 €	6.000,00 €	6.600,00 €	7.200,00 €	7.800,00 €	8.400,00 €	9.000,00 €	9.600,00 €	10.200,00 €	10.800,00 €	11.400,00 €	12.000,00 €
22,0%	2.341,46 €	2.926,83 €	3.512,20 €	4.097,56 €	4.682,93 €	5.268,29 €	5.853,66 €	6.439,02 €	7.024,39 €	7.609,76 €	8.195,12 €	8.780,49 €	9.365,85 €	9.951,22 €	10.536,59 €	11.121,95 €	11.707,32 €
23,0%	2.285,71 €	2.857,14 €	3.428,57 €	4.000,00 €	4.571,43 €	5.142,86 €	5.714,29 €	6.285,71 €	6.857,14 €	7.428,57 €	8.000,00 €	8.571,43 €	9.142,86 €	9.714,29 €	10.285,71 €	10.857,14 €	11.428,57 €
24,0%	2.232,56 €	2.790,70 €	3.348,84 €	3.906,98 €	4.465,12 €	5.023,26 €	5.581,40 €	6.139,53 €	6.697,67 €	7.255,81 €	7.813,95 €	8.372,09 €	8.930,23 €	9.488,37 €	10.046,51 €	10.604,65 €	11.162,79 €
25,0%	2.181,82 €	2.727,27 €	3.272,73 €	3.818,18 €	4.363,64 €	4.909,09 €	5.454,55 €	6.000,00 €	6.545,45 €	7.090,91 €	7.636,36 €	8.181,82 €	8.727,27 €	9.272,73 €	9.818,18 €	10.363,64 €	10.909,09 €

anfängliche Eigenkapitalrendite in % p.a.

Kaufpreismaxima für Immobilientransaktionen

Eigenkapitalquote: 5,0 % Fremdkapitalzinssatz p.a.: 2,0 %

Kaufpreismaxima in €/m²	\	monatliche Nettokaltmiete in €/m²																
anfängliche Eigenkapitalrendite in % p.a. ↓	4	5	6	7	8	9	10	11	12	13	14	15	16	17	18	19	20
2,0%	2.400,00 €	3.000,00 €	3.600,00 €	4.200,00 €	4.800,00 €	5.400,00 €	6.000,00 €	6.600,00 €	7.200,00 €	7.800,00 €	8.400,00 €	9.000,00 €	9.600,00 €	10.200,00 €	10.800,00 €	11.400,00 €	12.000,00 €
3,0%	2.341,46 €	2.926,83 €	3.512,20 €	4.097,56 €	4.682,93 €	5.268,29 €	5.853,66 €	6.439,02 €	7.024,39 €	7.609,76 €	8.195,12 €	8.780,49 €	9.365,85 €	9.951,22 €	10.536,59 €	11.121,95 €	11.707,32 €
4,0%	2.285,71 €	2.857,14 €	3.428,57 €	4.000,00 €	4.571,43 €	5.142,86 €	5.714,29 €	6.285,71 €	6.857,14 €	7.428,57 €	8.000,00 €	8.571,43 €	9.142,86 €	9.714,29 €	10.285,71 €	10.857,14 €	11.428,57 €
5,0%	2.232,56 €	2.790,70 €	3.348,84 €	3.906,98 €	4.465,12 €	5.023,26 €	5.581,40 €	6.139,53 €	6.697,67 €	7.255,81 €	7.813,95 €	8.372,09 €	8.930,23 €	9.488,37 €	10.046,51 €	10.604,65 €	11.162,79 €
6,0%	2.181,82 €	2.727,27 €	3.272,73 €	3.818,18 €	4.363,64 €	4.909,09 €	5.454,55 €	6.000,00 €	6.545,45 €	7.090,91 €	7.636,36 €	8.181,82 €	8.727,27 €	9.272,73 €	9.818,18 €	10.363,64 €	10.909,09 €
7,0%	2.133,33 €	2.666,67 €	3.200,00 €	3.733,33 €	4.266,67 €	4.800,00 €	5.333,33 €	5.866,67 €	6.400,00 €	6.933,33 €	7.466,67 €	8.000,00 €	8.533,33 €	9.066,67 €	9.600,00 €	10.133,33 €	10.666,67 €
8,0%	2.086,96 €	2.608,70 €	3.130,43 €	3.652,17 €	4.173,91 €	4.695,65 €	5.217,39 €	5.739,13 €	6.260,87 €	6.782,61 €	7.304,35 €	7.826,09 €	8.347,83 €	8.869,57 €	9.391,30 €	9.913,04 €	10.434,78 €
9,0%	2.042,55 €	2.553,19 €	3.063,83 €	3.574,47 €	4.085,11 €	4.595,74 €	5.106,38 €	5.617,02 €	6.127,66 €	6.638,30 €	7.148,94 €	7.659,57 €	8.170,21 €	8.680,85 €	9.191,49 €	9.702,13 €	10.212,77 €
10,0%	2.000,00 €	2.500,00 €	3.000,00 €	3.500,00 €	4.000,00 €	4.500,00 €	5.000,00 €	5.500,00 €	6.000,00 €	6.500,00 €	7.000,00 €	7.500,00 €	8.000,00 €	8.500,00 €	9.000,00 €	9.500,00 €	10.000,00 €
11,0%	1.959,18 €	2.448,98 €	2.938,78 €	3.428,57 €	3.918,37 €	4.408,16 €	4.897,96 €	5.387,76 €	5.877,55 €	6.367,35 €	6.857,14 €	7.346,94 €	7.836,73 €	8.326,53 €	8.816,33 €	9.306,12 €	9.795,92 €
12,0%	1.920,00 €	2.400,00 €	2.880,00 €	3.360,00 €	3.840,00 €	4.320,00 €	4.800,00 €	5.280,00 €	5.760,00 €	6.240,00 €	6.720,00 €	7.200,00 €	7.680,00 €	8.160,00 €	8.640,00 €	9.120,00 €	9.600,00 €
13,0%	1.882,35 €	2.352,94 €	2.823,53 €	3.294,12 €	3.764,71 €	4.235,29 €	4.705,88 €	5.176,47 €	5.647,06 €	6.117,65 €	6.588,24 €	7.058,82 €	7.529,41 €	8.000,00 €	8.470,59 €	8.941,18 €	9.411,76 €
14,0%	1.846,15 €	2.307,69 €	2.769,23 €	3.230,77 €	3.692,31 €	4.153,85 €	4.615,38 €	5.076,92 €	5.538,46 €	6.000,00 €	6.461,54 €	6.923,08 €	7.384,62 €	7.846,15 €	8.307,69 €	8.769,23 €	9.230,77 €
15,0%	1.811,32 €	2.264,15 €	2.716,98 €	3.169,81 €	3.622,64 €	4.075,47 €	4.528,30 €	4.981,13 €	5.433,96 €	5.886,79 €	6.339,62 €	6.792,45 €	7.245,28 €	7.698,11 €	8.150,94 €	8.603,77 €	9.056,60 €
16,0%	1.777,78 €	2.222,22 €	2.666,67 €	3.111,11 €	3.555,56 €	4.000,00 €	4.444,44 €	4.888,89 €	5.333,33 €	5.777,78 €	6.222,22 €	6.666,67 €	7.111,11 €	7.555,56 €	8.000,00 €	8.444,44 €	8.888,89 €
17,0%	1.745,45 €	2.181,82 €	2.618,18 €	3.054,55 €	3.490,91 €	3.927,27 €	4.363,64 €	4.800,00 €	5.236,36 €	5.672,73 €	6.109,09 €	6.545,45 €	6.981,82 €	7.418,18 €	7.854,55 €	8.290,91 €	8.727,27 €
18,0%	1.714,29 €	2.142,86 €	2.571,43 €	3.000,00 €	3.428,57 €	3.857,14 €	4.285,71 €	4.714,29 €	5.142,86 €	5.571,43 €	6.000,00 €	6.428,57 €	6.857,14 €	7.285,71 €	7.714,29 €	8.142,86 €	8.571,43 €
19,0%	1.684,21 €	2.105,26 €	2.526,32 €	2.947,37 €	3.368,42 €	3.789,47 €	4.210,53 €	4.631,58 €	5.052,63 €	5.473,68 €	5.894,74 €	6.315,79 €	6.736,84 €	7.157,89 €	7.578,95 €	8.000,00 €	8.421,05 €
20,0%	1.655,17 €	2.068,97 €	2.482,76 €	2.896,55 €	3.310,34 €	3.724,14 €	4.137,93 €	4.551,72 €	4.965,52 €	5.379,31 €	5.793,10 €	6.206,90 €	6.620,69 €	7.034,48 €	7.448,28 €	7.862,07 €	8.275,86 €
21,0%	1.627,12 €	2.033,90 €	2.440,68 €	2.847,46 €	3.254,24 €	3.661,02 €	4.067,80 €	4.474,58 €	4.881,36 €	5.288,14 €	5.694,92 €	6.101,69 €	6.508,47 €	6.915,25 €	7.322,03 €	7.728,81 €	8.135,59 €
22,0%	1.600,00 €	2.000,00 €	2.400,00 €	2.800,00 €	3.200,00 €	3.600,00 €	4.000,00 €	4.400,00 €	4.800,00 €	5.200,00 €	5.600,00 €	6.000,00 €	6.400,00 €	6.800,00 €	7.200,00 €	7.600,00 €	8.000,00 €
23,0%	1.573,77 €	1.967,21 €	2.360,66 €	2.754,10 €	3.147,54 €	3.540,98 €	3.934,43 €	4.327,87 €	4.721,31 €	5.114,75 €	5.508,20 €	5.901,64 €	6.295,08 €	6.688,52 €	7.081,97 €	7.475,41 €	7.868,85 €
24,0%	1.548,39 €	1.935,48 €	2.322,58 €	2.709,68 €	3.096,77 €	3.483,87 €	3.870,97 €	4.258,06 €	4.645,16 €	5.032,26 €	5.419,35 €	5.806,45 €	6.193,55 €	6.580,65 €	6.967,74 €	7.354,84 €	7.741,94 €
25,0%	1.523,81 €	1.904,76 €	2.285,71 €	2.666,67 €	3.047,62 €	3.428,57 €	3.809,52 €	4.190,48 €	4.571,43 €	4.952,38 €	5.333,33 €	5.714,29 €	6.095,24 €	6.476,19 €	6.857,14 €	7.238,10 €	7.619,05 €

Kaufpreismaxima für Immobilientransaktionen

Eigenkapitalquote: 5,0 % Fremdkapitalzinssatz p.a.: 3,0 %

Kaufpreismaxima in €/m²	monatliche Nettokaltmiete in €/m²																
anfängliche Eigenkapitalrendite in % p.a.	4	5	6	7	8	9	10	11	12	13	14	15	16	17	18	19	20
2,0%	1.627,12 €	2.033,90 €	2.440,68 €	2.847,46 €	3.254,24 €	3.661,02 €	4.067,80 €	4.474,58 €	4.881,36 €	5.288,14 €	5.694,92 €	6.101,69 €	6.508,47 €	6.915,25 €	7.322,03 €	7.728,81 €	8.135,59 €
3,0%	1.600,00 €	2.000,00 €	2.400,00 €	2.800,00 €	3.200,00 €	3.600,00 €	4.000,00 €	4.400,00 €	4.800,00 €	5.200,00 €	5.600,00 €	6.000,00 €	6.400,00 €	6.800,00 €	7.200,00 €	7.600,00 €	8.000,00 €
4,0%	1.573,77 €	1.967,21 €	2.360,66 €	2.754,10 €	3.147,54 €	3.540,98 €	3.934,43 €	4.327,87 €	4.721,31 €	5.114,75 €	5.508,20 €	5.901,64 €	6.295,08 €	6.688,52 €	7.081,97 €	7.475,41 €	7.868,85 €
5,0%	1.548,39 €	1.935,48 €	2.322,58 €	2.709,68 €	3.096,77 €	3.483,87 €	3.870,97 €	4.258,06 €	4.645,16 €	5.032,26 €	5.419,35 €	5.806,45 €	6.193,55 €	6.580,65 €	6.967,74 €	7.354,84 €	7.741,94 €
6,0%	1.523,81 €	1.904,76 €	2.285,71 €	2.666,67 €	3.047,62 €	3.428,57 €	3.809,52 €	4.190,48 €	4.571,43 €	4.952,38 €	5.333,33 €	5.714,29 €	6.095,24 €	6.476,19 €	6.857,14 €	7.238,10 €	7.619,05 €
7,0%	1.500,00 €	1.875,00 €	2.250,00 €	2.625,00 €	3.000,00 €	3.375,00 €	3.750,00 €	4.125,00 €	4.500,00 €	4.875,00 €	5.250,00 €	5.625,00 €	6.000,00 €	6.375,00 €	6.750,00 €	7.125,00 €	7.500,00 €
8,0%	1.476,92 €	1.846,15 €	2.215,38 €	2.584,62 €	2.953,85 €	3.323,08 €	3.692,31 €	4.061,54 €	4.430,77 €	4.800,00 €	5.169,23 €	5.538,46 €	5.907,69 €	6.276,92 €	6.646,15 €	7.015,38 €	7.384,62 €
9,0%	1.454,55 €	1.818,18 €	2.181,82 €	2.545,45 €	2.909,09 €	3.272,73 €	3.636,36 €	4.000,00 €	4.363,64 €	4.727,27 €	5.090,91 €	5.454,55 €	5.818,18 €	6.181,82 €	6.545,45 €	6.909,09 €	7.272,73 €
10,0%	1.432,84 €	1.791,04 €	2.149,25 €	2.507,46 €	2.865,67 €	3.223,88 €	3.582,09 €	3.940,30 €	4.298,51 €	4.656,72 €	5.014,93 €	5.373,13 €	5.731,34 €	6.089,55 €	6.447,76 €	6.805,97 €	7.164,18 €
11,0%	1.411,76 €	1.764,71 €	2.117,65 €	2.470,59 €	2.823,53 €	3.176,47 €	3.529,41 €	3.882,35 €	4.235,29 €	4.588,24 €	4.941,18 €	5.294,12 €	5.647,06 €	6.000,00 €	6.352,94 €	6.705,88 €	7.058,82 €
12,0%	1.391,30 €	1.739,13 €	2.086,96 €	2.434,78 €	2.782,61 €	3.130,43 €	3.478,26 €	3.826,09 €	4.173,91 €	4.521,74 €	4.869,57 €	5.217,39 €	5.565,22 €	5.913,04 €	6.260,87 €	6.608,70 €	6.956,52 €
13,0%	1.371,43 €	1.714,29 €	2.057,14 €	2.400,00 €	2.742,86 €	3.085,71 €	3.428,57 €	3.771,43 €	4.114,29 €	4.457,14 €	4.800,00 €	5.142,86 €	5.485,71 €	5.828,57 €	6.171,43 €	6.514,29 €	6.857,14 €
14,0%	1.352,11 €	1.690,14 €	2.028,17 €	2.366,20 €	2.704,23 €	3.042,25 €	3.380,28 €	3.718,31 €	4.056,34 €	4.394,37 €	4.732,39 €	5.070,42 €	5.408,45 €	5.746,48 €	6.084,51 €	6.422,54 €	6.760,56 €
15,0%	1.333,33 €	1.666,67 €	2.000,00 €	2.333,33 €	2.666,67 €	3.000,00 €	3.333,33 €	3.666,67 €	4.000,00 €	4.333,33 €	4.666,67 €	5.000,00 €	5.333,33 €	5.666,67 €	6.000,00 €	6.333,33 €	6.666,67 €
16,0%	1.315,07 €	1.643,84 €	1.972,60 €	2.301,37 €	2.630,14 €	2.958,90 €	3.287,67 €	3.616,44 €	3.945,21 €	4.273,97 €	4.602,74 €	4.931,51 €	5.260,27 €	5.589,04 €	5.917,81 €	6.246,58 €	6.575,34 €
17,0%	1.297,30 €	1.621,62 €	1.945,95 €	2.270,27 €	2.594,59 €	2.918,92 €	3.243,24 €	3.567,57 €	3.891,89 €	4.216,22 €	4.540,54 €	4.864,86 €	5.189,19 €	5.513,51 €	5.837,84 €	6.162,16 €	6.486,49 €
18,0%	1.280,00 €	1.600,00 €	1.920,00 €	2.240,00 €	2.560,00 €	2.880,00 €	3.200,00 €	3.520,00 €	3.840,00 €	4.160,00 €	4.480,00 €	4.800,00 €	5.120,00 €	5.440,00 €	5.760,00 €	6.080,00 €	6.400,00 €
19,0%	1.263,16 €	1.578,95 €	1.894,74 €	2.210,53 €	2.526,32 €	2.842,11 €	3.157,89 €	3.473,68 €	3.789,47 €	4.105,26 €	4.421,05 €	4.736,84 €	5.052,63 €	5.368,42 €	5.684,21 €	6.000,00 €	6.315,79 €
20,0%	1.246,75 €	1.558,44 €	1.870,13 €	2.181,82 €	2.493,51 €	2.805,19 €	3.116,88 €	3.428,57 €	3.740,26 €	4.051,95 €	4.363,64 €	4.675,32 €	4.987,01 €	5.298,70 €	5.610,39 €	5.922,08 €	6.233,77 €
21,0%	1.230,77 €	1.538,46 €	1.846,15 €	2.153,85 €	2.461,54 €	2.769,23 €	3.076,92 €	3.384,62 €	3.692,31 €	4.000,00 €	4.307,69 €	4.615,38 €	4.923,08 €	5.230,77 €	5.538,46 €	5.846,15 €	6.153,85 €
22,0%	1.215,19 €	1.518,99 €	1.822,78 €	2.126,58 €	2.430,38 €	2.734,18 €	3.037,97 €	3.341,77 €	3.645,57 €	3.949,37 €	4.253,16 €	4.556,96 €	4.860,76 €	5.164,56 €	5.468,35 €	5.772,15 €	6.075,95 €
23,0%	1.200,00 €	1.500,00 €	1.800,00 €	2.100,00 €	2.400,00 €	2.700,00 €	3.000,00 €	3.300,00 €	3.600,00 €	3.900,00 €	4.200,00 €	4.500,00 €	4.800,00 €	5.100,00 €	5.400,00 €	5.700,00 €	6.000,00 €
24,0%	1.185,19 €	1.481,48 €	1.777,78 €	2.074,07 €	2.370,37 €	2.666,67 €	2.962,96 €	3.259,26 €	3.555,56 €	3.851,85 €	4.148,15 €	4.444,44 €	4.740,74 €	5.037,04 €	5.333,33 €	5.629,63 €	5.925,93 €
25,0%	1.170,73 €	1.463,41 €	1.756,10 €	2.048,78 €	2.341,46 €	2.634,15 €	2.926,83 €	3.219,51 €	3.512,20 €	3.804,88 €	4.097,56 €	4.390,24 €	4.682,93 €	4.975,61 €	5.268,29 €	5.560,98 €	5.853,66 €

Kaufpreismaxima für Immobilientransaktionen

Eigenkapitalquote: 5,0 % Fremdkapitalzinssatz p.a.: 4,0 %

Kaufpreismaxima in €/m²	\	monatliche Nettokaltmiete in €/m²															
anfängliche Eigenkapitalrendite in % p.a.		4	5	6	7	8	9	10	11	12	13	14	15	16	17	18	19	20
	2,0%	1.230,77 €	1.538,46 €	1.846,15 €	2.153,85 €	2.461,54 €	2.769,23 €	3.076,92 €	3.384,62 €	3.692,31 €	4.000,00 €	4.307,69 €	4.615,38 €	4.923,08 €	5.230,77 €	5.538,46 €	5.846,15 €	6.153,85 €
	3,0%	1.215,19 €	1.518,99 €	1.822,78 €	2.126,58 €	2.430,38 €	2.734,18 €	3.037,97 €	3.341,77 €	3.645,57 €	3.949,37 €	4.253,16 €	4.556,96 €	4.860,76 €	5.164,56 €	5.468,35 €	5.772,15 €	6.075,95 €
	4,0%	1.200,00 €	1.500,00 €	1.800,00 €	2.100,00 €	2.400,00 €	2.700,00 €	3.000,00 €	3.300,00 €	3.600,00 €	3.900,00 €	4.200,00 €	4.500,00 €	4.800,00 €	5.100,00 €	5.400,00 €	5.700,00 €	6.000,00 €
	5,0%	1.185,19 €	1.481,48 €	1.777,78 €	2.074,07 €	2.370,37 €	2.666,67 €	2.962,96 €	3.259,26 €	3.555,56 €	3.851,85 €	4.148,15 €	4.444,44 €	4.740,74 €	5.037,04 €	5.333,33 €	5.629,63 €	5.925,93 €
	6,0%	1.170,73 €	1.463,41 €	1.756,10 €	2.048,78 €	2.341,46 €	2.634,15 €	2.926,83 €	3.219,51 €	3.512,20 €	3.804,88 €	4.097,56 €	4.390,24 €	4.682,93 €	4.975,61 €	5.268,29 €	5.560,98 €	5.853,66 €
	7,0%	1.156,63 €	1.445,78 €	1.734,94 €	2.024,10 €	2.313,25 €	2.602,41 €	2.891,57 €	3.180,72 €	3.469,88 €	3.759,04 €	4.048,19 €	4.337,35 €	4.626,51 €	4.915,66 €	5.204,82 €	5.493,98 €	5.783,13 €
	8,0%	1.142,86 €	1.428,57 €	1.714,29 €	2.000,00 €	2.285,71 €	2.571,43 €	2.857,14 €	3.142,86 €	3.428,57 €	3.714,29 €	4.000,00 €	4.285,71 €	4.571,43 €	4.857,14 €	5.142,86 €	5.428,57 €	5.714,29 €
	9,0%	1.129,41 €	1.411,76 €	1.694,12 €	1.976,47 €	2.258,82 €	2.541,18 €	2.823,53 €	3.105,88 €	3.388,24 €	3.670,59 €	3.952,94 €	4.235,29 €	4.517,65 €	4.800,00 €	5.082,35 €	5.364,71 €	5.647,06 €
	10,0%	1.116,28 €	1.395,35 €	1.674,42 €	1.953,49 €	2.232,56 €	2.511,63 €	2.790,70 €	3.069,77 €	3.348,84 €	3.627,91 €	3.906,98 €	4.186,05 €	4.465,12 €	4.744,19 €	5.023,26 €	5.302,33 €	5.581,40 €
	11,0%	1.103,45 €	1.379,31 €	1.655,17 €	1.931,03 €	2.206,90 €	2.482,76 €	2.758,62 €	3.034,48 €	3.310,34 €	3.586,21 €	3.862,07 €	4.137,93 €	4.413,79 €	4.689,66 €	4.965,52 €	5.241,38 €	5.517,24 €
	12,0%	1.090,91 €	1.363,64 €	1.636,36 €	1.909,09 €	2.181,82 €	2.454,55 €	2.727,27 €	3.000,00 €	3.272,73 €	3.545,45 €	3.818,18 €	4.090,91 €	4.363,64 €	4.636,36 €	4.909,09 €	5.181,82 €	5.454,55 €
	13,0%	1.078,65 €	1.348,31 €	1.617,98 €	1.887,64 €	2.157,30 €	2.426,97 €	2.696,63 €	2.966,29 €	3.235,96 €	3.505,62 €	3.775,28 €	4.044,94 €	4.314,61 €	4.584,27 €	4.853,93 €	5.123,60 €	5.393,26 €
	14,0%	1.066,67 €	1.333,33 €	1.600,00 €	1.866,67 €	2.133,33 €	2.400,00 €	2.666,67 €	2.933,33 €	3.200,00 €	3.466,67 €	3.733,33 €	4.000,00 €	4.266,67 €	4.533,33 €	4.800,00 €	5.066,67 €	5.333,33 €
	15,0%	1.054,95 €	1.318,68 €	1.582,42 €	1.846,15 €	2.109,89 €	2.373,63 €	2.637,36 €	2.901,10 €	3.164,84 €	3.428,57 €	3.692,31 €	3.956,04 €	4.219,78 €	4.483,52 €	4.747,25 €	5.010,99 €	5.274,73 €
	16,0%	1.043,48 €	1.304,35 €	1.565,22 €	1.826,09 €	2.086,96 €	2.347,83 €	2.608,70 €	2.869,57 €	3.130,43 €	3.391,30 €	3.652,17 €	3.913,04 €	4.173,91 €	4.434,78 €	4.695,65 €	4.956,52 €	5.217,39 €
	17,0%	1.032,26 €	1.290,32 €	1.548,39 €	1.806,45 €	2.064,52 €	2.322,58 €	2.580,65 €	2.838,71 €	3.096,77 €	3.354,84 €	3.612,90 €	3.870,97 €	4.129,03 €	4.387,10 €	4.645,16 €	4.903,23 €	5.161,29 €
	18,0%	1.021,28 €	1.276,60 €	1.531,91 €	1.787,23 €	2.042,55 €	2.297,87 €	2.553,19 €	2.808,51 €	3.063,83 €	3.319,15 €	3.574,47 €	3.829,79 €	4.085,11 €	4.340,43 €	4.595,74 €	4.851,06 €	5.106,38 €
	19,0%	1.010,53 €	1.263,16 €	1.515,79 €	1.768,42 €	2.021,05 €	2.273,68 €	2.526,32 €	2.778,96 €	3.031,58 €	3.284,21 €	3.536,84 €	3.789,47 €	4.042,11 €	4.294,74 €	4.547,37 €	4.800,00 €	5.052,63 €
	20,0%	1.000,00 €	1.250,00 €	1.500,00 €	1.750,00 €	2.000,00 €	2.250,00 €	2.500,00 €	2.750,00 €	3.000,00 €	3.250,00 €	3.500,00 €	3.750,00 €	4.000,00 €	4.250,00 €	4.500,00 €	4.750,00 €	5.000,00 €
	21,0%	989,69 €	1.237,11 €	1.484,54 €	1.731,96 €	1.979,38 €	2.226,80 €	2.474,23 €	2.721,65 €	2.969,07 €	3.216,49 €	3.463,92 €	3.711,34 €	3.958,76 €	4.206,19 €	4.453,61 €	4.701,03 €	4.948,45 €
	22,0%	979,59 €	1.224,49 €	1.469,39 €	1.714,29 €	1.959,18 €	2.204,08 €	2.448,98 €	2.693,88 €	2.938,78 €	3.183,67 €	3.428,57 €	3.673,47 €	3.918,37 €	4.163,27 €	4.408,16 €	4.653,06 €	4.897,96 €
	23,0%	969,70 €	1.212,12 €	1.454,55 €	1.696,97 €	1.939,39 €	2.181,82 €	2.424,24 €	2.666,67 €	2.909,09 €	3.151,52 €	3.393,94 €	3.636,36 €	3.878,79 €	4.121,21 €	4.363,64 €	4.606,06 €	4.848,48 €
	24,0%	960,00 €	1.200,00 €	1.440,00 €	1.680,00 €	1.920,00 €	2.160,00 €	2.400,00 €	2.640,00 €	2.880,00 €	3.120,00 €	3.360,00 €	3.600,00 €	3.840,00 €	4.080,00 €	4.320,00 €	4.560,00 €	4.800,00 €
	25,0%	950,50 €	1.188,12 €	1.425,74 €	1.663,37 €	1.900,99 €	2.138,61 €	2.376,24 €	2.613,86 €	2.851,49 €	3.089,11 €	3.326,73 €	3.564,36 €	3.801,98 €	4.039,60 €	4.277,23 €	4.514,85 €	4.752,48 €

Kaufpreismaxima für Immobilientransaktionen

Eigenkapitalquote: 5,0 %   Fremdkapitalzinssatz p.a.: 5,0 %

Kaufpreismaxima in €/m² \ anfängliche Eigenkapitalrendite in % p.a.	monatliche Nettokaltmiete in €/m²																
	4	5	6	7	8	9	10	11	12	13	14	15	16	17	18	19	20
2,0%	989,69 €	1.237,11 €	1.484,54 €	1.731,96 €	1.979,38 €	2.226,80 €	2.474,23 €	2.721,65 €	2.969,07 €	3.216,49 €	3.463,92 €	3.711,34 €	3.958,76 €	4.206,19 €	4.453,61 €	4.701,03 €	4.948,45 €
3,0%	979,59 €	1.224,49 €	1.469,39 €	1.714,29 €	1.959,18 €	2.204,08 €	2.448,98 €	2.693,88 €	2.938,78 €	3.183,67 €	3.428,57 €	3.673,47 €	3.918,37 €	4.163,27 €	4.408,16 €	4.653,06 €	4.897,96 €
4,0%	969,70 €	1.212,12 €	1.454,55 €	1.696,97 €	1.939,39 €	2.181,82 €	2.424,24 €	2.666,67 €	2.909,09 €	3.151,52 €	3.393,94 €	3.636,36 €	3.878,79 €	4.121,21 €	4.363,64 €	4.606,06 €	4.848,48 €
5,0%	960,00 €	1.200,00 €	1.440,00 €	1.680,00 €	1.920,00 €	2.160,00 €	2.400,00 €	2.640,00 €	2.880,00 €	3.120,00 €	3.360,00 €	3.600,00 €	3.840,00 €	4.080,00 €	4.320,00 €	4.560,00 €	4.800,00 €
6,0%	950,50 €	1.188,12 €	1.425,74 €	1.663,37 €	1.900,99 €	2.138,61 €	2.376,24 €	2.613,86 €	2.851,49 €	3.089,11 €	3.326,73 €	3.564,36 €	3.801,98 €	4.039,60 €	4.277,23 €	4.514,85 €	4.752,48 €
7,0%	941,18 €	1.176,47 €	1.411,76 €	1.647,06 €	1.882,35 €	2.117,65 €	2.352,94 €	2.588,24 €	2.823,53 €	3.058,82 €	3.294,12 €	3.529,41 €	3.764,71 €	4.000,00 €	4.235,29 €	4.470,59 €	4.705,88 €
8,0%	932,04 €	1.165,05 €	1.398,06 €	1.631,07 €	1.864,08 €	2.097,09 €	2.330,10 €	2.563,11 €	2.796,12 €	3.029,13 €	3.262,14 €	3.495,15 €	3.728,16 €	3.961,17 €	4.194,17 €	4.427,18 €	4.660,19 €
9,0%	923,08 €	1.153,85 €	1.384,62 €	1.615,38 €	1.846,15 €	2.076,92 €	2.307,69 €	2.538,46 €	2.769,23 €	3.000,00 €	3.230,77 €	3.461,54 €	3.692,31 €	3.923,08 €	4.153,85 €	4.384,62 €	4.615,38 €
10,0%	914,29 €	1.142,86 €	1.371,43 €	1.600,00 €	1.828,57 €	2.057,14 €	2.285,71 €	2.514,29 €	2.742,86 €	2.971,43 €	3.200,00 €	3.428,57 €	3.657,14 €	3.885,71 €	4.114,29 €	4.342,86 €	4.571,43 €
11,0%	905,66 €	1.132,08 €	1.358,49 €	1.584,91 €	1.811,32 €	2.037,74 €	2.264,15 €	2.490,57 €	2.716,98 €	2.943,40 €	3.169,81 €	3.396,23 €	3.622,64 €	3.849,06 €	4.075,47 €	4.301,89 €	4.528,30 €
12,0%	897,20 €	1.121,50 €	1.345,79 €	1.570,09 €	1.794,39 €	2.018,69 €	2.242,99 €	2.467,29 €	2.691,59 €	2.915,89 €	3.140,19 €	3.364,49 €	3.588,79 €	3.813,08 €	4.037,38 €	4.261,68 €	4.485,98 €
13,0%	888,89 €	1.111,11 €	1.333,33 €	1.555,56 €	1.777,78 €	2.000,00 €	2.222,22 €	2.444,44 €	2.666,67 €	2.888,89 €	3.111,11 €	3.333,33 €	3.555,56 €	3.777,78 €	4.000,00 €	4.222,22 €	4.444,44 €
14,0%	880,73 €	1.100,92 €	1.321,10 €	1.541,28 €	1.761,47 €	1.981,65 €	2.201,83 €	2.422,02 €	2.642,20 €	2.862,39 €	3.082,57 €	3.302,75 €	3.522,94 €	3.743,12 €	3.963,30 €	4.183,49 €	4.403,67 €
15,0%	872,73 €	1.090,91 €	1.309,09 €	1.527,27 €	1.745,45 €	1.963,64 €	2.181,82 €	2.400,00 €	2.618,18 €	2.836,36 €	3.054,55 €	3.272,73 €	3.490,91 €	3.709,09 €	3.927,27 €	4.145,45 €	4.363,64 €
16,0%	864,86 €	1.081,08 €	1.297,30 €	1.513,51 €	1.729,73 €	1.945,95 €	2.162,16 €	2.378,38 €	2.594,59 €	2.810,81 €	3.027,03 €	3.243,24 €	3.459,46 €	3.675,68 €	3.891,89 €	4.108,11 €	4.324,32 €
17,0%	857,14 €	1.071,43 €	1.285,71 €	1.500,00 €	1.714,29 €	1.928,57 €	2.142,86 €	2.357,14 €	2.571,43 €	2.785,71 €	3.000,00 €	3.214,29 €	3.428,57 €	3.642,86 €	3.857,14 €	4.071,43 €	4.285,71 €
18,0%	849,56 €	1.061,95 €	1.274,34 €	1.486,73 €	1.699,12 €	1.911,50 €	2.123,89 €	2.336,28 €	2.548,67 €	2.761,06 €	2.973,45 €	3.185,84 €	3.398,23 €	3.610,62 €	3.823,01 €	4.035,40 €	4.247,79 €
19,0%	842,11 €	1.052,63 €	1.263,16 €	1.473,68 €	1.684,21 €	1.894,74 €	2.105,26 €	2.315,79 €	2.526,32 €	2.736,84 €	2.947,37 €	3.157,89 €	3.368,42 €	3.578,95 €	3.789,47 €	4.000,00 €	4.210,53 €
20,0%	834,78 €	1.043,48 €	1.252,17 €	1.460,87 €	1.669,57 €	1.878,26 €	2.086,96 €	2.295,65 €	2.504,35 €	2.713,04 €	2.921,74 €	3.130,43 €	3.339,13 €	3.547,83 €	3.756,52 €	3.965,22 €	4.173,91 €
21,0%	827,59 €	1.034,48 €	1.241,38 €	1.448,28 €	1.655,17 €	1.862,07 €	2.068,97 €	2.275,86 €	2.482,76 €	2.689,66 €	2.896,55 €	3.103,45 €	3.310,34 €	3.517,24 €	3.724,14 €	3.931,03 €	4.137,93 €
22,0%	820,51 €	1.025,64 €	1.230,77 €	1.435,90 €	1.641,03 €	1.846,15 €	2.051,28 €	2.256,41 €	2.461,54 €	2.666,67 €	2.871,79 €	3.076,92 €	3.282,05 €	3.487,18 €	3.692,31 €	3.897,44 €	4.102,56 €
23,0%	813,56 €	1.016,95 €	1.220,34 €	1.423,73 €	1.627,12 €	1.830,51 €	2.033,90 €	2.237,29 €	2.440,68 €	2.644,07 €	2.847,46 €	3.050,85 €	3.254,24 €	3.457,63 €	3.661,02 €	3.864,41 €	4.067,80 €
24,0%	806,72 €	1.008,40 €	1.210,08 €	1.411,76 €	1.613,45 €	1.815,13 €	2.016,81 €	2.218,49 €	2.420,17 €	2.621,85 €	2.823,53 €	3.025,21 €	3.226,89 €	3.428,57 €	3.630,25 €	3.831,93 €	4.033,61 €
25,0%	800,00 €	1.000,00 €	1.200,00 €	1.400,00 €	1.600,00 €	1.800,00 €	2.000,00 €	2.200,00 €	2.400,00 €	2.600,00 €	2.800,00 €	3.000,00 €	3.200,00 €	3.400,00 €	3.600,00 €	3.800,00 €	4.000,00 €

Kaufpreismaxima für Immobilientransaktionen

Eigenkapitalquote: 10,0 % Fremdkapitalzinssatz p.a.: 0,5 %

Kaufpreismaxima in €/m² \ anfängliche Eigenkapitalrendite in % p.a.	monatliche Nettokaltmiete in €/m²																	
	4	5	6	7	8	9	10	11	12	13	14	15	16	17	18	19	20
2,0%	7.384,62 €	9.230,77 €	11.076,92 €	12.923,08 €	14.769,23 €	16.615,38 €	18.461,54 €	20.307,69 €	22.153,85 €	24.000,00 €	25.846,15 €	27.692,31 €	29.538,46 €	31.384,62 €	33.230,77 €	35.076,92 €	36.923,08 €
3,0%	6.400,00 €	8.000,00 €	9.600,00 €	11.200,00 €	12.800,00 €	14.400,00 €	16.000,00 €	17.600,00 €	19.200,00 €	20.800,00 €	22.400,00 €	24.000,00 €	25.600,00 €	27.200,00 €	28.800,00 €	30.400,00 €	32.000,00 €
4,0%	5.647,06 €	7.058,82 €	8.470,59 €	9.882,35 €	11.294,12 €	12.705,88 €	14.117,65 €	15.529,41 €	16.941,18 €	18.352,94 €	19.764,71 €	21.176,47 €	22.588,24 €	24.000,00 €	25.411,76 €	26.823,53 €	28.235,29 €
5,0%	5.052,63 €	6.315,79 €	7.578,95 €	8.842,11 €	10.105,26 €	11.368,42 €	12.631,58 €	13.894,74 €	15.157,89 €	16.421,05 €	17.684,21 €	18.947,37 €	20.210,53 €	21.473,68 €	22.736,84 €	24.000,00 €	25.263,16 €
6,0%	4.571,43 €	5.714,29 €	6.857,14 €	8.000,00 €	9.142,86 €	10.285,71 €	11.428,57 €	12.571,43 €	13.714,29 €	14.857,14 €	16.000,00 €	17.142,86 €	18.285,71 €	19.428,57 €	20.571,43 €	21.714,29 €	22.857,14 €
7,0%	4.173,91 €	5.217,39 €	6.260,87 €	7.304,35 €	8.347,83 €	9.391,30 €	10.434,78 €	11.478,26 €	12.521,74 €	13.565,22 €	14.608,70 €	15.652,17 €	16.695,65 €	17.739,13 €	18.782,61 €	19.826,09 €	20.869,57 €
8,0%	3.840,00 €	4.800,00 €	5.760,00 €	6.720,00 €	7.680,00 €	8.640,00 €	9.600,00 €	10.560,00 €	11.520,00 €	12.480,00 €	13.440,00 €	14.400,00 €	15.360,00 €	16.320,00 €	17.280,00 €	18.240,00 €	19.200,00 €
9,0%	3.555,56 €	4.444,44 €	5.333,33 €	6.222,22 €	7.111,11 €	8.000,00 €	8.888,89 €	9.777,78 €	10.666,67 €	11.555,56 €	12.444,44 €	13.333,33 €	14.222,22 €	15.111,11 €	16.000,00 €	16.888,89 €	17.777,78 €
10,0%	3.310,34 €	4.137,93 €	4.965,52 €	5.793,10 €	6.620,69 €	7.448,28 €	8.275,86 €	9.103,45 €	9.931,03 €	10.758,62 €	11.586,21 €	12.413,79 €	13.241,38 €	14.068,97 €	14.896,55 €	15.724,14 €	16.551,72 €
11,0%	3.096,77 €	3.870,97 €	4.645,16 €	5.419,35 €	6.193,55 €	6.967,74 €	7.741,94 €	8.516,13 €	9.290,32 €	10.064,52 €	10.838,71 €	11.612,90 €	12.387,10 €	13.161,29 €	13.935,48 €	14.709,68 €	15.483,87 €
12,0%	2.909,09 €	3.636,36 €	4.363,64 €	5.090,91 €	5.818,18 €	6.545,45 €	7.272,73 €	8.000,00 €	8.727,27 €	9.454,56 €	10.181,82 €	10.909,09 €	11.636,36 €	12.363,64 €	13.090,91 €	13.818,18 €	14.545,45 €
13,0%	2.742,86 €	3.428,57 €	4.114,29 €	4.800,00 €	5.485,71 €	6.171,43 €	6.857,14 €	7.542,86 €	8.228,57 €	8.914,29 €	9.600,00 €	10.285,71 €	10.971,43 €	11.657,14 €	12.342,86 €	13.028,57 €	13.714,29 €
14,0%	2.594,59 €	3.243,24 €	3.891,89 €	4.540,54 €	5.189,19 €	5.837,84 €	6.486,49 €	7.135,14 €	7.783,78 €	8.432,43 €	9.081,08 €	9.729,73 €	10.378,38 €	11.027,03 €	11.675,68 €	12.324,32 €	12.972,97 €
15,0%	2.461,54 €	3.076,92 €	3.692,31 €	4.307,69 €	4.923,08 €	5.538,46 €	6.153,85 €	6.769,23 €	7.384,62 €	8.000,00 €	8.615,38 €	9.230,77 €	9.846,15 €	10.461,54 €	11.076,92 €	11.692,31 €	12.307,69 €
16,0%	2.341,46 €	2.926,83 €	3.512,20 €	4.097,56 €	4.682,93 €	5.268,29 €	5.853,66 €	6.439,02 €	7.024,39 €	7.609,76 €	8.195,12 €	8.780,49 €	9.365,85 €	9.951,22 €	10.536,59 €	11.121,95 €	11.707,32 €
17,0%	2.232,56 €	2.790,70 €	3.348,84 €	3.906,98 €	4.465,12 €	5.023,26 €	5.581,40 €	6.139,53 €	6.697,67 €	7.255,81 €	7.813,95 €	8.372,09 €	8.930,23 €	9.488,37 €	10.046,51 €	10.604,65 €	11.162,79 €
18,0%	2.133,33 €	2.666,67 €	3.200,00 €	3.733,33 €	4.266,67 €	4.800,00 €	5.333,33 €	5.866,67 €	6.400,00 €	6.933,33 €	7.466,67 €	8.000,00 €	8.533,33 €	9.066,67 €	9.600,00 €	10.133,33 €	10.666,67 €
19,0%	2.042,55 €	2.553,19 €	3.063,83 €	3.574,47 €	4.085,11 €	4.595,74 €	5.106,38 €	5.617,02 €	6.127,66 €	6.638,30 €	7.148,94 €	7.659,57 €	8.170,21 €	8.680,85 €	9.191,49 €	9.702,13 €	10.212,77 €
20,0%	1.959,18 €	2.448,98 €	2.938,78 €	3.428,57 €	3.918,37 €	4.408,16 €	4.897,96 €	5.387,76 €	5.877,55 €	6.367,35 €	6.857,14 €	7.346,94 €	7.836,73 €	8.326,53 €	8.816,33 €	9.306,12 €	9.795,92 €
21,0%	1.882,35 €	2.352,94 €	2.823,53 €	3.294,12 €	3.764,71 €	4.235,29 €	4.705,88 €	5.176,47 €	5.647,06 €	6.117,65 €	6.588,24 €	7.058,82 €	7.529,41 €	8.000,00 €	8.470,59 €	8.941,18 €	9.411,76 €
22,0%	1.811,32 €	2.264,15 €	2.716,98 €	3.169,81 €	3.622,64 €	4.075,47 €	4.528,30 €	4.981,13 €	5.433,96 €	5.886,79 €	6.339,62 €	6.792,45 €	7.245,28 €	7.698,11 €	8.150,94 €	8.603,77 €	9.056,60 €
23,0%	1.745,45 €	2.181,82 €	2.618,18 €	3.054,55 €	3.490,91 €	3.927,27 €	4.363,64 €	4.800,00 €	5.236,36 €	5.672,73 €	6.109,09 €	6.545,45 €	6.981,82 €	7.418,18 €	7.854,55 €	8.290,91 €	8.727,27 €
24,0%	1.684,21 €	2.105,26 €	2.526,32 €	2.947,37 €	3.368,42 €	3.789,47 €	4.210,53 €	4.631,58 €	5.052,63 €	5.473,68 €	5.894,74 €	6.315,79 €	6.736,84 €	7.157,89 €	7.578,95 €	8.000,00 €	8.421,05 €
25,0%	1.627,12 €	2.033,90 €	2.440,68 €	2.847,46 €	3.254,24 €	3.661,02 €	4.067,80 €	4.474,58 €	4.881,36 €	5.288,14 €	5.694,92 €	6.101,69 €	6.508,47 €	6.915,25 €	7.322,03 €	7.728,81 €	8.135,59 €

Kaufpreismaxima für Immobilientransaktionen

Eigenkapitalquote: 10,0 % Fremdkapitalzinssatz p.a.: 1,0 %

Kaufpreismaxima in €/m²	monatliche Nettokaltmiete in €/m²																
anfängliche Eigenkapitalrendite in % p.a.	4	5	6	7	8	9	10	11	12	13	14	15	16	17	18	19	20
2,0%	4.363,64 €	5.454,55 €	6.545,45 €	7.636,36 €	8.727,27 €	9.818,18 €	10.909,09 €	12.000,00 €	13.090,91 €	14.181,82 €	15.272,73 €	16.363,64 €	17.454,55 €	18.545,45 €	19.636,36 €	20.727,27 €	21.818,18 €
3,0%	4.000,00 €	5.000,00 €	6.000,00 €	7.000,00 €	8.000,00 €	9.000,00 €	10.000,00 €	11.000,00 €	12.000,00 €	13.000,00 €	14.000,00 €	15.000,00 €	16.000,00 €	17.000,00 €	18.000,00 €	19.000,00 €	20.000,00 €
4,0%	3.692,31 €	4.615,38 €	5.538,46 €	6.461,54 €	7.384,62 €	8.307,69 €	9.230,77 €	10.153,85 €	11.076,92 €	12.000,00 €	12.923,08 €	13.846,15 €	14.769,23 €	15.692,31 €	16.615,38 €	17.538,46 €	18.461,54 €
5,0%	3.428,57 €	4.285,71 €	5.142,86 €	6.000,00 €	6.857,14 €	7.714,29 €	8.571,43 €	9.428,57 €	10.285,71 €	11.142,86 €	12.000,00 €	12.857,14 €	13.714,29 €	14.571,43 €	15.428,57 €	16.285,71 €	17.142,86 €
6,0%	3.200,00 €	4.000,00 €	4.800,00 €	5.600,00 €	6.400,00 €	7.200,00 €	8.000,00 €	8.800,00 €	9.600,00 €	10.400,00 €	11.200,00 €	12.000,00 €	12.800,00 €	13.600,00 €	14.400,00 €	15.200,00 €	16.000,00 €
7,0%	3.000,00 €	3.750,00 €	4.500,00 €	5.250,00 €	6.000,00 €	6.750,00 €	7.500,00 €	8.250,00 €	9.000,00 €	9.750,00 €	10.500,00 €	11.250,00 €	12.000,00 €	12.750,00 €	13.500,00 €	14.250,00 €	15.000,00 €
8,0%	2.823,53 €	3.529,41 €	4.235,29 €	4.941,18 €	5.647,06 €	6.352,94 €	7.058,82 €	7.764,71 €	8.470,59 €	9.176,47 €	9.882,35 €	10.588,24 €	11.294,12 €	12.000,00 €	12.705,88 €	13.411,76 €	14.117,65 €
9,0%	2.666,67 €	3.333,33 €	4.000,00 €	4.666,67 €	5.333,33 €	6.000,00 €	6.666,67 €	7.333,33 €	8.000,00 €	8.666,67 €	9.333,33 €	10.000,00 €	10.666,67 €	11.333,33 €	12.000,00 €	12.666,67 €	13.333,33 €
10,0%	2.526,32 €	3.157,89 €	3.789,47 €	4.421,05 €	5.052,63 €	5.684,21 €	6.315,79 €	6.947,37 €	7.578,95 €	8.210,53 €	8.842,11 €	9.473,68 €	10.105,26 €	10.736,84 €	11.368,42 €	12.000,00 €	12.631,58 €
11,0%	2.400,00 €	3.000,00 €	3.600,00 €	4.200,00 €	4.800,00 €	5.400,00 €	6.000,00 €	6.600,00 €	7.200,00 €	7.800,00 €	8.400,00 €	9.000,00 €	9.600,00 €	10.200,00 €	10.800,00 €	11.400,00 €	12.000,00 €
12,0%	2.285,71 €	2.857,14 €	3.428,57 €	4.000,00 €	4.571,43 €	5.142,86 €	5.714,29 €	6.285,71 €	6.857,14 €	7.428,57 €	8.000,00 €	8.571,43 €	9.142,86 €	9.714,29 €	10.285,71 €	10.857,14 €	11.428,57 €
13,0%	2.181,82 €	2.727,27 €	3.272,73 €	3.818,18 €	4.363,64 €	4.909,09 €	5.454,55 €	6.000,00 €	6.545,45 €	7.090,91 €	7.636,36 €	8.181,82 €	8.727,27 €	9.272,73 €	9.818,18 €	10.363,64 €	10.909,09 €
14,0%	2.086,96 €	2.608,70 €	3.130,43 €	3.652,17 €	4.173,91 €	4.695,65 €	5.217,39 €	5.739,13 €	6.260,87 €	6.782,61 €	7.304,35 €	7.826,09 €	8.347,83 €	8.869,57 €	9.391,30 €	9.913,04 €	10.434,78 €
15,0%	2.000,00 €	2.500,00 €	3.000,00 €	3.500,00 €	4.000,00 €	4.500,00 €	5.000,00 €	5.500,00 €	6.000,00 €	6.500,00 €	7.000,00 €	7.500,00 €	8.000,00 €	8.500,00 €	9.000,00 €	9.500,00 €	10.000,00 €
16,0%	1.920,00 €	2.400,00 €	2.880,00 €	3.360,00 €	3.840,00 €	4.320,00 €	4.800,00 €	5.280,00 €	5.760,00 €	6.240,00 €	6.720,00 €	7.200,00 €	7.680,00 €	8.160,00 €	8.640,00 €	9.120,00 €	9.600,00 €
17,0%	1.846,15 €	2.307,69 €	2.769,23 €	3.230,77 €	3.692,31 €	4.153,85 €	4.615,38 €	5.076,92 €	5.538,46 €	6.000,00 €	6.461,54 €	6.923,08 €	7.384,62 €	7.846,15 €	8.307,69 €	8.769,23 €	9.230,77 €
18,0%	1.777,78 €	2.222,22 €	2.666,67 €	3.111,11 €	3.555,56 €	4.000,00 €	4.444,44 €	4.888,89 €	5.333,33 €	5.777,78 €	6.222,22 €	6.666,67 €	7.111,11 €	7.555,56 €	8.000,00 €	8.444,44 €	8.888,89 €
19,0%	1.714,29 €	2.142,86 €	2.571,43 €	3.000,00 €	3.428,57 €	3.857,14 €	4.285,71 €	4.714,29 €	5.142,86 €	5.571,43 €	6.000,00 €	6.428,57 €	6.857,14 €	7.285,71 €	7.714,29 €	8.142,86 €	8.571,43 €
20,0%	1.655,17 €	2.068,97 €	2.482,76 €	2.896,55 €	3.310,34 €	3.724,14 €	4.137,93 €	4.551,72 €	4.965,52 €	5.379,31 €	5.793,10 €	6.206,90 €	6.620,69 €	7.034,48 €	7.448,28 €	7.862,07 €	8.275,86 €
21,0%	1.600,00 €	2.000,00 €	2.400,00 €	2.800,00 €	3.200,00 €	3.600,00 €	4.000,00 €	4.400,00 €	4.800,00 €	5.200,00 €	5.600,00 €	6.000,00 €	6.400,00 €	6.800,00 €	7.200,00 €	7.600,00 €	8.000,00 €
22,0%	1.548,39 €	1.935,48 €	2.322,58 €	2.709,68 €	3.096,77 €	3.483,87 €	3.870,97 €	4.258,06 €	4.645,16 €	5.032,26 €	5.419,35 €	5.806,45 €	6.193,55 €	6.580,65 €	6.967,74 €	7.354,84 €	7.741,94 €
23,0%	1.500,00 €	1.875,00 €	2.250,00 €	2.625,00 €	3.000,00 €	3.375,00 €	3.750,00 €	4.125,00 €	4.500,00 €	4.875,00 €	5.250,00 €	5.625,00 €	6.000,00 €	6.375,00 €	6.750,00 €	7.125,00 €	7.500,00 €
24,0%	1.454,55 €	1.818,18 €	2.181,82 €	2.545,45 €	2.909,09 €	3.272,73 €	3.636,36 €	4.000,00 €	4.363,64 €	4.727,27 €	5.090,91 €	5.454,55 €	5.818,18 €	6.181,82 €	6.545,45 €	6.909,09 €	7.272,73 €
25,0%	1.411,76 €	1.764,71 €	2.117,65 €	2.470,59 €	2.823,53 €	3.176,47 €	3.529,41 €	3.882,35 €	4.235,29 €	4.588,24 €	4.941,18 €	5.294,12 €	5.647,06 €	6.000,00 €	6.352,94 €	6.705,88 €	7.058,82 €

Kaufpreismaxima für Immobilientransaktionen

Eigenkapitalquote: 10,0 % Fremdkapitalzinssatz p.a.: 2,0 %

Kaufpreismaxima in €/m²	\multicolumn{17}{c}{monatliche Nettokaltmiete in €/m²}
	4	5	6	7	8	9	10	11	12	13	14	15	16	17	18	19	20
2,0%	2.400,00 €	3.000,00 €	3.600,00 €	4.200,00 €	4.800,00 €	5.400,00 €	6.000,00 €	6.600,00 €	7.200,00 €	7.800,00 €	8.400,00 €	9.000,00 €	9.600,00 €	10.200,00 €	10.800,00 €	11.400,00 €	12.000,00 €
3,0%	2.285,71 €	2.857,14 €	3.428,57 €	4.000,00 €	4.571,43 €	5.142,86 €	5.714,29 €	6.285,71 €	6.857,14 €	7.428,57 €	8.000,00 €	8.571,43 €	9.142,86 €	9.714,29 €	10.285,71 €	10.857,14 €	11.428,57 €
4,0%	2.181,82 €	2.727,27 €	3.272,73 €	3.818,18 €	4.363,64 €	4.909,09 €	5.454,55 €	6.000,00 €	6.545,45 €	7.090,91 €	7.636,36 €	8.181,82 €	8.727,27 €	9.272,73 €	9.818,18 €	10.363,64 €	10.909,09 €
5,0%	2.086,96 €	2.608,70 €	3.130,43 €	3.652,17 €	4.173,91 €	4.695,65 €	5.217,39 €	5.739,13 €	6.260,87 €	6.782,61 €	7.304,35 €	7.826,09 €	8.347,83 €	8.869,57 €	9.391,30 €	9.913,04 €	10.434,78 €
6,0%	2.000,00 €	2.500,00 €	3.000,00 €	3.500,00 €	4.000,00 €	4.500,00 €	5.000,00 €	5.500,00 €	6.000,00 €	6.500,00 €	7.000,00 €	7.500,00 €	8.000,00 €	8.500,00 €	9.000,00 €	9.500,00 €	10.000,00 €
7,0%	1.920,00 €	2.400,00 €	2.880,00 €	3.360,00 €	3.840,00 €	4.320,00 €	4.800,00 €	5.280,00 €	5.760,00 €	6.240,00 €	6.720,00 €	7.200,00 €	7.680,00 €	8.160,00 €	8.640,00 €	9.120,00 €	9.600,00 €
8,0%	1.846,15 €	2.307,69 €	2.769,23 €	3.230,77 €	3.692,31 €	4.153,85 €	4.615,38 €	5.076,92 €	5.538,46 €	6.000,00 €	6.461,54 €	6.923,08 €	7.384,62 €	7.846,15 €	8.307,69 €	8.769,23 €	9.230,77 €
9,0%	1.777,78 €	2.222,22 €	2.666,67 €	3.111,11 €	3.555,56 €	4.000,00 €	4.444,44 €	4.888,89 €	5.333,33 €	5.777,78 €	6.222,22 €	6.666,67 €	7.111,11 €	7.555,56 €	8.000,00 €	8.444,44 €	8.888,89 €
10,0%	1.714,29 €	2.142,86 €	2.571,43 €	3.000,00 €	3.428,57 €	3.857,14 €	4.285,71 €	4.714,29 €	5.142,86 €	5.571,43 €	6.000,00 €	6.428,57 €	6.857,14 €	7.285,71 €	7.714,29 €	8.142,86 €	8.571,43 €
11,0%	1.655,17 €	2.068,97 €	2.482,76 €	2.896,55 €	3.310,34 €	3.724,14 €	4.137,93 €	4.551,72 €	4.965,52 €	5.379,31 €	5.793,10 €	6.206,90 €	6.620,69 €	7.034,48 €	7.448,28 €	7.862,07 €	8.275,86 €
12,0%	1.600,00 €	2.000,00 €	2.400,00 €	2.800,00 €	3.200,00 €	3.600,00 €	4.000,00 €	4.400,00 €	4.800,00 €	5.200,00 €	5.600,00 €	6.000,00 €	6.400,00 €	6.800,00 €	7.200,00 €	7.600,00 €	8.000,00 €
13,0%	1.548,39 €	1.935,48 €	2.322,58 €	2.709,68 €	3.096,77 €	3.483,87 €	3.870,97 €	4.258,06 €	4.645,16 €	5.032,26 €	5.419,35 €	5.806,45 €	6.193,55 €	6.580,65 €	6.967,74 €	7.354,84 €	7.741,94 €
14,0%	1.500,00 €	1.875,00 €	2.250,00 €	2.625,00 €	3.000,00 €	3.375,00 €	3.750,00 €	4.125,00 €	4.500,00 €	4.875,00 €	5.250,00 €	5.625,00 €	6.000,00 €	6.375,00 €	6.750,00 €	7.125,00 €	7.500,00 €
15,0%	1.454,55 €	1.818,18 €	2.181,82 €	2.545,45 €	2.909,09 €	3.272,73 €	3.636,36 €	4.000,00 €	4.363,64 €	4.727,27 €	5.090,91 €	5.454,55 €	5.818,18 €	6.181,82 €	6.545,45 €	6.909,09 €	7.272,73 €
16,0%	1.411,76 €	1.764,71 €	2.117,65 €	2.470,59 €	2.823,53 €	3.176,47 €	3.529,41 €	3.882,35 €	4.235,29 €	4.588,24 €	4.941,18 €	5.294,12 €	5.647,06 €	6.000,00 €	6.352,94 €	6.705,88 €	7.058,82 €
17,0%	1.371,43 €	1.714,29 €	2.057,14 €	2.400,00 €	2.742,86 €	3.085,71 €	3.428,57 €	3.771,43 €	4.114,29 €	4.457,14 €	4.800,00 €	5.142,86 €	5.485,71 €	5.828,57 €	6.171,43 €	6.514,29 €	6.857,14 €
18,0%	1.333,33 €	1.666,67 €	1.945,95 €	2.333,33 €	2.666,67 €	3.000,00 €	3.333,33 €	3.666,67 €	4.000,00 €	4.333,33 €	4.666,67 €	5.000,00 €	5.333,33 €	5.666,67 €	6.000,00 €	6.333,33 €	6.666,67 €
19,0%	1.297,30 €	1.621,62 €	1.894,74 €	2.270,27 €	2.594,59 €	2.918,92 €	3.243,24 €	3.567,57 €	3.891,89 €	4.216,22 €	4.540,54 €	4.864,86 €	5.189,19 €	5.513,51 €	5.837,84 €	6.162,16 €	6.486,49 €
20,0%	1.263,16 €	1.578,95 €	1.894,74 €	2.210,53 €	2.526,32 €	2.842,11 €	3.157,89 €	3.473,68 €	3.789,47 €	4.105,26 €	4.421,05 €	4.736,84 €	5.052,63 €	5.368,42 €	5.684,21 €	6.000,00 €	6.315,79 €
21,0%	1.230,77 €	1.538,46 €	1.846,15 €	2.153,85 €	2.461,54 €	2.769,23 €	3.076,92 €	3.384,62 €	3.692,31 €	4.000,00 €	4.307,69 €	4.615,38 €	4.923,08 €	5.230,77 €	5.538,46 €	5.846,15 €	6.153,85 €
22,0%	1.200,00 €	1.500,00 €	1.800,00 €	2.100,00 €	2.400,00 €	2.700,00 €	3.000,00 €	3.300,00 €	3.600,00 €	3.900,00 €	4.200,00 €	4.500,00 €	4.800,00 €	5.100,00 €	5.400,00 €	5.700,00 €	6.000,00 €
23,0%	1.170,73 €	1.463,41 €	1.756,10 €	2.048,78 €	2.341,46 €	2.634,15 €	2.926,83 €	3.219,51 €	3.512,20 €	3.804,88 €	4.097,56 €	4.390,24 €	4.682,93 €	4.975,61 €	5.268,29 €	5.560,98 €	5.853,66 €
24,0%	1.142,86 €	1.428,57 €	1.714,29 €	2.000,00 €	2.285,71 €	2.571,43 €	2.857,14 €	3.142,86 €	3.428,57 €	3.714,29 €	4.000,00 €	4.285,71 €	4.571,43 €	4.857,14 €	5.142,86 €	5.428,57 €	5.714,29 €
25,0%	1.116,28 €	1.395,35 €	1.674,42 €	1.953,49 €	2.232,56 €	2.511,63 €	2.790,70 €	3.069,77 €	3.348,84 €	3.627,91 €	3.906,98 €	4.186,05 €	4.465,12 €	4.744,19 €	5.023,26 €	5.302,33 €	5.581,40 €

anfängliche Eigenkapitalrendite in % p.a.

Kaufpreismaxima für Immobilientransaktionen

Eigenkapitalquote: 10,0 % Fremdkapitalzinssatz p.a.: 3,0 %

Kaufpreismaxima in €/m²	monatliche Nettokaltmiete in €/m²																	
anfängliche Eigenkapitalrendite in % p.a.	4	5	6	7	8	9	10	11	12	13	14	15	16	17	18	19	20
2,0%	1.655,17 €	2.068,97 €	2.482,76 €	2.896,55 €	3.310,34 €	3.724,14 €	4.137,93 €	4.551,72 €	4.965,52 €	5.379,31 €	5.793,10 €	6.206,90 €	6.620,69 €	7.034,48 €	7.448,28 €	7.862,07 €	8.275,86 €
3,0%	1.600,00 €	2.000,00 €	2.400,00 €	2.800,00 €	3.200,00 €	3.600,00 €	4.000,00 €	4.400,00 €	4.800,00 €	5.200,00 €	5.600,00 €	6.000,00 €	6.400,00 €	6.800,00 €	7.200,00 €	7.600,00 €	8.000,00 €
4,0%	1.548,39 €	1.935,48 €	2.322,58 €	2.709,68 €	3.096,77 €	3.483,87 €	3.870,97 €	4.258,06 €	4.645,16 €	5.032,26 €	5.419,35 €	5.806,45 €	6.193,55 €	6.580,65 €	6.967,74 €	7.354,84 €	7.741,94 €
5,0%	1.500,00 €	1.875,00 €	2.250,00 €	2.625,00 €	3.000,00 €	3.375,00 €	3.750,00 €	4.125,00 €	4.500,00 €	4.875,00 €	5.250,00 €	5.625,00 €	6.000,00 €	6.375,00 €	6.750,00 €	7.125,00 €	7.500,00 €
6,0%	1.454,55 €	1.818,18 €	2.181,82 €	2.545,45 €	2.909,09 €	3.272,73 €	3.636,36 €	4.000,00 €	4.363,64 €	4.727,27 €	5.090,91 €	5.454,55 €	5.818,18 €	6.181,82 €	6.545,45 €	6.909,09 €	7.272,73 €
7,0%	1.411,76 €	1.764,71 €	2.117,65 €	2.470,59 €	2.823,53 €	3.176,47 €	3.529,41 €	3.882,35 €	4.235,29 €	4.588,24 €	4.941,18 €	5.294,12 €	5.647,06 €	6.000,00 €	6.352,94 €	6.705,88 €	7.058,82 €
8,0%	1.371,43 €	1.714,29 €	2.057,14 €	2.400,00 €	2.742,86 €	3.085,71 €	3.428,57 €	3.771,43 €	4.114,29 €	4.457,14 €	4.800,00 €	5.142,86 €	5.485,71 €	5.828,57 €	6.171,43 €	6.514,29 €	6.857,14 €
9,0%	1.333,33 €	1.666,67 €	2.000,00 €	2.333,33 €	2.666,67 €	3.000,00 €	3.333,33 €	3.666,67 €	4.000,00 €	4.333,33 €	4.666,67 €	5.000,00 €	5.333,33 €	5.666,67 €	6.000,00 €	6.333,33 €	6.666,67 €
10,0%	1.297,30 €	1.621,62 €	1.945,95 €	2.270,27 €	2.594,59 €	2.918,92 €	3.243,24 €	3.567,57 €	3.891,89 €	4.216,22 €	4.540,54 €	4.864,86 €	5.189,19 €	5.513,51 €	5.837,84 €	6.162,16 €	6.486,49 €
11,0%	1.263,16 €	1.578,95 €	1.894,74 €	2.210,53 €	2.526,32 €	2.842,11 €	3.157,89 €	3.473,68 €	3.789,47 €	4.105,26 €	4.421,05 €	4.736,84 €	5.052,63 €	5.368,42 €	5.684,21 €	6.000,00 €	6.315,79 €
12,0%	1.230,77 €	1.538,46 €	1.846,15 €	2.153,85 €	2.461,54 €	2.769,23 €	3.076,92 €	3.384,62 €	3.692,31 €	4.000,00 €	4.307,69 €	4.615,38 €	4.923,08 €	5.230,77 €	5.538,46 €	5.846,15 €	6.153,85 €
13,0%	1.200,00 €	1.500,00 €	1.800,00 €	2.100,00 €	2.400,00 €	2.700,00 €	3.000,00 €	3.300,00 €	3.600,00 €	3.900,00 €	4.200,00 €	4.500,00 €	4.800,00 €	5.100,00 €	5.400,00 €	5.700,00 €	6.000,00 €
14,0%	1.170,73 €	1.463,41 €	1.756,10 €	2.048,78 €	2.341,46 €	2.634,15 €	2.926,83 €	3.219,51 €	3.512,20 €	3.804,88 €	4.097,56 €	4.390,24 €	4.682,93 €	4.975,61 €	5.268,29 €	5.560,98 €	5.853,66 €
15,0%	1.142,86 €	1.428,57 €	1.714,29 €	2.000,00 €	2.285,71 €	2.571,43 €	2.857,14 €	3.142,86 €	3.428,57 €	3.714,29 €	4.000,00 €	4.285,71 €	4.571,43 €	4.857,14 €	5.142,86 €	5.428,57 €	5.714,29 €
16,0%	1.116,28 €	1.395,35 €	1.674,42 €	1.953,49 €	2.232,56 €	2.511,63 €	2.790,70 €	3.069,77 €	3.348,84 €	3.627,91 €	3.906,98 €	4.186,05 €	4.465,12 €	4.744,19 €	5.023,26 €	5.302,33 €	5.581,40 €
17,0%	1.090,91 €	1.363,64 €	1.636,36 €	1.909,09 €	2.181,82 €	2.454,55 €	2.727,27 €	3.000,00 €	3.272,73 €	3.545,45 €	3.818,18 €	4.090,91 €	4.363,64 €	4.636,36 €	4.909,09 €	5.181,82 €	5.454,55 €
18,0%	1.066,67 €	1.333,33 €	1.600,00 €	1.866,67 €	2.133,33 €	2.400,00 €	2.666,67 €	2.933,33 €	3.200,00 €	3.466,67 €	3.733,33 €	4.000,00 €	4.266,67 €	4.533,33 €	4.800,00 €	5.066,67 €	5.333,33 €
19,0%	1.043,48 €	1.304,35 €	1.565,22 €	1.826,09 €	2.086,96 €	2.347,83 €	2.608,70 €	2.869,57 €	3.130,43 €	3.391,30 €	3.652,17 €	3.913,04 €	4.173,91 €	4.434,78 €	4.695,65 €	4.956,52 €	5.217,39 €
20,0%	1.021,28 €	1.276,60 €	1.531,91 €	1.787,23 €	2.042,55 €	2.297,87 €	2.553,19 €	2.808,51 €	3.063,83 €	3.319,15 €	3.574,47 €	3.829,79 €	4.085,11 €	4.340,43 €	4.595,74 €	4.851,06 €	5.106,38 €
21,0%	1.000,00 €	1.250,00 €	1.500,00 €	1.750,00 €	2.000,00 €	2.250,00 €	2.500,00 €	2.750,00 €	3.000,00 €	3.250,00 €	3.500,00 €	3.750,00 €	4.000,00 €	4.250,00 €	4.500,00 €	4.750,00 €	5.000,00 €
22,0%	979,59 €	1.224,49 €	1.469,39 €	1.714,29 €	1.959,18 €	2.204,08 €	2.448,98 €	2.693,88 €	2.938,78 €	3.183,67 €	3.428,57 €	3.673,47 €	3.918,37 €	4.163,27 €	4.408,16 €	4.653,06 €	4.897,96 €
23,0%	960,00 €	1.200,00 €	1.440,00 €	1.680,00 €	1.920,00 €	2.160,00 €	2.400,00 €	2.640,00 €	2.880,00 €	3.120,00 €	3.360,00 €	3.600,00 €	3.840,00 €	4.080,00 €	4.320,00 €	4.560,00 €	4.800,00 €
24,0%	941,18 €	1.176,47 €	1.411,76 €	1.647,06 €	1.882,35 €	2.117,65 €	2.352,94 €	2.588,24 €	2.823,53 €	3.058,82 €	3.294,12 €	3.529,41 €	3.764,71 €	4.000,00 €	4.235,29 €	4.470,59 €	4.705,88 €
25,0%	923,08 €	1.153,85 €	1.384,62 €	1.615,38 €	1.846,15 €	2.076,92 €	2.307,69 €	2.538,46 €	2.769,23 €	3.000,00 €	3.230,77 €	3.461,54 €	3.692,31 €	3.923,08 €	4.153,85 €	4.384,62 €	4.615,38 €

Kaufpreismaxima für Immobilientransaktionen

Eigenkapitalquote: 10,0 % Fremdkapitalzinssatz p.a.: 4,0 %

Kaufpreismaxima in €/m²	\	\	\	\	\	\	\	\	\	monatliche Nettokaltmiete in €/m²								
anfängliche Eigenkapitalrendite in % p.a.	4	5	6	7	8	9	10	11	12	13	14	15	16	17	18	19	20
2,0%	1.263,16 €	1.578,95 €	1.894,74 €	2.210,53 €	2.526,32 €	2.842,11 €	3.157,89 €	3.473,68 €	3.789,47 €	4.105,26 €	4.421,05 €	4.736,84 €	5.052,63 €	5.368,42 €	5.684,21 €	6.000,00 €	6.315,79 €
3,0%	1.230,77 €	1.538,46 €	1.846,15 €	2.153,85 €	2.461,54 €	2.769,23 €	3.076,92 €	3.384,62 €	3.692,31 €	4.000,00 €	4.307,69 €	4.615,38 €	4.923,08 €	5.230,77 €	5.538,46 €	5.846,15 €	6.153,85 €
4,0%	1.200,00 €	1.500,00 €	1.800,00 €	2.100,00 €	2.400,00 €	2.700,00 €	3.000,00 €	3.300,00 €	3.600,00 €	3.900,00 €	4.200,00 €	4.500,00 €	4.800,00 €	5.100,00 €	5.400,00 €	5.700,00 €	6.000,00 €
5,0%	1.170,73 €	1.463,41 €	1.756,10 €	2.048,78 €	2.341,46 €	2.634,15 €	2.926,83 €	3.219,51 €	3.512,20 €	3.804,88 €	4.097,56 €	4.390,24 €	4.682,93 €	4.975,61 €	5.268,29 €	5.560,98 €	5.853,66 €
6,0%	1.142,86 €	1.428,57 €	1.714,29 €	2.000,00 €	2.285,71 €	2.571,43 €	2.857,14 €	3.142,86 €	3.428,57 €	3.714,29 €	4.000,00 €	4.285,71 €	4.571,43 €	4.857,14 €	5.142,86 €	5.428,57 €	5.714,29 €
7,0%	1.116,28 €	1.395,35 €	1.674,42 €	1.953,49 €	2.232,56 €	2.511,63 €	2.790,70 €	3.069,77 €	3.348,84 €	3.627,91 €	3.906,98 €	4.186,05 €	4.465,12 €	4.744,19 €	5.023,26 €	5.302,33 €	5.581,40 €
8,0%	1.090,91 €	1.363,64 €	1.636,36 €	1.909,09 €	2.181,82 €	2.454,55 €	2.727,27 €	3.000,00 €	3.272,73 €	3.545,45 €	3.818,18 €	4.090,91 €	4.363,64 €	4.636,36 €	4.909,09 €	5.181,82 €	5.454,55 €
9,0%	1.066,67 €	1.333,33 €	1.600,00 €	1.866,67 €	2.133,33 €	2.400,00 €	2.666,67 €	2.933,33 €	3.200,00 €	3.466,67 €	3.733,33 €	4.000,00 €	4.266,67 €	4.533,33 €	4.800,00 €	5.066,67 €	5.333,33 €
10,0%	1.043,48 €	1.304,35 €	1.565,22 €	1.826,09 €	2.086,96 €	2.347,83 €	2.608,70 €	2.869,57 €	3.130,43 €	3.391,30 €	3.652,17 €	3.913,04 €	4.173,91 €	4.434,78 €	4.695,65 €	4.956,52 €	5.217,39 €
11,0%	1.021,28 €	1.276,60 €	1.531,91 €	1.787,23 €	2.042,55 €	2.297,87 €	2.553,19 €	2.808,51 €	3.063,83 €	3.319,15 €	3.574,47 €	3.829,79 €	4.085,11 €	4.340,43 €	4.595,74 €	4.851,06 €	5.106,38 €
12,0%	1.000,00 €	1.250,00 €	1.500,00 €	1.750,00 €	2.000,00 €	2.250,00 €	2.500,00 €	2.750,00 €	3.000,00 €	3.250,00 €	3.500,00 €	3.750,00 €	4.000,00 €	4.250,00 €	4.500,00 €	4.750,00 €	5.000,00 €
13,0%	979,59 €	1.224,49 €	1.469,39 €	1.714,29 €	1.959,18 €	2.204,08 €	2.448,98 €	2.693,88 €	2.938,78 €	3.183,67 €	3.428,57 €	3.673,47 €	3.918,37 €	4.163,27 €	4.408,16 €	4.653,06 €	4.897,96 €
14,0%	960,00 €	1.200,00 €	1.440,00 €	1.680,00 €	1.920,00 €	2.160,00 €	2.400,00 €	2.640,00 €	2.880,00 €	3.120,00 €	3.360,00 €	3.600,00 €	3.840,00 €	4.080,00 €	4.320,00 €	4.560,00 €	4.800,00 €
15,0%	941,18 €	1.176,47 €	1.411,76 €	1.647,06 €	1.882,35 €	2.117,65 €	2.352,94 €	2.588,24 €	2.823,53 €	3.058,82 €	3.294,12 €	3.529,41 €	3.764,71 €	4.000,00 €	4.235,29 €	4.470,59 €	4.705,88 €
16,0%	923,08 €	1.153,85 €	1.384,62 €	1.615,38 €	1.846,15 €	2.076,92 €	2.307,69 €	2.538,46 €	2.769,23 €	3.000,00 €	3.230,77 €	3.461,54 €	3.692,31 €	3.923,08 €	4.153,85 €	4.384,62 €	4.615,38 €
17,0%	905,66 €	1.132,08 €	1.358,49 €	1.584,91 €	1.811,32 €	2.037,74 €	2.264,15 €	2.490,57 €	2.716,98 €	2.943,40 €	3.169,81 €	3.396,23 €	3.622,64 €	3.849,06 €	4.075,47 €	4.301,89 €	4.528,30 €
18,0%	888,89 €	1.111,11 €	1.333,33 €	1.555,56 €	1.777,78 €	2.000,00 €	2.222,22 €	2.444,44 €	2.666,67 €	2.888,89 €	3.111,11 €	3.333,33 €	3.555,56 €	3.777,78 €	4.000,00 €	4.222,22 €	4.444,44 €
19,0%	872,73 €	1.090,91 €	1.309,09 €	1.527,27 €	1.745,45 €	1.963,64 €	2.181,82 €	2.400,00 €	2.618,18 €	2.836,36 €	3.054,55 €	3.272,73 €	3.490,91 €	3.709,09 €	3.927,27 €	4.145,45 €	4.363,64 €
20,0%	857,14 €	1.071,43 €	1.285,71 €	1.500,00 €	1.714,29 €	1.928,57 €	2.142,86 €	2.357,14 €	2.571,43 €	2.785,71 €	3.000,00 €	3.214,29 €	3.428,57 €	3.642,86 €	3.857,14 €	4.071,43 €	4.285,71 €
21,0%	842,11 €	1.052,63 €	1.263,16 €	1.473,68 €	1.684,21 €	1.894,74 €	2.105,26 €	2.315,79 €	2.526,32 €	2.736,84 €	2.947,37 €	3.157,89 €	3.368,42 €	3.578,95 €	3.789,47 €	4.000,00 €	4.210,53 €
22,0%	827,59 €	1.034,48 €	1.241,38 €	1.448,28 €	1.655,17 €	1.862,07 €	2.068,97 €	2.275,86 €	2.482,76 €	2.689,66 €	2.896,55 €	3.103,45 €	3.310,34 €	3.517,24 €	3.724,14 €	3.931,03 €	4.137,93 €
23,0%	813,56 €	1.016,95 €	1.220,34 €	1.423,73 €	1.627,12 €	1.830,51 €	2.033,90 €	2.237,29 €	2.440,68 €	2.644,07 €	2.847,46 €	3.050,85 €	3.254,24 €	3.457,63 €	3.661,02 €	3.864,41 €	4.067,80 €
24,0%	800,00 €	1.000,00 €	1.200,00 €	1.400,00 €	1.600,00 €	1.800,00 €	2.000,00 €	2.200,00 €	2.400,00 €	2.600,00 €	2.800,00 €	3.000,00 €	3.200,00 €	3.400,00 €	3.600,00 €	3.800,00 €	4.000,00 €
25,0%	786,89 €	983,61 €	1.180,33 €	1.377,05 €	1.573,77 €	1.770,49 €	1.967,21 €	2.163,93 €	2.360,66 €	2.557,38 €	2.754,10 €	2.950,82 €	3.147,54 €	3.344,26 €	3.540,98 €	3.737,70 €	3.934,43 €

Kaufpreismaxima für Immobilientransaktionen

Eigenkapitalquote: 10,0 % Fremdkapitalzinssatz p.a.: 5,0 %

Kaufpreismaxima in €/m²	\multicolumn{17}{c}{monatliche Nettokaltmiete in €/m²}																
anfängliche Eigenkapitalrendite in % p.a.	4	5	6	7	8	9	10	11	12	13	14	15	16	17	18	19	20
2,0%	1.021,28 €	1.276,60 €	1.531,91 €	1.787,23 €	2.042,55 €	2.297,87 €	2.553,19 €	2.808,51 €	3.063,83 €	3.319,15 €	3.574,47 €	3.829,79 €	4.085,11 €	4.340,43 €	4.595,74 €	4.851,06 €	5.106,38 €
3,0%	1.000,00 €	1.250,00 €	1.500,00 €	1.750,00 €	2.000,00 €	2.250,00 €	2.500,00 €	2.750,00 €	3.000,00 €	3.250,00 €	3.500,00 €	3.750,00 €	4.000,00 €	4.250,00 €	4.500,00 €	4.750,00 €	5.000,00 €
4,0%	979,59 €	1.224,49 €	1.469,39 €	1.714,29 €	1.959,18 €	2.204,08 €	2.448,98 €	2.693,88 €	2.938,78 €	3.183,67 €	3.428,57 €	3.673,47 €	3.918,37 €	4.163,27 €	4.408,16 €	4.653,06 €	4.897,96 €
5,0%	960,00 €	1.200,00 €	1.440,00 €	1.680,00 €	1.920,00 €	2.160,00 €	2.400,00 €	2.640,00 €	2.880,00 €	3.120,00 €	3.360,00 €	3.600,00 €	3.840,00 €	4.080,00 €	4.320,00 €	4.560,00 €	4.800,00 €
6,0%	941,18 €	1.176,47 €	1.411,76 €	1.647,06 €	1.882,35 €	2.117,65 €	2.352,94 €	2.588,24 €	2.823,53 €	3.058,82 €	3.294,12 €	3.529,41 €	3.764,71 €	4.000,00 €	4.235,29 €	4.470,59 €	4.705,88 €
7,0%	923,08 €	1.153,85 €	1.384,62 €	1.615,38 €	1.846,15 €	2.076,92 €	2.307,69 €	2.538,46 €	2.769,23 €	3.000,00 €	3.230,77 €	3.461,54 €	3.692,31 €	3.923,08 €	4.153,85 €	4.384,62 €	4.615,38 €
8,0%	905,66 €	1.132,08 €	1.358,49 €	1.584,91 €	1.811,32 €	2.037,74 €	2.264,15 €	2.490,57 €	2.716,98 €	2.943,40 €	3.169,81 €	3.396,23 €	3.622,64 €	3.849,06 €	4.075,47 €	4.301,89 €	4.528,30 €
9,0%	888,89 €	1.111,11 €	1.333,33 €	1.555,56 €	1.777,78 €	2.000,00 €	2.222,22 €	2.444,44 €	2.666,67 €	2.888,89 €	3.111,11 €	3.333,33 €	3.555,56 €	3.777,78 €	4.000,00 €	4.222,22 €	4.444,44 €
10,0%	872,73 €	1.090,91 €	1.309,09 €	1.527,27 €	1.745,45 €	1.963,64 €	2.181,82 €	2.400,00 €	2.618,18 €	2.836,36 €	3.054,55 €	3.272,73 €	3.490,91 €	3.709,09 €	3.927,27 €	4.145,45 €	4.363,64 €
11,0%	857,14 €	1.071,43 €	1.285,71 €	1.500,00 €	1.714,29 €	1.928,57 €	2.142,86 €	2.357,14 €	2.571,43 €	2.785,71 €	3.000,00 €	3.214,29 €	3.428,57 €	3.642,86 €	3.857,14 €	4.071,43 €	4.285,71 €
12,0%	842,11 €	1.052,63 €	1.263,16 €	1.473,68 €	1.684,21 €	1.894,74 €	2.105,26 €	2.315,79 €	2.526,32 €	2.736,84 €	2.947,37 €	3.157,89 €	3.368,42 €	3.578,95 €	3.789,47 €	4.000,00 €	4.210,53 €
13,0%	827,59 €	1.034,48 €	1.241,38 €	1.448,28 €	1.655,17 €	1.862,07 €	2.068,97 €	2.275,86 €	2.482,76 €	2.689,66 €	2.896,55 €	3.103,45 €	3.310,34 €	3.517,24 €	3.724,14 €	3.931,03 €	4.137,93 €
14,0%	813,56 €	1.016,95 €	1.220,34 €	1.423,73 €	1.627,12 €	1.830,51 €	2.033,90 €	2.237,29 €	2.440,68 €	2.644,07 €	2.847,46 €	3.050,85 €	3.254,24 €	3.457,63 €	3.661,02 €	3.864,41 €	4.067,80 €
15,0%	800,00 €	1.000,00 €	1.200,00 €	1.400,00 €	1.600,00 €	1.800,00 €	2.000,00 €	2.200,00 €	2.400,00 €	2.600,00 €	2.800,00 €	3.000,00 €	3.200,00 €	3.400,00 €	3.600,00 €	3.800,00 €	4.000,00 €
16,0%	786,89 €	983,61 €	1.180,33 €	1.377,05 €	1.573,77 €	1.770,49 €	1.967,21 €	2.163,93 €	2.360,66 €	2.557,38 €	2.754,10 €	2.950,82 €	3.147,54 €	3.344,26 €	3.540,98 €	3.737,70 €	3.934,43 €
17,0%	774,19 €	967,74 €	1.161,29 €	1.354,84 €	1.548,39 €	1.741,94 €	1.935,48 €	2.129,03 €	2.322,58 €	2.516,13 €	2.709,68 €	2.903,23 €	3.096,77 €	3.290,32 €	3.483,87 €	3.677,42 €	3.870,97 €
18,0%	761,90 €	952,38 €	1.142,86 €	1.333,33 €	1.523,81 €	1.714,29 €	1.904,76 €	2.095,24 €	2.285,71 €	2.476,19 €	2.666,67 €	2.857,14 €	3.047,62 €	3.238,10 €	3.428,57 €	3.619,05 €	3.809,52 €
19,0%	750,00 €	937,50 €	1.125,00 €	1.312,50 €	1.500,00 €	1.687,50 €	1.875,00 €	2.062,50 €	2.250,00 €	2.437,50 €	2.625,00 €	2.812,50 €	3.000,00 €	3.187,50 €	3.375,00 €	3.562,50 €	3.750,00 €
20,0%	738,46 €	923,08 €	1.107,69 €	1.292,31 €	1.476,92 €	1.661,54 €	1.846,15 €	2.030,77 €	2.215,38 €	2.400,00 €	2.584,62 €	2.769,23 €	2.953,85 €	3.138,46 €	3.323,08 €	3.507,69 €	3.692,31 €
21,0%	727,27 €	909,09 €	1.090,91 €	1.272,73 €	1.454,55 €	1.636,36 €	1.818,18 €	2.000,00 €	2.181,82 €	2.363,64 €	2.545,45 €	2.727,27 €	2.909,09 €	3.090,91 €	3.272,73 €	3.454,55 €	3.636,36 €
22,0%	716,42 €	895,52 €	1.074,63 €	1.253,73 €	1.432,84 €	1.611,94 €	1.791,04 €	1.970,15 €	2.149,25 €	2.328,36 €	2.507,46 €	2.686,57 €	2.865,67 €	3.044,78 €	3.223,88 €	3.402,99 €	3.582,09 €
23,0%	705,88 €	882,35 €	1.058,82 €	1.235,29 €	1.411,76 €	1.588,24 €	1.764,71 €	1.941,18 €	2.117,65 €	2.294,12 €	2.470,59 €	2.647,06 €	2.823,53 €	3.000,00 €	3.176,47 €	3.352,94 €	3.529,41 €
24,0%	695,65 €	869,57 €	1.043,48 €	1.217,39 €	1.391,30 €	1.565,22 €	1.739,13 €	1.913,04 €	2.086,96 €	2.260,87 €	2.434,78 €	2.608,70 €	2.782,61 €	2.956,52 €	3.130,43 €	3.304,35 €	3.478,26 €
25,0%	685,71 €	857,14 €	1.028,57 €	1.200,00 €	1.371,43 €	1.542,86 €	1.714,29 €	1.885,71 €	2.057,14 €	2.228,57 €	2.400,00 €	2.571,43 €	2.742,86 €	2.914,29 €	3.085,71 €	3.257,14 €	3.428,57 €

Kaufpreismaxima für Immobilientransaktionen

Eigenkapitalquote: 20,0 % Fremdkapitalzinssatz p.a.: 0,5 %

Kaufpreismaxima in €/m²	\	monatliche Nettokaltmiete in €/m²																
anfängliche Eigenkapitalrendite in % p.a.		4	5	6	7	8	9	10	11	12	13	14	15	16	17	18	19	20
2,0%		6.000,00 €	7.500,00 €	9.000,00 €	10.500,00 €	12.000,00 €	13.500,00 €	15.000,00 €	16.500,00 €	18.000,00 €	19.500,00 €	21.000,00 €	22.500,00 €	24.000,00 €	25.500,00 €	27.000,00 €	28.500,00 €	30.000,00 €
3,0%		4.800,00 €	6.000,00 €	7.200,00 €	8.400,00 €	9.600,00 €	10.800,00 €	12.000,00 €	13.200,00 €	14.400,00 €	15.600,00 €	16.800,00 €	18.000,00 €	19.200,00 €	20.400,00 €	21.600,00 €	22.800,00 €	24.000,00 €
4,0%		4.000,00 €	5.000,00 €	6.000,00 €	7.000,00 €	8.000,00 €	9.000,00 €	10.000,00 €	11.000,00 €	12.000,00 €	13.000,00 €	14.000,00 €	15.000,00 €	16.000,00 €	17.000,00 €	18.000,00 €	19.000,00 €	20.000,00 €
5,0%		3.428,57 €	4.285,71 €	5.142,86 €	6.000,00 €	6.857,14 €	7.714,29 €	8.571,43 €	9.428,57 €	10.285,71 €	11.142,86 €	12.000,00 €	12.857,14 €	13.714,29 €	14.571,43 €	15.428,57 €	16.285,71 €	17.142,86 €
6,0%		3.000,00 €	3.750,00 €	4.500,00 €	5.250,00 €	6.000,00 €	6.750,00 €	7.500,00 €	8.250,00 €	9.000,00 €	9.750,00 €	10.500,00 €	11.250,00 €	12.000,00 €	12.750,00 €	13.500,00 €	14.250,00 €	15.000,00 €
7,0%		2.666,67 €	3.333,33 €	4.000,00 €	4.666,67 €	5.333,33 €	6.000,00 €	6.666,67 €	7.333,33 €	8.000,00 €	8.666,67 €	9.333,33 €	10.000,00 €	10.666,67 €	11.333,33 €	12.000,00 €	12.666,67 €	13.333,33 €
8,0%		2.400,00 €	3.000,00 €	3.600,00 €	4.200,00 €	4.800,00 €	5.400,00 €	6.000,00 €	6.600,00 €	7.200,00 €	7.800,00 €	8.400,00 €	9.000,00 €	9.600,00 €	10.200,00 €	10.800,00 €	11.400,00 €	12.000,00 €
9,0%		2.181,82 €	2.727,27 €	3.272,73 €	3.818,18 €	4.363,64 €	4.909,09 €	5.454,55 €	6.000,00 €	6.545,45 €	7.090,91 €	7.636,36 €	8.181,82 €	8.727,27 €	9.272,73 €	9.818,18 €	10.363,64 €	10.909,09 €
10,0%		2.000,00 €	2.500,00 €	3.000,00 €	3.500,00 €	4.000,00 €	4.500,00 €	5.000,00 €	5.500,00 €	6.000,00 €	6.500,00 €	7.000,00 €	7.500,00 €	8.000,00 €	8.500,00 €	9.000,00 €	9.500,00 €	10.000,00 €
11,0%		1.846,15 €	2.307,69 €	2.769,23 €	3.230,77 €	3.692,31 €	4.153,85 €	4.615,38 €	5.076,92 €	5.538,46 €	6.000,00 €	6.461,54 €	6.923,08 €	7.384,62 €	7.846,15 €	8.307,69 €	8.769,23 €	9.230,77 €
12,0%		1.714,29 €	2.142,86 €	2.571,43 €	3.000,00 €	3.428,57 €	3.857,14 €	4.285,71 €	4.714,29 €	5.142,86 €	5.571,43 €	6.000,00 €	6.428,57 €	6.857,14 €	7.285,71 €	7.714,29 €	8.142,86 €	8.571,43 €
13,0%		1.600,00 €	2.000,00 €	2.400,00 €	2.800,00 €	3.200,00 €	3.600,00 €	4.000,00 €	4.400,00 €	4.800,00 €	5.200,00 €	5.600,00 €	6.000,00 €	6.400,00 €	6.800,00 €	7.200,00 €	7.600,00 €	8.000,00 €
14,0%		1.500,00 €	1.875,00 €	2.250,00 €	2.625,00 €	3.000,00 €	3.375,00 €	3.750,00 €	4.125,00 €	4.500,00 €	4.875,00 €	5.250,00 €	5.625,00 €	6.000,00 €	6.375,00 €	6.750,00 €	7.125,00 €	7.500,00 €
15,0%		1.411,76 €	1.764,71 €	2.117,65 €	2.470,59 €	2.823,53 €	3.176,47 €	3.529,41 €	3.882,35 €	4.235,29 €	4.588,24 €	4.941,18 €	5.294,12 €	5.647,06 €	6.000,00 €	6.352,94 €	6.705,88 €	7.058,82 €
16,0%		1.333,33 €	1.666,67 €	2.000,00 €	2.333,33 €	2.666,67 €	3.000,00 €	3.333,33 €	3.666,67 €	4.000,00 €	4.333,33 €	4.666,67 €	5.000,00 €	5.333,33 €	5.666,67 €	6.000,00 €	6.333,33 €	6.666,67 €
17,0%		1.263,16 €	1.578,95 €	1.894,74 €	2.210,53 €	2.526,32 €	2.842,11 €	3.157,89 €	3.473,68 €	3.789,47 €	4.105,26 €	4.421,05 €	4.736,84 €	5.052,63 €	5.368,42 €	5.684,21 €	6.000,00 €	6.315,79 €
18,0%		1.200,00 €	1.500,00 €	1.800,00 €	2.100,00 €	2.400,00 €	2.700,00 €	3.000,00 €	3.300,00 €	3.600,00 €	3.900,00 €	4.200,00 €	4.500,00 €	4.800,00 €	5.100,00 €	5.400,00 €	5.700,00 €	6.000,00 €
19,0%		1.142,86 €	1.428,57 €	1.714,29 €	2.000,00 €	2.285,71 €	2.571,43 €	2.857,14 €	3.142,86 €	3.428,57 €	3.714,29 €	4.000,00 €	4.285,71 €	4.571,43 €	4.857,14 €	5.142,86 €	5.428,57 €	5.714,29 €
20,0%		1.090,91 €	1.363,64 €	1.636,36 €	1.909,09 €	2.181,82 €	2.454,55 €	2.727,27 €	3.000,00 €	3.272,73 €	3.545,45 €	3.818,18 €	4.090,91 €	4.363,64 €	4.636,36 €	4.909,09 €	5.181,82 €	5.454,55 €
21,0%		1.043,48 €	1.304,35 €	1.565,22 €	1.826,09 €	2.086,96 €	2.347,83 €	2.608,70 €	2.869,57 €	3.130,43 €	3.391,30 €	3.652,17 €	3.913,04 €	4.173,91 €	4.434,78 €	4.695,65 €	4.956,52 €	5.217,39 €
22,0%		1.000,00 €	1.250,00 €	1.500,00 €	1.750,00 €	2.000,00 €	2.250,00 €	2.500,00 €	2.750,00 €	3.000,00 €	3.250,00 €	3.500,00 €	3.750,00 €	4.000,00 €	4.250,00 €	4.500,00 €	4.750,00 €	5.000,00 €
23,0%		960,00 €	1.200,00 €	1.440,00 €	1.680,00 €	1.920,00 €	2.160,00 €	2.400,00 €	2.640,00 €	2.880,00 €	3.120,00 €	3.360,00 €	3.600,00 €	3.840,00 €	4.080,00 €	4.320,00 €	4.560,00 €	4.800,00 €
24,0%		923,08 €	1.153,85 €	1.384,62 €	1.615,38 €	1.846,15 €	2.076,92 €	2.307,69 €	2.538,46 €	2.769,23 €	3.000,00 €	3.230,77 €	3.461,54 €	3.692,31 €	3.923,08 €	4.153,85 €	4.384,62 €	4.615,38 €
25,0%		888,89 €	1.111,11 €	1.333,33 €	1.555,56 €	1.777,78 €	2.000,00 €	2.222,22 €	2.444,44 €	2.666,67 €	2.888,89 €	3.111,11 €	3.333,33 €	3.555,56 €	3.777,78 €	4.000,00 €	4.222,22 €	4.444,44 €

Kaufpreismaxima für Immobilientransaktionen

Eigenkapitalquote: 20,0 % Fremdkapitalzinssatz p.a.: 1,0 %

Kaufpreismaxima in €/m²	\ monatliche Nettokaltmiete in €/m²	4	5	6	7	8	9	10	11	12	13	14	15	16	17	18	19	20
2,0%	anfängliche Eigenkapitalrendite in % p.a.	4.000,00 €	5.000,00 €	6.000,00 €	7.000,00 €	8.000,00 €	9.000,00 €	10.000,00 €	11.000,00 €	12.000,00 €	13.000,00 €	14.000,00 €	15.000,00 €	16.000,00 €	17.000,00 €	18.000,00 €	19.000,00 €	20.000,00 €
3,0%		3.428,57 €	4.285,71 €	5.142,86 €	6.000,00 €	6.857,14 €	7.714,29 €	8.571,43 €	9.428,57 €	10.285,71 €	11.142,86 €	12.000,00 €	12.857,14 €	13.714,29 €	14.571,43 €	15.428,57 €	16.285,71 €	17.142,86 €
4,0%		3.000,00 €	3.750,00 €	4.500,00 €	5.250,00 €	6.000,00 €	6.750,00 €	7.500,00 €	8.250,00 €	9.000,00 €	9.750,00 €	10.500,00 €	11.250,00 €	12.000,00 €	12.750,00 €	13.500,00 €	14.250,00 €	15.000,00 €
5,0%		2.666,67 €	3.333,33 €	4.000,00 €	4.666,67 €	5.333,33 €	6.000,00 €	6.666,67 €	7.333,33 €	8.000,00 €	8.666,67 €	9.333,33 €	10.000,00 €	10.666,67 €	11.333,33 €	12.000,00 €	12.666,67 €	13.333,33 €
6,0%		2.400,00 €	3.000,00 €	3.600,00 €	4.200,00 €	4.800,00 €	5.400,00 €	6.000,00 €	6.600,00 €	7.200,00 €	7.800,00 €	8.400,00 €	9.000,00 €	9.600,00 €	10.200,00 €	10.800,00 €	11.400,00 €	12.000,00 €
7,0%		2.181,82 €	2.727,27 €	3.272,73 €	3.818,18 €	4.363,64 €	4.909,09 €	5.454,55 €	6.000,00 €	6.545,45 €	7.090,91 €	7.636,36 €	8.181,82 €	8.727,27 €	9.272,73 €	9.818,18 €	10.363,64 €	10.909,09 €
8,0%		2.000,00 €	2.500,00 €	3.000,00 €	3.500,00 €	4.000,00 €	4.500,00 €	5.000,00 €	5.500,00 €	6.000,00 €	6.500,00 €	7.000,00 €	7.500,00 €	8.000,00 €	8.500,00 €	9.000,00 €	9.500,00 €	10.000,00 €
9,0%		1.846,15 €	2.307,69 €	2.769,23 €	3.230,77 €	3.692,31 €	4.153,85 €	4.615,38 €	5.076,92 €	5.538,46 €	6.000,00 €	6.461,54 €	6.923,08 €	7.384,62 €	7.846,15 €	8.307,69 €	8.769,23 €	9.230,77 €
10,0%		1.714,29 €	2.142,86 €	2.571,43 €	3.000,00 €	3.428,57 €	3.857,14 €	4.285,71 €	4.714,29 €	5.142,86 €	5.571,43 €	6.000,00 €	6.428,57 €	6.857,14 €	7.285,71 €	7.714,29 €	8.142,86 €	8.571,43 €
11,0%		1.600,00 €	2.000,00 €	2.400,00 €	2.800,00 €	3.200,00 €	3.600,00 €	4.000,00 €	4.400,00 €	4.800,00 €	5.200,00 €	5.600,00 €	6.000,00 €	6.400,00 €	6.800,00 €	7.200,00 €	7.600,00 €	8.000,00 €
12,0%		1.500,00 €	1.875,00 €	2.250,00 €	2.625,00 €	3.000,00 €	3.375,00 €	3.750,00 €	4.125,00 €	4.500,00 €	4.875,00 €	5.250,00 €	5.625,00 €	6.000,00 €	6.375,00 €	6.750,00 €	7.125,00 €	7.500,00 €
13,0%		1.411,76 €	1.764,71 €	2.117,65 €	2.470,59 €	2.823,53 €	3.176,47 €	3.529,41 €	3.882,35 €	4.235,29 €	4.588,24 €	4.941,18 €	5.294,12 €	5.647,06 €	6.000,00 €	6.352,94 €	6.705,88 €	7.058,82 €
14,0%		1.333,33 €	1.666,67 €	2.000,00 €	2.333,33 €	2.666,67 €	3.000,00 €	3.333,33 €	3.666,67 €	4.000,00 €	4.333,33 €	4.666,67 €	5.000,00 €	5.333,33 €	5.666,67 €	6.000,00 €	6.333,33 €	6.666,67 €
15,0%		1.263,16 €	1.578,95 €	1.894,74 €	2.210,53 €	2.526,32 €	2.842,11 €	3.157,89 €	3.473,68 €	3.789,47 €	4.105,26 €	4.421,05 €	4.736,84 €	5.052,63 €	5.368,42 €	5.684,21 €	6.000,00 €	6.315,79 €
16,0%		1.200,00 €	1.500,00 €	1.800,00 €	2.100,00 €	2.400,00 €	2.700,00 €	3.000,00 €	3.300,00 €	3.600,00 €	3.900,00 €	4.200,00 €	4.500,00 €	4.800,00 €	5.100,00 €	5.400,00 €	5.700,00 €	6.000,00 €
17,0%		1.142,86 €	1.428,57 €	1.714,29 €	2.000,00 €	2.285,71 €	2.571,43 €	2.857,14 €	3.142,86 €	3.428,57 €	3.714,29 €	4.000,00 €	4.285,71 €	4.571,43 €	4.857,14 €	5.142,86 €	5.428,57 €	5.714,29 €
18,0%		1.090,91 €	1.363,64 €	1.636,36 €	1.909,09 €	2.181,82 €	2.454,55 €	2.727,27 €	3.000,00 €	3.272,73 €	3.545,45 €	3.818,18 €	4.090,91 €	4.363,64 €	4.636,36 €	4.909,09 €	5.181,82 €	5.454,55 €
19,0%		1.043,48 €	1.304,35 €	1.565,22 €	1.826,09 €	2.086,96 €	2.347,83 €	2.608,70 €	2.869,57 €	3.130,43 €	3.391,30 €	3.652,17 €	3.913,04 €	4.173,91 €	4.434,78 €	4.695,65 €	4.956,52 €	5.217,39 €
20,0%		1.000,00 €	1.250,00 €	1.500,00 €	1.750,00 €	2.000,00 €	2.250,00 €	2.500,00 €	2.750,00 €	3.000,00 €	3.250,00 €	3.500,00 €	3.750,00 €	4.000,00 €	4.250,00 €	4.500,00 €	4.750,00 €	5.000,00 €
21,0%		960,00 €	1.200,00 €	1.440,00 €	1.680,00 €	1.920,00 €	2.160,00 €	2.400,00 €	2.640,00 €	2.880,00 €	3.120,00 €	3.360,00 €	3.600,00 €	3.840,00 €	4.080,00 €	4.320,00 €	4.560,00 €	4.800,00 €
22,0%		923,08 €	1.153,85 €	1.384,62 €	1.615,38 €	1.846,15 €	2.076,92 €	2.307,69 €	2.538,46 €	2.769,23 €	3.000,00 €	3.230,77 €	3.461,54 €	3.692,31 €	3.923,08 €	4.153,85 €	4.384,62 €	4.615,38 €
23,0%		888,89 €	1.111,11 €	1.333,33 €	1.555,56 €	1.777,78 €	2.000,00 €	2.222,22 €	2.444,44 €	2.666,67 €	2.888,89 €	3.111,11 €	3.333,33 €	3.555,56 €	3.777,78 €	4.000,00 €	4.222,22 €	4.444,44 €
24,0%		857,14 €	1.071,43 €	1.285,71 €	1.500,00 €	1.714,29 €	1.928,57 €	2.142,86 €	2.357,14 €	2.571,43 €	2.785,71 €	3.000,00 €	3.214,29 €	3.428,57 €	3.642,86 €	3.857,14 €	4.071,43 €	4.285,71 €
25,0%		827,59 €	1.034,48 €	1.241,38 €	1.448,28 €	1.655,17 €	1.862,07 €	2.068,97 €	2.275,86 €	2.482,76 €	2.689,66 €	2.896,55 €	3.103,45 €	3.310,34 €	3.517,24 €	3.724,14 €	3.931,03 €	4.137,93 €

Kaufpreismaxima für Immobilientransaktionen

Eigenkapitalquote: 20,0 %   Fremdkapitalzinssatz p.a.: 2,0 %

Kaufpreismaxima in €/m²	\multicolumn{19}{c}{monatliche Nettokaltmiete in €/m²}																		
anfängliche Eigenkapitalrendite in % p.a.	4	5	6	7	8	9	10	11	12	13	14	15	16	17	18	19	20
2,0%	2.400,00 €	3.000,00 €	3.600,00 €	4.200,00 €	4.800,00 €	5.400,00 €	6.000,00 €	6.600,00 €	7.200,00 €	7.800,00 €	8.400,00 €	9.000,00 €	9.600,00 €	10.200,00 €	10.800,00 €	11.400,00 €	12.000,00 €
3,0%	2.181,82 €	2.727,27 €	3.272,73 €	3.818,18 €	4.363,64 €	4.909,09 €	5.454,55 €	6.000,00 €	6.545,45 €	7.090,91 €	7.636,36 €	8.181,82 €	8.727,27 €	9.272,73 €	9.818,18 €	10.363,64 €	10.909,09 €
4,0%	2.000,00 €	2.500,00 €	3.000,00 €	3.500,00 €	4.000,00 €	4.500,00 €	5.000,00 €	5.500,00 €	6.000,00 €	6.500,00 €	7.000,00 €	7.500,00 €	8.000,00 €	8.500,00 €	9.000,00 €	9.500,00 €	10.000,00 €
5,0%	1.846,15 €	2.307,69 €	2.769,23 €	3.230,77 €	3.692,31 €	4.153,85 €	4.615,38 €	5.076,92 €	5.538,46 €	6.000,00 €	6.461,54 €	6.923,08 €	7.384,62 €	7.846,15 €	8.307,69 €	8.769,23 €	9.230,77 €
6,0%	1.714,29 €	2.142,86 €	2.571,43 €	3.000,00 €	3.428,57 €	3.857,14 €	4.285,71 €	4.714,29 €	5.142,86 €	5.571,43 €	6.000,00 €	6.428,57 €	6.857,14 €	7.285,71 €	7.714,29 €	8.142,86 €	8.571,43 €
7,0%	1.600,00 €	2.000,00 €	2.400,00 €	2.800,00 €	3.200,00 €	3.600,00 €	4.000,00 €	4.400,00 €	4.800,00 €	5.200,00 €	5.600,00 €	6.000,00 €	6.400,00 €	6.800,00 €	7.200,00 €	7.600,00 €	8.000,00 €
8,0%	1.500,00 €	1.875,00 €	2.250,00 €	2.625,00 €	3.000,00 €	3.375,00 €	3.750,00 €	4.125,00 €	4.500,00 €	4.875,00 €	5.250,00 €	5.625,00 €	6.000,00 €	6.375,00 €	6.750,00 €	7.125,00 €	7.500,00 €
9,0%	1.411,76 €	1.764,71 €	2.117,65 €	2.470,59 €	2.823,53 €	3.176,47 €	3.529,41 €	3.882,35 €	4.235,29 €	4.588,24 €	4.941,18 €	5.294,12 €	5.647,06 €	6.000,00 €	6.352,94 €	6.705,88 €	7.058,82 €
10,0%	1.333,33 €	1.666,67 €	2.000,00 €	2.333,33 €	2.666,67 €	3.000,00 €	3.333,33 €	3.666,67 €	4.000,00 €	4.333,33 €	4.666,67 €	5.000,00 €	5.333,33 €	5.666,67 €	6.000,00 €	6.333,33 €	6.666,67 €
11,0%	1.263,16 €	1.578,95 €	1.894,74 €	2.210,53 €	2.526,32 €	2.842,11 €	3.157,89 €	3.473,68 €	3.789,47 €	4.105,26 €	4.421,05 €	4.736,84 €	5.052,63 €	5.368,42 €	5.684,21 €	6.000,00 €	6.315,79 €
12,0%	1.200,00 €	1.500,00 €	1.800,00 €	2.100,00 €	2.400,00 €	2.700,00 €	3.000,00 €	3.300,00 €	3.600,00 €	3.900,00 €	4.200,00 €	4.500,00 €	4.800,00 €	5.100,00 €	5.400,00 €	5.700,00 €	6.000,00 €
13,0%	1.142,86 €	1.428,57 €	1.714,29 €	2.000,00 €	2.285,71 €	2.571,43 €	2.857,14 €	3.142,86 €	3.428,57 €	3.714,29 €	4.000,00 €	4.285,71 €	4.571,43 €	4.857,14 €	5.142,86 €	5.428,57 €	5.714,29 €
14,0%	1.090,91 €	1.363,64 €	1.636,36 €	1.909,09 €	2.181,82 €	2.454,55 €	2.727,27 €	3.000,00 €	3.272,73 €	3.545,45 €	3.818,18 €	4.090,91 €	4.363,64 €	4.636,36 €	4.909,09 €	5.181,82 €	5.454,55 €
15,0%	1.043,48 €	1.304,35 €	1.565,22 €	1.826,09 €	2.086,96 €	2.347,83 €	2.608,70 €	2.869,57 €	3.130,43 €	3.391,30 €	3.652,17 €	3.913,04 €	4.173,91 €	4.434,78 €	4.695,65 €	4.956,52 €	5.217,39 €
16,0%	1.000,00 €	1.250,00 €	1.500,00 €	1.750,00 €	2.000,00 €	2.250,00 €	2.500,00 €	2.750,00 €	3.000,00 €	3.250,00 €	3.500,00 €	3.750,00 €	4.000,00 €	4.250,00 €	4.500,00 €	4.750,00 €	5.000,00 €
17,0%	960,00 €	1.200,00 €	1.440,00 €	1.680,00 €	1.920,00 €	2.160,00 €	2.400,00 €	2.640,00 €	2.880,00 €	3.120,00 €	3.360,00 €	3.600,00 €	3.840,00 €	4.080,00 €	4.320,00 €	4.560,00 €	4.800,00 €
18,0%	923,08 €	1.153,85 €	1.384,62 €	1.615,34 €	1.846,15 €	2.076,92 €	2.307,69 €	2.538,46 €	2.769,23 €	3.000,00 €	3.230,77 €	3.461,54 €	3.692,31 €	3.923,08 €	4.153,85 €	4.384,62 €	4.615,38 €
19,0%	888,89 €	1.111,11 €	1.333,33 €	1.555,56 €	1.777,78 €	2.000,00 €	2.222,22 €	2.444,44 €	2.666,67 €	2.888,89 €	3.111,11 €	3.333,33 €	3.555,56 €	3.777,78 €	4.000,00 €	4.222,22 €	4.444,44 €
20,0%	857,14 €	1.071,43 €	1.285,71 €	1.500,00 €	1.714,29 €	1.928,57 €	2.142,86 €	2.357,14 €	2.571,43 €	2.785,71 €	3.000,00 €	3.214,29 €	3.428,57 €	3.642,86 €	3.857,14 €	4.071,43 €	4.285,71 €
21,0%	827,59 €	1.034,48 €	1.241,38 €	1.448,28 €	1.655,17 €	1.862,07 €	2.068,97 €	2.275,86 €	2.482,76 €	2.689,66 €	2.896,55 €	3.103,45 €	3.310,34 €	3.517,24 €	3.724,14 €	3.931,03 €	4.137,93 €
22,0%	800,00 €	1.000,00 €	1.200,00 €	1.400,00 €	1.600,00 €	1.800,00 €	2.000,00 €	2.200,00 €	2.400,00 €	2.600,00 €	2.800,00 €	3.000,00 €	3.200,00 €	3.400,00 €	3.600,00 €	3.800,00 €	4.000,00 €
23,0%	774,19 €	967,74 €	1.161,29 €	1.354,84 €	1.548,39 €	1.741,94 €	1.935,48 €	2.129,03 €	2.322,58 €	2.516,13 €	2.709,68 €	2.903,23 €	3.096,77 €	3.290,32 €	3.483,87 €	3.677,42 €	3.870,97 €
24,0%	750,00 €	937,50 €	1.125,00 €	1.312,50 €	1.500,00 €	1.687,50 €	1.875,00 €	2.062,50 €	2.250,00 €	2.437,50 €	2.625,00 €	2.812,50 €	3.000,00 €	3.187,50 €	3.375,00 €	3.562,50 €	3.750,00 €
25,0%	727,27 €	909,09 €	1.090,91 €	1.272,73 €	1.454,55 €	1.636,36 €	1.818,18 €	2.000,00 €	2.181,82 €	2.363,64 €	2.545,45 €	2.727,27 €	2.909,09 €	3.090,91 €	3.272,73 €	3.454,55 €	3.636,36 €

Kaufpreismaxima für Immobilientransaktionen

Eigenkapitalquote: 20,0 % Fremdkapitalzinssatz p.a.: 3,0 %

Kaufpreismaxima in €/m²	\multicolumn{17}{c}{monatliche Nettokaltmiete in €/m²}
anfängliche Eigenkapitalrendite in % p.a.	4	5	6	7	8	9	10	11	12	13	14	15	16	17	18	19	20
2,0%	1.714,29 €	2.142,86 €	2.571,43 €	3.000,00 €	3.428,57 €	3.857,14 €	4.285,71 €	4.714,29 €	5.142,86 €	5.571,43 €	6.000,00 €	6.428,57 €	6.857,14 €	7.285,71 €	7.714,29 €	8.142,86 €	8.571,43 €
3,0%	1.600,00 €	2.000,00 €	2.400,00 €	2.800,00 €	3.200,00 €	3.600,00 €	4.000,00 €	4.400,00 €	4.800,00 €	5.200,00 €	5.600,00 €	6.000,00 €	6.400,00 €	6.800,00 €	7.200,00 €	7.600,00 €	8.000,00 €
4,0%	1.500,00 €	1.875,00 €	2.250,00 €	2.625,00 €	3.000,00 €	3.375,00 €	3.750,00 €	4.125,00 €	4.500,00 €	4.875,00 €	5.250,00 €	5.625,00 €	6.000,00 €	6.375,00 €	6.750,00 €	7.125,00 €	7.500,00 €
5,0%	1.411,76 €	1.764,71 €	2.117,65 €	2.470,59 €	2.823,53 €	3.176,47 €	3.529,41 €	3.882,35 €	4.235,29 €	4.588,24 €	4.941,18 €	5.294,12 €	5.647,06 €	6.000,00 €	6.352,94 €	6.705,88 €	7.058,82 €
6,0%	1.333,33 €	1.666,67 €	2.000,00 €	2.333,33 €	2.666,67 €	3.000,00 €	3.333,33 €	3.666,67 €	4.000,00 €	4.333,33 €	4.666,67 €	5.000,00 €	5.333,33 €	5.666,67 €	6.000,00 €	6.333,33 €	6.666,67 €
7,0%	1.263,16 €	1.578,95 €	1.894,74 €	2.210,53 €	2.526,32 €	2.842,11 €	3.157,89 €	3.473,68 €	3.789,47 €	4.105,26 €	4.421,05 €	4.736,84 €	5.052,63 €	5.368,42 €	5.684,21 €	6.000,00 €	6.315,79 €
8,0%	1.200,00 €	1.500,00 €	1.800,00 €	2.100,00 €	2.400,00 €	2.700,00 €	3.000,00 €	3.300,00 €	3.600,00 €	3.900,00 €	4.200,00 €	4.500,00 €	4.800,00 €	5.100,00 €	5.400,00 €	5.700,00 €	6.000,00 €
9,0%	1.142,86 €	1.428,57 €	1.714,29 €	2.000,00 €	2.285,71 €	2.571,43 €	2.857,14 €	3.142,86 €	3.428,57 €	3.714,29 €	4.000,00 €	4.285,71 €	4.571,43 €	4.857,14 €	5.142,86 €	5.428,57 €	5.714,29 €
10,0%	1.090,91 €	1.363,64 €	1.636,36 €	1.909,09 €	2.181,82 €	2.454,55 €	2.727,27 €	3.000,00 €	3.272,73 €	3.545,45 €	3.818,18 €	4.090,91 €	4.363,64 €	4.636,36 €	4.909,09 €	5.181,82 €	5.454,55 €
11,0%	1.043,48 €	1.304,35 €	1.565,22 €	1.826,09 €	2.086,96 €	2.347,83 €	2.608,70 €	2.869,57 €	3.130,43 €	3.391,30 €	3.652,17 €	3.913,04 €	4.173,91 €	4.434,78 €	4.695,65 €	4.956,52 €	5.217,39 €
12,0%	1.000,00 €	1.250,00 €	1.500,00 €	1.750,00 €	2.000,00 €	2.250,00 €	2.500,00 €	2.750,00 €	3.000,00 €	3.250,00 €	3.500,00 €	3.750,00 €	4.000,00 €	4.250,00 €	4.500,00 €	4.750,00 €	5.000,00 €
13,0%	960,00 €	1.200,00 €	1.440,00 €	1.680,00 €	1.920,00 €	2.160,00 €	2.400,00 €	2.640,00 €	2.880,00 €	3.120,00 €	3.360,00 €	3.600,00 €	3.840,00 €	4.080,00 €	4.320,00 €	4.560,00 €	4.800,00 €
14,0%	923,08 €	1.153,85 €	1.384,62 €	1.615,38 €	1.846,15 €	2.076,92 €	2.307,69 €	2.538,46 €	2.769,23 €	3.000,00 €	3.230,77 €	3.461,54 €	3.692,31 €	3.923,08 €	4.153,85 €	4.384,62 €	4.615,38 €
15,0%	888,89 €	1.111,11 €	1.333,33 €	1.555,56 €	1.777,78 €	2.000,00 €	2.222,22 €	2.444,44 €	2.666,67 €	2.888,89 €	3.111,11 €	3.333,33 €	3.555,56 €	3.777,78 €	4.000,00 €	4.222,22 €	4.444,44 €
16,0%	857,14 €	1.071,43 €	1.285,71 €	1.500,00 €	1.714,29 €	1.928,57 €	2.142,86 €	2.357,14 €	2.571,43 €	2.785,71 €	3.000,00 €	3.214,29 €	3.428,57 €	3.642,86 €	3.857,14 €	4.071,43 €	4.285,71 €
17,0%	827,59 €	1.034,48 €	1.241,38 €	1.448,28 €	1.655,17 €	1.862,07 €	2.068,97 €	2.275,86 €	2.482,76 €	2.689,66 €	2.896,55 €	3.103,45 €	3.310,34 €	3.517,24 €	3.724,14 €	3.931,03 €	4.137,93 €
18,0%	800,00 €	1.000,00 €	1.200,00 €	1.400,00 €	1.600,00 €	1.800,00 €	2.000,00 €	2.200,00 €	2.400,00 €	2.600,00 €	2.800,00 €	3.000,00 €	3.200,00 €	3.400,00 €	3.600,00 €	3.800,00 €	4.000,00 €
19,0%	774,19 €	967,74 €	1.161,29 €	1.354,84 €	1.548,39 €	1.741,94 €	1.935,48 €	2.129,03 €	2.322,58 €	2.516,13 €	2.709,68 €	2.903,23 €	3.096,77 €	3.290,32 €	3.483,87 €	3.677,42 €	3.870,97 €
20,0%	750,00 €	937,50 €	1.125,00 €	1.312,50 €	1.500,00 €	1.687,50 €	1.875,00 €	2.062,50 €	2.250,00 €	2.437,50 €	2.625,00 €	2.812,50 €	3.000,00 €	3.187,50 €	3.375,00 €	3.562,50 €	3.750,00 €
21,0%	727,27 €	909,09 €	1.090,91 €	1.272,73 €	1.454,55 €	1.636,36 €	1.818,18 €	2.000,00 €	2.181,82 €	2.363,64 €	2.545,45 €	2.727,27 €	2.909,09 €	3.090,91 €	3.272,73 €	3.454,55 €	3.636,36 €
22,0%	705,88 €	882,35 €	1.058,82 €	1.235,29 €	1.411,76 €	1.588,24 €	1.764,71 €	1.941,18 €	2.117,65 €	2.294,12 €	2.470,59 €	2.647,06 €	2.823,53 €	3.000,00 €	3.176,47 €	3.352,94 €	3.529,41 €
23,0%	685,71 €	857,14 €	1.028,57 €	1.200,00 €	1.371,43 €	1.542,86 €	1.714,29 €	1.885,71 €	2.057,14 €	2.228,57 €	2.400,00 €	2.571,43 €	2.742,86 €	2.914,29 €	3.085,71 €	3.257,14 €	3.428,57 €
24,0%	666,67 €	833,33 €	1.000,00 €	1.166,67 €	1.333,33 €	1.500,00 €	1.666,67 €	1.833,33 €	2.000,00 €	2.166,67 €	2.333,33 €	2.500,00 €	2.666,67 €	2.833,33 €	3.000,00 €	3.166,67 €	3.333,33 €
25,0%	648,65 €	810,81 €	972,97 €	1.135,14 €	1.297,30 €	1.459,46 €	1.621,62 €	1.783,78 €	1.945,95 €	2.108,11 €	2.270,27 €	2.432,43 €	2.594,59 €	2.756,76 €	2.918,92 €	3.081,08 €	3.243,24 €

Kaufpreismaxima für Immobilientransaktionen

Eigenkapitalquote: 20,0 %   Fremdkapitalzinssatz p.a.: 4,0 %

Kaufpreismaxima in €/m²	monatliche Nettokaltmiete in €/m²																
anfängliche Eigenkapitalrendite in % p.a.	4	5	6	7	8	9	10	11	12	13	14	15	16	17	18	19	20
2,0%	1.333,33 €	1.666,67 €	2.000,00 €	2.333,33 €	2.666,67 €	3.000,00 €	3.333,33 €	3.666,67 €	4.000,00 €	4.333,33 €	4.666,67 €	5.000,00 €	5.333,33 €	5.666,67 €	6.000,00 €	6.333,33 €	6.666,67 €
3,0%	1.263,16 €	1.578,95 €	1.894,74 €	2.210,53 €	2.526,32 €	2.842,11 €	3.157,89 €	3.473,68 €	3.789,47 €	4.105,26 €	4.421,05 €	4.736,84 €	5.052,63 €	5.368,42 €	5.684,21 €	6.000,00 €	6.315,79 €
4,0%	1.200,00 €	1.500,00 €	1.800,00 €	2.100,00 €	2.400,00 €	2.700,00 €	3.000,00 €	3.300,00 €	3.600,00 €	3.900,00 €	4.200,00 €	4.500,00 €	4.800,00 €	5.100,00 €	5.400,00 €	5.700,00 €	6.000,00 €
5,0%	1.142,86 €	1.428,57 €	1.714,29 €	2.000,00 €	2.285,71 €	2.571,43 €	2.857,14 €	3.142,86 €	3.428,57 €	3.714,29 €	4.000,00 €	4.285,71 €	4.571,43 €	4.857,14 €	5.142,86 €	5.428,57 €	5.714,29 €
6,0%	1.090,91 €	1.363,64 €	1.636,36 €	1.909,09 €	2.181,82 €	2.454,55 €	2.727,27 €	3.000,00 €	3.272,73 €	3.545,45 €	3.818,18 €	4.090,91 €	4.363,64 €	4.636,36 €	4.909,09 €	5.181,82 €	5.454,55 €
7,0%	1.043,48 €	1.304,35 €	1.565,22 €	1.826,09 €	2.086,96 €	2.347,83 €	2.608,70 €	2.869,57 €	3.130,43 €	3.391,30 €	3.652,17 €	3.913,04 €	4.173,91 €	4.434,78 €	4.695,65 €	4.956,52 €	5.217,39 €
8,0%	1.000,00 €	1.250,00 €	1.500,00 €	1.750,00 €	2.000,00 €	2.250,00 €	2.500,00 €	2.750,00 €	3.000,00 €	3.250,00 €	3.500,00 €	3.750,00 €	4.000,00 €	4.250,00 €	4.500,00 €	4.750,00 €	5.000,00 €
9,0%	960,00 €	1.200,00 €	1.440,00 €	1.680,00 €	1.920,00 €	2.160,00 €	2.400,00 €	2.640,00 €	2.880,00 €	3.120,00 €	3.360,00 €	3.600,00 €	3.840,00 €	4.080,00 €	4.320,00 €	4.560,00 €	4.800,00 €
10,0%	923,08 €	1.153,85 €	1.384,62 €	1.615,38 €	1.846,15 €	2.076,92 €	2.307,69 €	2.538,46 €	2.769,23 €	3.000,00 €	3.230,77 €	3.461,54 €	3.692,31 €	3.923,08 €	4.153,85 €	4.384,62 €	4.615,38 €
11,0%	888,89 €	1.111,11 €	1.333,33 €	1.555,56 €	1.777,78 €	2.000,00 €	2.222,22 €	2.444,44 €	2.666,67 €	2.888,89 €	3.111,11 €	3.333,33 €	3.555,56 €	3.777,78 €	4.000,00 €	4.222,22 €	4.444,44 €
12,0%	857,14 €	1.071,43 €	1.285,71 €	1.500,00 €	1.714,29 €	1.928,57 €	2.142,86 €	2.357,14 €	2.571,43 €	2.785,71 €	3.000,00 €	3.214,29 €	3.428,57 €	3.642,86 €	3.857,14 €	4.071,43 €	4.285,71 €
13,0%	827,59 €	1.034,48 €	1.241,38 €	1.448,28 €	1.655,17 €	1.862,07 €	2.068,97 €	2.275,86 €	2.482,76 €	2.689,66 €	2.896,55 €	3.103,45 €	3.310,34 €	3.517,24 €	3.724,14 €	3.931,03 €	4.137,93 €
14,0%	800,00 €	1.000,00 €	1.200,00 €	1.400,00 €	1.600,00 €	1.800,00 €	2.000,00 €	2.200,00 €	2.400,00 €	2.600,00 €	2.800,00 €	3.000,00 €	3.200,00 €	3.400,00 €	3.600,00 €	3.800,00 €	4.000,00 €
15,0%	774,19 €	967,74 €	1.161,29 €	1.354,84 €	1.548,39 €	1.741,94 €	1.935,48 €	2.129,03 €	2.322,58 €	2.516,13 €	2.709,68 €	2.903,23 €	3.096,77 €	3.290,32 €	3.483,87 €	3.677,42 €	3.870,97 €
16,0%	750,00 €	937,50 €	1.125,00 €	1.312,50 €	1.500,00 €	1.687,50 €	1.875,00 €	2.062,50 €	2.250,00 €	2.437,50 €	2.625,00 €	2.812,50 €	3.000,00 €	3.187,50 €	3.375,00 €	3.562,50 €	3.750,00 €
17,0%	727,27 €	909,09 €	1.090,91 €	1.272,73 €	1.454,55 €	1.636,36 €	1.818,18 €	2.000,00 €	2.181,82 €	2.363,64 €	2.545,45 €	2.727,27 €	2.909,09 €	3.090,91 €	3.272,73 €	3.454,55 €	3.636,36 €
18,0%	705,88 €	882,35 €	1.058,82 €	1.235,29 €	1.411,76 €	1.588,24 €	1.764,71 €	1.941,18 €	2.117,65 €	2.294,12 €	2.470,59 €	2.647,06 €	2.823,53 €	3.000,00 €	3.176,47 €	3.352,94 €	3.529,41 €
19,0%	685,71 €	857,14 €	1.028,57 €	1.200,00 €	1.371,43 €	1.542,86 €	1.714,29 €	1.885,71 €	2.057,14 €	2.228,57 €	2.400,00 €	2.571,43 €	2.742,86 €	2.914,29 €	3.085,71 €	3.257,14 €	3.428,57 €
20,0%	666,67 €	833,33 €	1.000,00 €	1.166,67 €	1.333,33 €	1.500,00 €	1.666,67 €	1.833,33 €	2.000,00 €	2.166,67 €	2.333,33 €	2.500,00 €	2.666,67 €	2.833,33 €	3.000,00 €	3.166,67 €	3.333,33 €
21,0%	648,65 €	810,81 €	972,97 €	1.135,14 €	1.297,30 €	1.459,46 €	1.621,62 €	1.783,78 €	1.945,95 €	2.108,11 €	2.270,27 €	2.432,43 €	2.594,59 €	2.756,76 €	2.918,92 €	3.081,08 €	3.243,24 €
22,0%	631,58 €	789,47 €	947,37 €	1.105,26 €	1.263,16 €	1.421,05 €	1.578,95 €	1.736,84 €	1.894,74 €	2.052,63 €	2.210,53 €	2.368,42 €	2.526,32 €	2.684,21 €	2.842,11 €	3.000,00 €	3.157,89 €
23,0%	615,38 €	769,23 €	923,08 €	1.076,92 €	1.230,77 €	1.384,62 €	1.538,46 €	1.692,31 €	1.846,15 €	2.000,00 €	2.153,85 €	2.307,69 €	2.461,54 €	2.615,38 €	2.769,23 €	2.923,08 €	3.076,92 €
24,0%	600,00 €	750,00 €	900,00 €	1.050,00 €	1.200,00 €	1.350,00 €	1.500,00 €	1.650,00 €	1.800,00 €	1.950,00 €	2.100,00 €	2.250,00 €	2.400,00 €	2.550,00 €	2.700,00 €	2.850,00 €	3.000,00 €
25,0%	585,37 €	731,71 €	878,05 €	1.024,39 €	1.170,73 €	1.317,07 €	1.463,41 €	1.609,76 €	1.756,10 €	1.902,44 €	2.048,78 €	2.195,12 €	2.341,46 €	2.487,80 €	2.634,15 €	2.780,49 €	2.926,83 €

Kaufpreismaxima für Immobilientransaktionen

Eigenkapitalquote: 20,0 % Fremdkapitalzinssatz p.a.: 5,0 %

Kaufpreismaxima in €/m²	monatliche Nettokaltmiete in €/m²																
anfängliche Eigenkapitalrendite in % p.a.	4	5	6	7	8	9	10	11	12	13	14	15	16	17	18	19	20
2,0%	1.090,91 €	1.363,64 €	1.636,36 €	1.909,09 €	2.181,82 €	2.454,55 €	2.727,27 €	3.000,00 €	3.272,73 €	3.545,45 €	3.818,18 €	4.090,91 €	4.363,64 €	4.636,36 €	4.909,09 €	5.181,82 €	5.454,55 €
3,0%	1.043,48 €	1.304,35 €	1.565,22 €	1.826,09 €	2.086,96 €	2.347,83 €	2.608,70 €	2.869,57 €	3.130,43 €	3.391,30 €	3.652,17 €	3.913,04 €	4.173,91 €	4.434,78 €	4.695,65 €	4.956,52 €	5.217,39 €
4,0%	1.000,00 €	1.250,00 €	1.500,00 €	1.750,00 €	2.000,00 €	2.250,00 €	2.500,00 €	2.750,00 €	3.000,00 €	3.250,00 €	3.500,00 €	3.750,00 €	4.000,00 €	4.250,00 €	4.500,00 €	4.750,00 €	5.000,00 €
5,0%	960,00 €	1.200,00 €	1.440,00 €	1.680,00 €	1.920,00 €	2.160,00 €	2.400,00 €	2.640,00 €	2.880,00 €	3.120,00 €	3.360,00 €	3.600,00 €	3.840,00 €	4.080,00 €	4.320,00 €	4.560,00 €	4.800,00 €
6,0%	923,08 €	1.153,85 €	1.384,62 €	1.615,38 €	1.846,15 €	2.076,92 €	2.307,69 €	2.538,46 €	2.769,23 €	3.000,00 €	3.230,77 €	3.461,54 €	3.692,31 €	3.923,08 €	4.153,85 €	4.384,62 €	4.615,38 €
7,0%	888,89 €	1.111,11 €	1.333,33 €	1.555,56 €	1.777,78 €	2.000,00 €	2.222,22 €	2.444,44 €	2.666,67 €	2.888,89 €	3.111,11 €	3.333,33 €	3.555,56 €	3.777,78 €	4.000,00 €	4.222,22 €	4.444,44 €
8,0%	857,14 €	1.071,43 €	1.285,71 €	1.500,00 €	1.714,29 €	1.928,57 €	2.142,86 €	2.357,14 €	2.571,43 €	2.785,71 €	3.000,00 €	3.214,29 €	3.428,57 €	3.642,86 €	3.857,14 €	4.071,43 €	4.285,71 €
9,0%	827,59 €	1.034,48 €	1.241,38 €	1.448,28 €	1.655,17 €	1.862,07 €	2.068,97 €	2.275,86 €	2.482,76 €	2.689,66 €	2.896,55 €	3.103,45 €	3.310,34 €	3.517,24 €	3.724,14 €	3.931,03 €	4.137,93 €
10,0%	800,00 €	1.000,00 €	1.200,00 €	1.400,00 €	1.600,00 €	1.800,00 €	2.000,00 €	2.200,00 €	2.400,00 €	2.600,00 €	2.800,00 €	3.000,00 €	3.200,00 €	3.400,00 €	3.600,00 €	3.800,00 €	4.000,00 €
11,0%	774,19 €	967,74 €	1.161,29 €	1.354,84 €	1.548,39 €	1.741,94 €	1.935,48 €	2.129,03 €	2.322,58 €	2.516,13 €	2.709,68 €	2.903,23 €	3.096,77 €	3.290,32 €	3.483,87 €	3.677,42 €	3.870,97 €
12,0%	750,00 €	937,50 €	1.125,00 €	1.312,50 €	1.500,00 €	1.687,50 €	1.875,00 €	2.062,50 €	2.250,00 €	2.437,50 €	2.625,00 €	2.812,50 €	3.000,00 €	3.187,50 €	3.375,00 €	3.562,50 €	3.750,00 €
13,0%	727,27 €	909,09 €	1.090,91 €	1.272,73 €	1.454,55 €	1.636,36 €	1.818,18 €	2.000,00 €	2.181,82 €	2.363,64 €	2.545,45 €	2.727,27 €	2.909,09 €	3.090,91 €	3.272,73 €	3.454,55 €	3.636,36 €
14,0%	705,88 €	882,35 €	1.058,82 €	1.235,29 €	1.411,76 €	1.588,24 €	1.764,71 €	1.941,18 €	2.117,65 €	2.294,12 €	2.470,59 €	2.647,06 €	2.823,53 €	3.000,00 €	3.176,47 €	3.352,94 €	3.529,41 €
15,0%	685,71 €	857,14 €	1.028,57 €	1.200,00 €	1.371,43 €	1.542,86 €	1.714,29 €	1.885,71 €	2.057,14 €	2.228,57 €	2.400,00 €	2.571,43 €	2.742,86 €	2.914,29 €	3.085,71 €	3.257,14 €	3.428,57 €
16,0%	666,67 €	833,33 €	1.000,00 €	1.166,67 €	1.333,33 €	1.500,00 €	1.666,67 €	1.833,33 €	2.000,00 €	2.166,67 €	2.333,33 €	2.500,00 €	2.666,67 €	2.833,33 €	3.000,00 €	3.166,67 €	3.333,33 €
17,0%	648,65 €	810,81 €	972,97 €	1.135,14 €	1.297,30 €	1.459,46 €	1.621,62 €	1.783,78 €	1.945,95 €	2.108,11 €	2.270,27 €	2.432,43 €	2.594,59 €	2.756,76 €	2.918,92 €	3.081,08 €	3.243,24 €
18,0%	631,58 €	789,47 €	947,37 €	1.105,26 €	1.263,16 €	1.421,05 €	1.578,95 €	1.736,84 €	1.894,74 €	2.052,63 €	2.210,53 €	2.368,42 €	2.526,32 €	2.684,21 €	2.842,11 €	3.000,00 €	3.157,89 €
19,0%	615,38 €	769,23 €	923,08 €	1.076,92 €	1.230,77 €	1.384,62 €	1.538,46 €	1.692,31 €	1.846,15 €	2.000,00 €	2.153,85 €	2.307,69 €	2.461,54 €	2.615,38 €	2.769,23 €	2.923,08 €	3.076,92 €
20,0%	600,00 €	750,00 €	900,00 €	1.050,00 €	1.200,00 €	1.350,00 €	1.500,00 €	1.650,00 €	1.800,00 €	1.950,00 €	2.100,00 €	2.250,00 €	2.400,00 €	2.550,00 €	2.700,00 €	2.850,00 €	3.000,00 €
21,0%	585,37 €	731,71 €	878,05 €	1.024,39 €	1.170,73 €	1.317,07 €	1.463,41 €	1.609,76 €	1.756,10 €	1.902,44 €	2.048,78 €	2.195,12 €	2.341,46 €	2.487,80 €	2.634,15 €	2.780,49 €	2.926,83 €
22,0%	571,43 €	714,29 €	857,14 €	1.000,00 €	1.142,86 €	1.285,71 €	1.428,57 €	1.571,43 €	1.714,29 €	1.857,14 €	2.000,00 €	2.142,86 €	2.285,71 €	2.428,57 €	2.571,43 €	2.714,29 €	2.857,14 €
23,0%	558,14 €	697,67 €	837,21 €	976,74 €	1.116,28 €	1.255,81 €	1.395,35 €	1.534,88 €	1.674,42 €	1.813,95 €	1.953,49 €	2.093,02 €	2.232,56 €	2.372,09 €	2.511,63 €	2.651,16 €	2.790,70 €
24,0%	545,45 €	681,82 €	818,18 €	954,55 €	1.090,91 €	1.227,27 €	1.363,64 €	1.500,00 €	1.636,36 €	1.772,73 €	1.909,09 €	2.045,45 €	2.181,82 €	2.318,18 €	2.454,55 €	2.590,91 €	2.727,27 €
25,0%	533,33 €	666,67 €	800,00 €	933,33 €	1.066,67 €	1.200,00 €	1.333,33 €	1.466,67 €	1.600,00 €	1.733,33 €	1.866,67 €	2.000,00 €	2.133,33 €	2.266,67 €	2.400,00 €	2.533,33 €	2.666,67 €

Kaufpreismaxima für Immobilientransaktionen

Eigenkapitalquote: 30,0 %   Fremdkapitalzinssatz p.a.: 0,5 %

Kaufpreismaxima in €/m²	\multicolumn{17}{c}{monatliche Nettokaltmiete in €/m²}																
anfängliche Eigenkapitalrendite in % p.a.	4	5	6	7	8	9	10	11	12	13	14	15	16	17	18	19	20
2,0%	5.052,63 €	6.315,79 €	7.578,95 €	8.842,11 €	10.105,26 €	11.368,42 €	12.631,58 €	13.894,74 €	15.157,89 €	16.421,05 €	17.684,21 €	18.947,37 €	20.210,53 €	21.473,68 €	22.736,84 €	24.000,00 €	25.263,16 €
3,0%	3.840,00 €	4.800,00 €	5.760,00 €	6.720,00 €	7.680,00 €	8.640,00 €	9.600,00 €	10.560,00 €	11.520,00 €	12.480,00 €	13.440,00 €	14.400,00 €	15.360,00 €	16.320,00 €	17.280,00 €	18.240,00 €	19.200,00 €
4,0%	3.096,77 €	3.870,97 €	4.645,16 €	5.419,35 €	6.193,55 €	6.967,74 €	7.741,94 €	8.516,13 €	9.290,32 €	10.064,52 €	10.838,71 €	11.612,90 €	12.387,10 €	13.161,29 €	13.935,48 €	14.709,68 €	15.483,87 €
5,0%	2.594,59 €	3.243,24 €	3.891,89 €	4.540,54 €	5.189,19 €	5.837,84 €	6.486,49 €	7.135,14 €	7.783,78 €	8.432,43 €	9.081,08 €	9.729,73 €	10.378,38 €	11.027,03 €	11.675,68 €	12.324,32 €	12.972,97 €
6,0%	2.232,56 €	2.790,70 €	3.348,84 €	3.906,98 €	4.465,12 €	5.023,26 €	5.581,40 €	6.139,53 €	6.697,67 €	7.255,81 €	7.813,95 €	8.372,09 €	8.930,23 €	9.488,37 €	10.046,51 €	10.604,65 €	11.162,79 €
7,0%	1.959,18 €	2.448,98 €	2.938,78 €	3.428,57 €	3.918,37 €	4.408,16 €	4.897,96 €	5.387,76 €	5.877,55 €	6.367,35 €	6.857,14 €	7.346,94 €	7.836,73 €	8.326,53 €	8.816,33 €	9.306,12 €	9.795,92 €
8,0%	1.745,45 €	2.181,82 €	2.618,18 €	3.054,55 €	3.490,91 €	3.927,27 €	4.363,64 €	4.800,00 €	5.236,36 €	5.672,73 €	6.109,09 €	6.545,45 €	6.981,82 €	7.418,18 €	7.854,55 €	8.290,91 €	8.727,27 €
9,0%	1.573,77 €	1.967,21 €	2.360,66 €	2.754,10 €	3.147,54 €	3.540,98 €	3.934,43 €	4.327,87 €	4.721,31 €	5.114,75 €	5.508,20 €	5.901,64 €	6.295,08 €	6.688,52 €	7.081,97 €	7.475,41 €	7.868,85 €
10,0%	1.432,84 €	1.791,04 €	2.149,25 €	2.507,46 €	2.865,67 €	3.223,88 €	3.582,09 €	3.940,30 €	4.298,51 €	4.656,72 €	5.014,93 €	5.373,13 €	5.731,34 €	6.089,55 €	6.447,76 €	6.805,97 €	7.164,18 €
11,0%	1.315,07 €	1.643,84 €	1.972,60 €	2.301,37 €	2.630,14 €	2.958,90 €	3.287,67 €	3.616,44 €	3.945,21 €	4.273,97 €	4.602,74 €	4.931,51 €	5.260,27 €	5.589,04 €	5.917,81 €	6.246,58 €	6.575,34 €
12,0%	1.215,19 €	1.518,99 €	1.822,78 €	2.126,58 €	2.430,38 €	2.734,18 €	3.037,97 €	3.341,77 €	3.645,57 €	3.949,37 €	4.253,16 €	4.556,96 €	4.860,76 €	5.164,56 €	5.468,35 €	5.772,15 €	6.075,95 €
13,0%	1.128,41 €	1.411,76 €	1.694,12 €	1.976,47 €	2.258,82 €	2.541,18 €	2.823,53 €	3.105,88 €	3.388,24 €	3.670,59 €	3.952,94 €	4.235,29 €	4.517,65 €	4.800,00 €	5.082,35 €	5.364,71 €	5.647,06 €
14,0%	1.054,95 €	1.318,68 €	1.582,42 €	1.846,15 €	2.109,89 €	2.373,63 €	2.637,36 €	2.901,10 €	3.164,84 €	3.428,57 €	3.692,31 €	3.956,04 €	4.219,78 €	4.483,52 €	4.747,25 €	5.010,99 €	5.274,73 €
15,0%	989,69 €	1.237,11 €	1.484,54 €	1.731,96 €	1.979,38 €	2.226,80 €	2.474,23 €	2.721,65 €	2.969,07 €	3.216,49 €	3.463,92 €	3.711,34 €	3.958,76 €	4.206,19 €	4.453,61 €	4.701,03 €	4.948,45 €
16,0%	932,04 €	1.165,05 €	1.398,06 €	1.631,07 €	1.864,08 €	2.097,09 €	2.330,10 €	2.563,11 €	2.796,12 €	3.029,13 €	3.262,14 €	3.495,15 €	3.728,16 €	3.961,17 €	4.194,17 €	4.427,18 €	4.660,19 €
17,0%	880,73 €	1.100,92 €	1.321,10 €	1.541,28 €	1.761,47 €	1.981,65 €	2.201,83 €	2.422,02 €	2.642,20 €	2.862,39 €	3.082,57 €	3.302,75 €	3.522,94 €	3.743,12 €	3.963,30 €	4.183,49 €	4.403,67 €
18,0%	834,78 €	1.043,48 €	1.252,17 €	1.460,87 €	1.669,57 €	1.878,26 €	2.086,96 €	2.295,65 €	2.504,35 €	2.713,04 €	2.921,74 €	3.130,43 €	3.339,13 €	3.547,83 €	3.756,52 €	3.965,22 €	4.173,91 €
19,0%	793,39 €	991,74 €	1.190,08 €	1.388,43 €	1.586,78 €	1.785,12 €	1.983,47 €	2.181,82 €	2.380,17 €	2.578,51 €	2.776,86 €	2.975,21 €	3.173,55 €	3.371,90 €	3.570,25 €	3.768,60 €	3.966,94 €
20,0%	755,91 €	944,88 €	1.133,86 €	1.322,83 €	1.511,81 €	1.700,79 €	1.889,76 €	2.078,74 €	2.267,72 €	2.456,69 €	2.645,67 €	2.834,65 €	3.023,62 €	3.212,60 €	3.401,57 €	3.590,55 €	3.779,53 €
21,0%	721,80 €	902,26 €	1.082,71 €	1.263,16 €	1.443,61 €	1.624,06 €	1.804,51 €	1.984,96 €	2.165,41 €	2.345,86 €	2.526,32 €	2.706,77 €	2.887,22 €	3.067,67 €	3.248,12 €	3.428,57 €	3.609,02 €
22,0%	690,65 €	863,31 €	1.035,97 €	1.208,63 €	1.381,29 €	1.553,96 €	1.726,62 €	1.899,28 €	2.071,94 €	2.244,60 €	2.417,27 €	2.589,93 €	2.762,59 €	2.935,25 €	3.107,91 €	3.280,58 €	3.453,24 €
23,0%	662,07 €	827,59 €	993,10 €	1.158,62 €	1.324,14 €	1.489,66 €	1.655,17 €	1.820,69 €	1.986,21 €	2.151,72 €	2.317,24 €	2.482,76 €	2.648,28 €	2.813,79 €	2.979,31 €	3.144,83 €	3.310,34 €
24,0%	635,76 €	794,70 €	953,64 €	1.112,58 €	1.271,52 €	1.430,46 €	1.589,40 €	1.748,34 €	1.907,28 €	2.066,23 €	2.225,17 €	2.384,11 €	2.543,05 €	2.701,99 €	2.860,93 €	3.019,87 €	3.178,81 €
25,0%	611,46 €	764,33 €	917,20 €	1.070,26 €	1.222,93 €	1.375,80 €	1.528,66 €	1.681,53 €	1.834,39 €	1.987,26 €	2.140,13 €	2.292,99 €	2.445,86 €	2.598,73 €	2.751,59 €	2.904,46 €	3.057,32 €

Kaufpreismaxima für Immobilientransaktionen

Eigenkapitalquote: 30,0 % Fremdkapitalzinssatz p.a.: 1,0 %

Kaufpreismaxima in €/m²	\	monatliche Nettokaltmiete in €/m²																
anfängliche Eigenkapitalrendite in % p.a.		4	5	6	7	8	9	10	11	12	13	14	15	16	17	18	19	20
	2,0%	3.692,31 €	4.615,38 €	5.538,46 €	6.461,54 €	7.384,62 €	8.307,69 €	9.230,77 €	10.153,85 €	11.076,92 €	12.000,00 €	12.923,08 €	13.846,15 €	14.769,23 €	15.692,31 €	16.615,38 €	17.538,46 €	18.461,54 €
	3,0%	3.000,00 €	3.750,00 €	4.500,00 €	5.250,00 €	6.000,00 €	6.750,00 €	7.500,00 €	8.250,00 €	9.000,00 €	9.750,00 €	10.500,00 €	11.250,00 €	12.000,00 €	12.750,00 €	13.500,00 €	14.250,00 €	15.000,00 €
	4,0%	2.526,32 €	3.157,89 €	3.789,47 €	4.421,05 €	5.052,63 €	5.684,21 €	6.315,79 €	6.947,37 €	7.578,95 €	8.210,53 €	8.842,11 €	9.473,68 €	10.105,26 €	10.736,84 €	11.368,42 €	12.000,00 €	12.631,58 €
	5,0%	2.181,82 €	2.727,27 €	3.272,73 €	3.818,18 €	4.363,64 €	4.909,09 €	5.454,55 €	6.000,00 €	6.545,45 €	7.090,91 €	7.636,36 €	8.181,82 €	8.727,27 €	9.272,73 €	9.818,18 €	10.363,64 €	10.909,09 €
	6,0%	1.920,00 €	2.400,00 €	2.880,00 €	3.360,00 €	3.840,00 €	4.320,00 €	4.800,00 €	5.280,00 €	5.760,00 €	6.240,00 €	6.720,00 €	7.200,00 €	7.680,00 €	8.160,00 €	8.640,00 €	9.120,00 €	9.600,00 €
	7,0%	1.714,29 €	2.142,86 €	2.571,43 €	3.000,00 €	3.428,57 €	3.857,14 €	4.285,71 €	4.714,29 €	5.142,86 €	5.571,43 €	6.000,00 €	6.428,57 €	6.857,14 €	7.285,71 €	7.714,29 €	8.142,86 €	8.571,43 €
	8,0%	1.548,39 €	1.935,48 €	2.322,58 €	2.709,68 €	3.096,77 €	3.483,87 €	3.870,97 €	4.258,06 €	4.645,16 €	5.032,26 €	5.419,35 €	5.806,45 €	6.193,55 €	6.580,65 €	6.967,74 €	7.354,84 €	7.741,94 €
	9,0%	1.411,76 €	1.764,71 €	2.117,65 €	2.470,59 €	2.823,53 €	3.176,47 €	3.529,41 €	3.882,35 €	4.235,29 €	4.588,24 €	4.941,18 €	5.294,12 €	5.647,06 €	6.000,00 €	6.352,94 €	6.705,88 €	7.058,82 €
	10,0%	1.297,30 €	1.621,62 €	1.945,95 €	2.270,27 €	2.594,59 €	2.918,92 €	3.243,24 €	3.567,57 €	3.891,89 €	4.216,22 €	4.540,54 €	4.864,86 €	5.189,19 €	5.513,51 €	5.837,84 €	6.162,16 €	6.486,49 €
	11,0%	1.200,00 €	1.500,00 €	1.800,00 €	2.100,00 €	2.400,00 €	2.700,00 €	3.000,00 €	3.300,00 €	3.600,00 €	3.900,00 €	4.200,00 €	4.500,00 €	4.800,00 €	5.100,00 €	5.400,00 €	5.700,00 €	6.000,00 €
	12,0%	1.116,28 €	1.395,35 €	1.674,42 €	1.953,49 €	2.232,56 €	2.511,63 €	2.790,70 €	3.069,77 €	3.348,84 €	3.627,91 €	3.906,98 €	4.186,05 €	4.465,12 €	4.744,19 €	5.023,26 €	5.302,33 €	5.581,40 €
	13,0%	1.043,48 €	1.304,35 €	1.565,22 €	1.826,09 €	2.086,96 €	2.347,83 €	2.608,70 €	2.869,57 €	3.130,43 €	3.391,30 €	3.652,17 €	3.913,04 €	4.173,91 €	4.434,78 €	4.695,65 €	4.956,52 €	5.217,39 €
	14,0%	979,59 €	1.224,49 €	1.469,39 €	1.714,29 €	1.959,18 €	2.204,08 €	2.448,98 €	2.693,88 €	2.938,78 €	3.183,67 €	3.428,57 €	3.673,47 €	3.918,37 €	4.163,27 €	4.408,16 €	4.653,06 €	4.897,96 €
	15,0%	923,08 €	1.153,85 €	1.384,62 €	1.615,38 €	1.846,15 €	2.076,92 €	2.307,69 €	2.538,46 €	2.769,23 €	3.000,00 €	3.230,77 €	3.461,54 €	3.692,31 €	3.923,08 €	4.153,85 €	4.384,62 €	4.615,38 €
	16,0%	872,73 €	1.090,91 €	1.309,09 €	1.527,27 €	1.745,45 €	1.963,64 €	2.181,82 €	2.400,00 €	2.618,18 €	2.836,36 €	3.054,55 €	3.272,73 €	3.490,91 €	3.709,09 €	3.927,27 €	4.145,45 €	4.363,64 €
	17,0%	827,59 €	1.034,48 €	1.241,38 €	1.448,28 €	1.655,17 €	1.862,07 €	2.068,97 €	2.275,86 €	2.482,76 €	2.689,66 €	2.896,55 €	3.103,45 €	3.310,34 €	3.517,24 €	3.724,14 €	3.931,03 €	4.137,93 €
	18,0%	786,89 €	983,61 €	1.180,33 €	1.377,05 €	1.573,77 €	1.770,49 €	1.967,21 €	2.163,93 €	2.360,66 €	2.557,38 €	2.754,10 €	2.950,82 €	3.147,54 €	3.344,26 €	3.540,98 €	3.737,70 €	3.934,43 €
	19,0%	750,00 €	937,50 €	1.125,00 €	1.312,50 €	1.500,00 €	1.687,50 €	1.875,00 €	2.062,50 €	2.250,00 €	2.437,50 €	2.625,00 €	2.812,50 €	3.000,00 €	3.187,50 €	3.375,00 €	3.562,50 €	3.750,00 €
	20,0%	716,42 €	895,52 €	1.074,63 €	1.253,73 €	1.432,84 €	1.611,94 €	1.791,04 €	1.970,15 €	2.149,25 €	2.328,36 €	2.507,46 €	2.686,57 €	2.865,67 €	3.044,78 €	3.223,88 €	3.402,99 €	3.582,09 €
	21,0%	685,71 €	857,14 €	1.028,57 €	1.200,00 €	1.371,43 €	1.542,86 €	1.714,29 €	1.885,71 €	2.057,14 €	2.228,57 €	2.400,00 €	2.571,43 €	2.742,86 €	2.914,29 €	3.085,71 €	3.257,14 €	3.428,57 €
	22,0%	657,53 €	821,92 €	986,30 €	1.150,68 €	1.315,07 €	1.479,45 €	1.643,84 €	1.808,22 €	1.972,60 €	2.136,99 €	2.301,37 €	2.465,75 €	2.630,14 €	2.794,52 €	2.958,90 €	3.123,29 €	3.287,67 €
	23,0%	631,58 €	789,47 €	947,37 €	1.105,26 €	1.263,16 €	1.421,05 €	1.578,95 €	1.736,84 €	1.894,74 €	2.052,63 €	2.210,53 €	2.368,42 €	2.526,32 €	2.684,21 €	2.842,11 €	3.000,00 €	3.157,89 €
	24,0%	607,59 €	759,49 €	911,39 €	1.063,29 €	1.215,19 €	1.367,09 €	1.518,99 €	1.670,89 €	1.822,78 €	1.974,68 €	2.126,58 €	2.278,48 €	2.430,38 €	2.582,28 €	2.734,18 €	2.886,08 €	3.037,97 €
	25,0%	585,37 €	731,71 €	878,05 €	1.024,39 €	1.170,73 €	1.317,07 €	1.463,41 €	1.609,76 €	1.756,10 €	1.902,44 €	2.048,78 €	2.195,12 €	2.341,46 €	2.487,80 €	2.634,15 €	2.780,49 €	2.926,83 €

Kaufpreismaxima für Immobilientransaktionen

Eigenkapitalquote: 30,0 %   Fremdkapitalzinssatz p.a.: 2,0 %

Kaufpreismaxima in €/m²	\	monatliche Nettokaltmiete in €/m²																
		4	5	6	7	8	9	10	11	12	13	14	15	16	17	18	19	20
anfängliche Eigenkapitalrendite in % p.a.	2,0%	2.400,00 €	3.000,00 €	3.600,00 €	4.200,00 €	4.800,00 €	5.400,00 €	6.000,00 €	6.600,00 €	7.200,00 €	7.800,00 €	8.400,00 €	9.000,00 €	9.600,00 €	10.200,00 €	10.800,00 €	11.400,00 €	12.000,00 €
	3,0%	2.086,96 €	2.608,70 €	3.130,43 €	3.652,17 €	4.173,91 €	4.695,65 €	5.217,39 €	5.739,13 €	6.260,87 €	6.782,61 €	7.304,35 €	7.826,09 €	8.347,83 €	8.869,57 €	9.391,30 €	9.913,04 €	10.434,78 €
	4,0%	1.846,15 €	2.307,69 €	2.769,23 €	3.230,77 €	3.692,31 €	4.153,85 €	4.615,38 €	5.076,92 €	5.538,46 €	6.000,00 €	6.461,54 €	6.923,08 €	7.384,62 €	7.846,15 €	8.307,69 €	8.769,23 €	9.230,77 €
	5,0%	1.655,17 €	2.068,97 €	2.482,76 €	2.896,55 €	3.310,34 €	3.724,14 €	4.137,93 €	4.551,72 €	4.965,52 €	5.379,31 €	5.793,10 €	6.206,90 €	6.620,69 €	7.034,48 €	7.448,28 €	7.862,07 €	8.275,86 €
	6,0%	1.500,00 €	1.875,00 €	2.250,00 €	2.625,00 €	3.000,00 €	3.375,00 €	3.750,00 €	4.125,00 €	4.500,00 €	4.875,00 €	5.250,00 €	5.625,00 €	6.000,00 €	6.375,00 €	6.750,00 €	7.125,00 €	7.500,00 €
	7,0%	1.371,43 €	1.714,29 €	2.057,14 €	2.400,00 €	2.742,86 €	3.085,71 €	3.428,57 €	3.771,43 €	4.114,29 €	4.457,14 €	4.800,00 €	5.142,86 €	5.485,71 €	5.828,57 €	6.171,43 €	6.514,29 €	6.857,14 €
	8,0%	1.263,16 €	1.578,95 €	1.894,74 €	2.210,53 €	2.526,32 €	2.842,11 €	3.157,89 €	3.473,68 €	3.789,47 €	4.105,26 €	4.421,05 €	4.736,84 €	5.052,63 €	5.368,42 €	5.684,21 €	6.000,00 €	6.315,79 €
	9,0%	1.170,73 €	1.463,41 €	1.756,10 €	2.048,78 €	2.341,46 €	2.634,15 €	2.926,83 €	3.219,51 €	3.512,20 €	3.804,88 €	4.097,56 €	4.390,24 €	4.682,93 €	4.975,61 €	5.268,29 €	5.560,98 €	5.853,66 €
	10,0%	1.090,91 €	1.363,64 €	1.636,36 €	1.909,09 €	2.181,82 €	2.454,55 €	2.727,27 €	3.000,00 €	3.272,73 €	3.545,45 €	3.818,18 €	4.090,91 €	4.363,64 €	4.636,36 €	4.909,09 €	5.181,82 €	5.454,55 €
	11,0%	1.021,28 €	1.276,60 €	1.531,91 €	1.787,23 €	2.042,55 €	2.297,87 €	2.553,19 €	2.808,51 €	3.063,83 €	3.319,15 €	3.574,47 €	3.829,79 €	4.085,11 €	4.340,43 €	4.595,74 €	4.851,06 €	5.106,38 €
	12,0%	960,00 €	1.200,00 €	1.440,00 €	1.680,00 €	1.920,00 €	2.160,00 €	2.400,00 €	2.640,00 €	2.880,00 €	3.120,00 €	3.360,00 €	3.600,00 €	3.840,00 €	4.080,00 €	4.320,00 €	4.560,00 €	4.800,00 €
	13,0%	905,66 €	1.132,08 €	1.358,49 €	1.584,91 €	1.811,32 €	2.037,74 €	2.264,15 €	2.490,57 €	2.716,98 €	2.943,40 €	3.169,81 €	3.396,23 €	3.622,64 €	3.849,06 €	4.075,47 €	4.301,89 €	4.528,30 €
	14,0%	857,14 €	1.071,43 €	1.285,71 €	1.500,00 €	1.714,29 €	1.928,57 €	2.142,86 €	2.357,14 €	2.571,43 €	2.785,71 €	3.000,00 €	3.214,29 €	3.428,57 €	3.642,86 €	3.857,14 €	4.071,43 €	4.285,71 €
	15,0%	813,56 €	1.016,95 €	1.220,34 €	1.423,73 €	1.627,12 €	1.830,51 €	2.033,90 €	2.237,29 €	2.440,68 €	2.644,07 €	2.847,46 €	3.050,85 €	3.254,24 €	3.457,63 €	3.661,02 €	3.864,41 €	4.067,80 €
	16,0%	774,19 €	967,74 €	1.161,29 €	1.354,84 €	1.548,39 €	1.741,94 €	1.935,48 €	2.129,03 €	2.322,58 €	2.516,13 €	2.709,68 €	2.903,23 €	3.096,77 €	3.290,32 €	3.483,87 €	3.677,42 €	3.870,97 €
	17,0%	738,46 €	923,08 €	1.107,69 €	1.292,31 €	1.476,92 €	1.661,54 €	1.846,15 €	2.030,77 €	2.215,38 €	2.400,00 €	2.584,62 €	2.769,23 €	2.953,85 €	3.138,46 €	3.323,08 €	3.507,69 €	3.692,31 €
	18,0%	705,88 €	882,35 €	1.058,82 €	1.235,29 €	1.411,76 €	1.588,24 €	1.764,71 €	1.941,18 €	2.117,65 €	2.294,12 €	2.470,59 €	2.647,06 €	2.823,53 €	3.000,00 €	3.176,47 €	3.352,94 €	3.529,41 €
	19,0%	676,06 €	845,07 €	1.014,08 €	1.183,10 €	1.352,11 €	1.521,13 €	1.690,14 €	1.859,15 €	2.028,17 €	2.197,18 €	2.366,20 €	2.535,21 €	2.704,23 €	2.873,24 €	3.042,25 €	3.211,27 €	3.380,28 €
	20,0%	648,65 €	810,81 €	972,97 €	1.135,14 €	1.297,30 €	1.459,46 €	1.621,62 €	1.783,78 €	1.945,95 €	2.108,11 €	2.270,27 €	2.432,43 €	2.594,59 €	2.756,76 €	2.918,92 €	3.081,08 €	3.243,24 €
	21,0%	623,38 €	779,22 €	935,06 €	1.090,91 €	1.246,75 €	1.402,60 €	1.558,44 €	1.714,29 €	1.870,13 €	2.025,97 €	2.181,82 €	2.337,66 €	2.493,51 €	2.649,35 €	2.805,19 €	2.961,04 €	3.116,88 €
	22,0%	600,00 €	750,00 €	900,00 €	1.050,00 €	1.200,00 €	1.350,00 €	1.500,00 €	1.650,00 €	1.800,00 €	1.950,00 €	2.100,00 €	2.250,00 €	2.400,00 €	2.550,00 €	2.700,00 €	2.850,00 €	3.000,00 €
	23,0%	578,31 €	722,89 €	867,47 €	1.012,05 €	1.156,63 €	1.301,20 €	1.445,78 €	1.590,36 €	1.734,94 €	1.879,52 €	2.024,10 €	2.168,67 €	2.313,25 €	2.457,83 €	2.602,41 €	2.746,99 €	2.891,57 €
	24,0%	558,14 €	697,67 €	837,21 €	976,74 €	1.116,28 €	1.255,81 €	1.395,35 €	1.534,88 €	1.674,42 €	1.813,95 €	1.953,49 €	2.093,02 €	2.232,56 €	2.372,09 €	2.511,63 €	2.651,16 €	2.790,70 €
	25,0%	539,33 €	674,16 €	808,99 €	943,82 €	1.078,65 €	1.213,48 €	1.348,31 €	1.483,15 €	1.617,98 €	1.752,81 €	1.887,64 €	2.022,47 €	2.157,30 €	2.292,13 €	2.426,97 €	2.561,80 €	2.696,63 €

Kaufpreismaxima für Immobilientransaktionen

Eigenkapitalquote: 30,0 % Fremdkapitalzinssatz p.a.: 3,0 %

Kaufpreismaxima in €/m²	monatliche Nettokaltmiete in €/m²																
anfängliche Eigenkapitalrendite in % p.a.		4	5	6	7	8	9	10	11	12	13	14	15	16	17	18	19	20
	2,0%	1.777,78 €	2.222,22 €	2.666,67 €	3.111,11 €	3.555,56 €	4.000,00 €	4.444,44 €	4.888,89 €	5.333,33 €	5.777,78 €	6.222,22 €	6.666,67 €	7.111,11 €	7.555,56 €	8.000,00 €	8.444,44 €	8.888,89 €
	3,0%	1.600,00 €	2.000,00 €	2.400,00 €	2.800,00 €	3.200,00 €	3.600,00 €	4.000,00 €	4.400,00 €	4.800,00 €	5.200,00 €	5.600,00 €	6.000,00 €	6.400,00 €	6.800,00 €	7.200,00 €	7.600,00 €	8.000,00 €
	4,0%	1.454,55 €	1.818,18 €	2.181,82 €	2.545,45 €	2.909,09 €	3.272,73 €	3.636,36 €	4.000,00 €	4.363,64 €	4.727,27 €	5.090,91 €	5.454,55 €	5.818,18 €	6.181,82 €	6.545,45 €	6.909,09 €	7.272,73 €
	5,0%	1.333,33 €	1.666,67 €	2.000,00 €	2.333,33 €	2.666,67 €	3.000,00 €	3.333,33 €	3.666,67 €	4.000,00 €	4.333,33 €	4.666,67 €	5.000,00 €	5.333,33 €	5.666,67 €	6.000,00 €	6.333,33 €	6.666,67 €
	6,0%	1.230,77 €	1.538,46 €	1.846,15 €	2.153,85 €	2.461,54 €	2.769,23 €	3.076,92 €	3.384,62 €	3.692,31 €	4.000,00 €	4.307,69 €	4.615,38 €	4.923,08 €	5.230,77 €	5.538,46 €	5.846,15 €	6.153,85 €
	7,0%	1.142,86 €	1.428,57 €	1.714,29 €	2.000,00 €	2.285,71 €	2.571,43 €	2.857,14 €	3.142,86 €	3.428,57 €	3.714,29 €	4.000,00 €	4.285,71 €	4.571,43 €	4.857,14 €	5.142,86 €	5.428,57 €	5.714,29 €
	8,0%	1.066,67 €	1.333,33 €	1.600,00 €	1.866,67 €	2.133,33 €	2.400,00 €	2.666,67 €	2.933,33 €	3.200,00 €	3.466,67 €	3.733,33 €	4.000,00 €	4.266,67 €	4.533,33 €	4.800,00 €	5.066,67 €	5.333,33 €
	9,0%	1.000,00 €	1.250,00 €	1.500,00 €	1.750,00 €	2.000,00 €	2.250,00 €	2.500,00 €	2.750,00 €	3.000,00 €	3.250,00 €	3.500,00 €	3.750,00 €	4.000,00 €	4.250,00 €	4.500,00 €	4.750,00 €	5.000,00 €
	10,0%	941,18 €	1.176,47 €	1.411,76 €	1.647,06 €	1.882,35 €	2.117,65 €	2.352,94 €	2.588,24 €	2.823,53 €	3.058,82 €	3.294,12 €	3.529,41 €	3.764,71 €	4.000,00 €	4.235,29 €	4.470,59 €	4.705,88 €
	11,0%	888,89 €	1.111,11 €	1.333,33 €	1.555,56 €	1.777,78 €	2.000,00 €	2.222,22 €	2.444,44 €	2.666,67 €	2.888,89 €	3.111,11 €	3.333,33 €	3.555,56 €	3.777,78 €	4.000,00 €	4.222,22 €	4.444,44 €
	12,0%	842,11 €	1.052,63 €	1.263,16 €	1.473,68 €	1.684,21 €	1.894,74 €	2.105,26 €	2.315,79 €	2.526,32 €	2.736,84 €	2.947,37 €	3.157,89 €	3.368,42 €	3.578,95 €	3.789,47 €	4.000,00 €	4.210,53 €
	13,0%	800,00 €	1.000,00 €	1.200,00 €	1.400,00 €	1.600,00 €	1.800,00 €	2.000,00 €	2.200,00 €	2.400,00 €	2.600,00 €	2.800,00 €	3.000,00 €	3.200,00 €	3.400,00 €	3.600,00 €	3.800,00 €	4.000,00 €
	14,0%	761,90 €	952,38 €	1.142,86 €	1.333,33 €	1.523,81 €	1.714,29 €	1.904,76 €	2.095,24 €	2.285,71 €	2.476,19 €	2.666,67 €	2.857,14 €	3.047,62 €	3.238,10 €	3.428,57 €	3.619,05 €	3.809,52 €
	15,0%	727,27 €	909,09 €	1.090,91 €	1.272,73 €	1.454,55 €	1.636,36 €	1.818,18 €	2.000,00 €	2.181,82 €	2.363,64 €	2.545,45 €	2.727,27 €	2.909,09 €	3.090,91 €	3.272,73 €	3.454,55 €	3.636,36 €
	16,0%	695,65 €	869,57 €	1.043,48 €	1.217,39 €	1.391,30 €	1.565,22 €	1.739,13 €	1.913,04 €	2.086,96 €	2.260,87 €	2.434,78 €	2.608,70 €	2.782,61 €	2.956,52 €	3.130,43 €	3.304,35 €	3.478,26 €
	17,0%	666,67 €	833,33 €	1.000,00 €	1.166,67 €	1.333,33 €	1.500,00 €	1.666,67 €	1.833,33 €	2.000,00 €	2.166,67 €	2.333,33 €	2.500,00 €	2.666,67 €	2.833,33 €	3.000,00 €	3.166,67 €	3.333,33 €
	18,0%	640,00 €	800,00 €	960,00 €	1.120,00 €	1.280,00 €	1.440,00 €	1.600,00 €	1.760,00 €	1.920,00 €	2.080,00 €	2.240,00 €	2.400,00 €	2.560,00 €	2.720,00 €	2.880,00 €	3.040,00 €	3.200,00 €
	19,0%	615,38 €	769,23 €	923,08 €	1.076,92 €	1.230,77 €	1.384,62 €	1.538,46 €	1.692,31 €	1.846,15 €	2.000,00 €	2.153,85 €	2.307,69 €	2.461,54 €	2.615,38 €	2.769,23 €	2.923,08 €	3.076,92 €
	20,0%	592,59 €	740,74 €	888,89 €	1.037,04 €	1.185,19 €	1.333,33 €	1.481,48 €	1.629,63 €	1.777,78 €	1.925,93 €	2.074,07 €	2.222,22 €	2.370,37 €	2.518,52 €	2.666,67 €	2.814,81 €	2.962,96 €
	21,0%	571,43 €	714,29 €	857,14 €	1.000,00 €	1.142,86 €	1.285,71 €	1.428,57 €	1.571,43 €	1.714,29 €	1.857,14 €	2.000,00 €	2.142,86 €	2.285,71 €	2.428,57 €	2.571,43 €	2.714,29 €	2.857,14 €
	22,0%	551,72 €	689,66 €	827,59 €	965,52 €	1.103,45 €	1.241,38 €	1.379,31 €	1.517,24 €	1.655,17 €	1.793,10 €	1.931,03 €	2.068,97 €	2.206,90 €	2.344,83 €	2.482,76 €	2.620,69 €	2.758,62 €
	23,0%	533,33 €	666,67 €	800,00 €	933,33 €	1.066,67 €	1.200,00 €	1.333,33 €	1.466,67 €	1.600,00 €	1.733,33 €	1.866,67 €	2.000,00 €	2.133,33 €	2.266,67 €	2.400,00 €	2.533,33 €	2.666,67 €
	24,0%	516,13 €	645,16 €	774,19 €	903,23 €	1.032,26 €	1.161,29 €	1.290,32 €	1.419,35 €	1.548,39 €	1.677,42 €	1.806,45 €	1.935,48 €	2.064,52 €	2.193,55 €	2.322,58 €	2.451,61 €	2.580,65 €
	25,0%	500,00 €	625,00 €	750,00 €	875,00 €	1.000,00 €	1.125,00 €	1.250,00 €	1.375,00 €	1.500,00 €	1.625,00 €	1.750,00 €	1.875,00 €	2.000,00 €	2.125,00 €	2.250,00 €	2.375,00 €	2.500,00 €

Kaufpreismaxima für Immobilientransaktionen

Eigenkapitalquote: 30,0 %   Fremdkapitalzinssatz p.a.: 4,0 %

Kaufpreismaxima in €/m²	\multicolumn{17}{c	}{monatliche Nettokaltmiete in €/m²}
anfängliche Eigenkapitalrendite in % p.a.	4	5	6	7	8	9	10	11	12	13	14	15	16	17	18	19	20
2,0%	1.411,76 €	1.764,71 €	2.117,65 €	2.470,59 €	2.823,53 €	3.176,47 €	3.529,41 €	3.882,35 €	4.235,29 €	4.588,24 €	4.941,18 €	5.294,12 €	5.647,06 €	6.000,00 €	6.352,94 €	6.705,88 €	7.058,82 €
3,0%	1.297,30 €	1.621,62 €	1.945,95 €	2.270,27 €	2.594,59 €	2.918,92 €	3.243,24 €	3.567,57 €	3.891,89 €	4.216,22 €	4.540,54 €	4.864,86 €	5.189,19 €	5.513,51 €	5.837,84 €	6.162,16 €	6.486,49 €
4,0%	1.200,00 €	1.500,00 €	1.800,00 €	2.100,00 €	2.400,00 €	2.700,00 €	3.000,00 €	3.300,00 €	3.600,00 €	3.900,00 €	4.200,00 €	4.500,00 €	4.800,00 €	5.100,00 €	5.400,00 €	5.700,00 €	6.000,00 €
5,0%	1.116,28 €	1.395,35 €	1.674,42 €	1.953,49 €	2.232,56 €	2.511,63 €	2.790,70 €	3.069,77 €	3.348,84 €	3.627,91 €	3.906,98 €	4.186,05 €	4.465,12 €	4.744,19 €	5.023,26 €	5.302,33 €	5.581,40 €
6,0%	1.043,48 €	1.304,35 €	1.565,22 €	1.826,09 €	2.086,96 €	2.347,83 €	2.608,70 €	2.869,57 €	3.130,43 €	3.391,30 €	3.652,17 €	3.913,04 €	4.173,91 €	4.434,78 €	4.695,65 €	4.956,52 €	5.217,39 €
7,0%	979,59 €	1.224,49 €	1.469,39 €	1.714,29 €	1.959,18 €	2.204,08 €	2.448,98 €	2.693,88 €	2.938,78 €	3.183,67 €	3.428,57 €	3.673,47 €	3.918,37 €	4.163,27 €	4.408,16 €	4.653,06 €	4.897,96 €
8,0%	923,08 €	1.153,85 €	1.384,62 €	1.615,38 €	1.846,15 €	2.076,92 €	2.307,69 €	2.538,46 €	2.769,23 €	3.000,00 €	3.230,77 €	3.461,54 €	3.692,31 €	3.923,08 €	4.153,85 €	4.384,62 €	4.615,38 €
9,0%	872,73 €	1.090,91 €	1.309,09 €	1.527,27 €	1.745,45 €	1.963,64 €	2.181,82 €	2.400,00 €	2.618,18 €	2.836,36 €	3.054,55 €	3.272,73 €	3.490,91 €	3.709,09 €	3.927,27 €	4.145,45 €	4.363,64 €
10,0%	827,59 €	1.034,48 €	1.241,38 €	1.448,28 €	1.655,17 €	1.862,07 €	2.068,97 €	2.275,86 €	2.482,76 €	2.689,66 €	2.896,55 €	3.103,45 €	3.310,34 €	3.517,24 €	3.724,14 €	3.931,03 €	4.137,93 €
11,0%	786,89 €	983,61 €	1.180,33 €	1.377,05 €	1.573,77 €	1.770,49 €	1.967,21 €	2.163,93 €	2.360,66 €	2.557,38 €	2.754,10 €	2.950,82 €	3.147,54 €	3.344,26 €	3.540,98 €	3.737,70 €	3.934,43 €
12,0%	750,00 €	937,50 €	1.125,00 €	1.312,50 €	1.500,00 €	1.687,50 €	1.875,00 €	2.062,50 €	2.250,00 €	2.437,50 €	2.625,00 €	2.812,50 €	3.000,00 €	3.187,50 €	3.375,00 €	3.562,50 €	3.750,00 €
13,0%	716,42 €	895,52 €	1.074,63 €	1.253,73 €	1.432,84 €	1.611,94 €	1.791,04 €	1.970,15 €	2.149,25 €	2.328,36 €	2.507,46 €	2.686,57 €	2.865,67 €	3.044,78 €	3.223,88 €	3.402,99 €	3.582,09 €
14,0%	685,71 €	857,14 €	1.028,57 €	1.200,00 €	1.371,43 €	1.542,86 €	1.714,29 €	1.885,71 €	2.057,14 €	2.228,57 €	2.400,00 €	2.571,43 €	2.742,86 €	2.914,29 €	3.085,71 €	3.257,14 €	3.428,57 €
15,0%	657,53 €	821,92 €	986,30 €	1.150,68 €	1.315,07 €	1.479,45 €	1.643,84 €	1.808,22 €	1.972,60 €	2.136,99 €	2.301,37 €	2.465,75 €	2.630,14 €	2.794,52 €	2.958,90 €	3.123,29 €	3.287,67 €
16,0%	631,58 €	789,47 €	947,37 €	1.105,26 €	1.263,16 €	1.421,05 €	1.578,95 €	1.736,84 €	1.894,74 €	2.052,63 €	2.210,53 €	2.368,42 €	2.526,32 €	2.684,21 €	2.842,11 €	3.000,00 €	3.157,89 €
17,0%	607,59 €	759,49 €	911,39 €	1.063,29 €	1.215,19 €	1.367,09 €	1.518,99 €	1.670,89 €	1.822,78 €	1.974,68 €	2.126,58 €	2.278,48 €	2.430,38 €	2.582,28 €	2.734,18 €	2.886,08 €	3.037,97 €
18,0%	585,37 €	731,71 €	878,05 €	1.024,39 €	1.170,73 €	1.317,07 €	1.463,41 €	1.609,76 €	1.756,10 €	1.902,44 €	2.048,78 €	2.195,12 €	2.341,46 €	2.487,80 €	2.634,15 €	2.780,49 €	2.926,83 €
19,0%	564,71 €	705,88 €	847,06 €	988,24 €	1.129,41 €	1.270,59 €	1.411,76 €	1.552,94 €	1.694,12 €	1.835,29 €	1.976,47 €	2.117,65 €	2.258,82 €	2.400,00 €	2.541,18 €	2.682,35 €	2.823,53 €
20,0%	545,45 €	681,82 €	818,18 €	954,55 €	1.090,91 €	1.227,27 €	1.363,64 €	1.500,00 €	1.636,36 €	1.772,73 €	1.909,09 €	2.045,45 €	2.181,82 €	2.318,18 €	2.454,55 €	2.590,91 €	2.727,27 €
21,0%	527,47 €	659,34 €	791,21 €	923,08 €	1.054,95 €	1.186,81 €	1.318,68 €	1.450,55 €	1.582,42 €	1.714,29 €	1.846,15 €	1.978,02 €	2.109,89 €	2.241,76 €	2.373,63 €	2.505,49 €	2.637,36 €
22,0%	510,64 €	638,30 €	765,96 €	893,62 €	1.021,28 €	1.148,94 €	1.276,60 €	1.404,26 €	1.531,91 €	1.659,57 €	1.787,23 €	1.914,89 €	2.042,55 €	2.170,21 €	2.297,87 €	2.425,53 €	2.553,19 €
23,0%	494,85 €	618,56 €	742,27 €	865,98 €	989,69 €	1.113,40 €	1.237,11 €	1.360,82 €	1.484,54 €	1.608,25 €	1.731,96 €	1.855,67 €	1.979,38 €	2.103,09 €	2.226,80 €	2.350,52 €	2.474,23 €
24,0%	480,00 €	600,00 €	720,00 €	840,00 €	960,00 €	1.080,00 €	1.200,00 €	1.320,00 €	1.440,00 €	1.560,00 €	1.680,00 €	1.800,00 €	1.920,00 €	2.040,00 €	2.160,00 €	2.280,00 €	2.400,00 €
25,0%	466,02 €	582,52 €	699,03 €	815,53 €	932,04 €	1.048,54 €	1.165,05 €	1.281,55 €	1.398,06 €	1.514,56 €	1.631,07 €	1.747,57 €	1.864,08 €	1.980,58 €	2.097,09 €	2.213,59 €	2.330,10 €

Kaufpreismaxima für Immobilientransaktionen

Eigenkapitalquote: 30,0 % Fremdkapitalzinssatz p.a.: 5,0 %

Kaufpreismaxima in €/m² / anfängliche Eigenkapitalrendite in % p.a.	4	5	6	7	8	9	10	11	12	13	14	15	16	17	18	19	20
2,0%	1.170,73 €	1.463,41 €	1.756,10 €	2.048,78 €	2.341,46 €	2.634,15 €	2.926,83 €	3.219,51 €	3.512,20 €	3.804,88 €	4.097,56 €	4.390,24 €	4.682,93 €	4.975,61 €	5.268,29 €	5.560,98 €	5.853,66 €
3,0%	1.090,91 €	1.363,64 €	1.636,36 €	1.909,09 €	2.181,82 €	2.454,55 €	2.727,27 €	3.000,00 €	3.272,73 €	3.545,45 €	3.818,18 €	4.090,91 €	4.363,64 €	4.636,36 €	4.909,09 €	5.181,82 €	5.454,55 €
4,0%	1.021,28 €	1.276,60 €	1.531,91 €	1.787,23 €	2.042,55 €	2.297,87 €	2.553,19 €	2.808,51 €	3.063,83 €	3.319,15 €	3.574,47 €	3.829,79 €	4.085,11 €	4.340,43 €	4.595,74 €	4.851,06 €	5.106,38 €
5,0%	960,00 €	1.200,00 €	1.440,00 €	1.680,00 €	1.920,00 €	2.160,00 €	2.400,00 €	2.640,00 €	2.880,00 €	3.120,00 €	3.360,00 €	3.600,00 €	3.840,00 €	4.080,00 €	4.320,00 €	4.560,00 €	4.800,00 €
6,0%	905,66 €	1.132,08 €	1.358,49 €	1.584,91 €	1.811,32 €	2.037,74 €	2.264,15 €	2.490,57 €	2.716,98 €	2.943,40 €	3.169,81 €	3.396,23 €	3.622,64 €	3.849,06 €	4.075,47 €	4.301,89 €	4.528,30 €
7,0%	857,14 €	1.071,43 €	1.285,71 €	1.500,00 €	1.714,29 €	1.928,57 €	2.142,86 €	2.357,14 €	2.571,43 €	2.785,71 €	3.000,00 €	3.214,29 €	3.428,57 €	3.642,86 €	3.857,14 €	4.071,43 €	4.285,71 €
8,0%	813,56 €	1.016,95 €	1.220,34 €	1.423,73 €	1.627,12 €	1.830,51 €	2.033,90 €	2.237,29 €	2.440,68 €	2.644,07 €	2.847,46 €	3.050,85 €	3.254,24 €	3.457,63 €	3.661,02 €	3.864,41 €	4.067,80 €
9,0%	774,19 €	967,74 €	1.161,29 €	1.354,84 €	1.548,39 €	1.741,94 €	1.935,48 €	2.129,03 €	2.322,58 €	2.516,13 €	2.709,68 €	2.903,23 €	3.096,77 €	3.290,32 €	3.483,87 €	3.677,42 €	3.870,97 €
10,0%	738,46 €	923,08 €	1.107,69 €	1.292,31 €	1.476,92 €	1.661,54 €	1.846,15 €	2.030,77 €	2.215,38 €	2.400,00 €	2.584,62 €	2.769,23 €	2.953,85 €	3.138,46 €	3.323,08 €	3.507,69 €	3.692,31 €
11,0%	705,88 €	882,35 €	1.058,82 €	1.235,29 €	1.411,76 €	1.588,24 €	1.764,71 €	1.941,18 €	2.117,65 €	2.294,12 €	2.470,59 €	2.647,06 €	2.823,53 €	3.000,00 €	3.176,47 €	3.352,94 €	3.529,41 €
12,0%	676,06 €	845,07 €	1.014,08 €	1.183,10 €	1.352,11 €	1.521,13 €	1.690,14 €	1.859,15 €	2.028,17 €	2.197,18 €	2.366,20 €	2.535,21 €	2.704,23 €	2.873,24 €	3.042,25 €	3.211,27 €	3.380,28 €
13,0%	648,65 €	810,81 €	972,97 €	1.135,14 €	1.297,30 €	1.459,46 €	1.621,62 €	1.783,78 €	1.945,95 €	2.108,11 €	2.270,27 €	2.432,43 €	2.594,59 €	2.756,76 €	2.918,92 €	3.081,08 €	3.243,24 €
14,0%	623,38 €	779,22 €	935,06 €	1.090,91 €	1.246,75 €	1.402,60 €	1.558,44 €	1.714,29 €	1.870,13 €	2.025,97 €	2.181,82 €	2.337,66 €	2.493,51 €	2.649,35 €	2.805,19 €	2.961,04 €	3.116,88 €
15,0%	600,00 €	750,00 €	900,00 €	1.050,00 €	1.200,00 €	1.350,00 €	1.500,00 €	1.650,00 €	1.800,00 €	1.950,00 €	2.100,00 €	2.250,00 €	2.400,00 €	2.550,00 €	2.700,00 €	2.850,00 €	3.000,00 €
16,0%	578,31 €	722,89 €	867,47 €	1.012,05 €	1.156,63 €	1.301,20 €	1.445,78 €	1.590,36 €	1.734,94 €	1.879,52 €	2.024,10 €	2.168,67 €	2.313,25 €	2.457,83 €	2.602,41 €	2.746,99 €	2.891,57 €
17,0%	558,14 €	697,67 €	837,21 €	976,74 €	1.116,28 €	1.255,81 €	1.395,35 €	1.534,88 €	1.674,42 €	1.813,95 €	1.953,49 €	2.093,02 €	2.232,56 €	2.372,09 €	2.511,63 €	2.651,16 €	2.790,70 €
18,0%	539,33 €	674,16 €	808,99 €	943,82 €	1.078,65 €	1.213,48 €	1.348,31 €	1.483,15 €	1.617,98 €	1.752,81 €	1.887,64 €	2.022,47 €	2.157,30 €	2.292,13 €	2.426,97 €	2.561,80 €	2.696,63 €
19,0%	521,74 €	652,17 €	782,61 €	913,04 €	1.043,48 €	1.173,91 €	1.304,35 €	1.434,78 €	1.565,22 €	1.695,65 €	1.826,09 €	1.956,52 €	2.086,96 €	2.217,39 €	2.347,83 €	2.478,26 €	2.608,70 €
20,0%	505,26 €	631,58 €	757,89 €	884,21 €	1.010,53 €	1.136,84 €	1.263,16 €	1.389,47 €	1.515,79 €	1.642,11 €	1.768,42 €	1.894,74 €	2.021,05 €	2.147,37 €	2.273,68 €	2.400,00 €	2.526,32 €
21,0%	489,80 €	612,24 €	734,69 €	857,14 €	979,59 €	1.102,04 €	1.224,49 €	1.346,94 €	1.469,39 €	1.591,84 €	1.714,29 €	1.836,73 €	1.959,18 €	2.081,63 €	2.204,08 €	2.326,53 €	2.448,98 €
22,0%	475,25 €	594,06 €	712,87 €	831,68 €	950,50 €	1.069,31 €	1.188,12 €	1.306,93 €	1.425,74 €	1.544,55 €	1.663,37 €	1.782,18 €	1.900,99 €	2.019,80 €	2.138,61 €	2.257,43 €	2.376,24 €
23,0%	461,54 €	576,92 €	692,31 €	807,69 €	923,08 €	1.038,46 €	1.153,85 €	1.269,23 €	1.384,62 €	1.500,00 €	1.615,38 €	1.730,77 €	1.846,15 €	1.961,54 €	2.076,92 €	2.192,31 €	2.307,69 €
24,0%	448,60 €	560,75 €	672,90 €	785,05 €	897,20 €	1.009,35 €	1.121,50 €	1.233,64 €	1.345,79 €	1.457,94 €	1.570,09 €	1.682,24 €	1.794,39 €	1.906,54 €	2.018,69 €	2.130,84 €	2.242,99 €
25,0%	436,36 €	545,45 €	654,55 €	763,64 €	872,73 €	981,82 €	1.090,91 €	1.200,00 €	1.309,09 €	1.418,18 €	1.527,27 €	1.636,36 €	1.745,45 €	1.854,55 €	1.963,64 €	2.072,73 €	2.181,82 €

Kaufpreismaxima für Immobilientransaktionen

Eigenkapitalquote: 50,0 % Fremdkapitalzinssatz p.a.: 0,5 %

Kaufpreismaxima in €/m²	monatliche Nettokaltmiete in €/m²																
anfängliche Eigenkapitalrendite in % p.a.	4	5	6	7	8	9	10	11	12	13	14	15	16	17	18	19	20
2,0%	3.840,00 €	4.800,00 €	5.760,00 €	6.720,00 €	7.680,00 €	8.640,00 €	9.600,00 €	10.560,00 €	11.520,00 €	12.480,00 €	13.440,00 €	14.400,00 €	15.360,00 €	16.320,00 €	17.280,00 €	18.240,00 €	19.200,00 €
3,0%	2.742,86 €	3.428,57 €	4.114,29 €	4.800,00 €	5.485,71 €	6.171,43 €	6.857,14 €	7.542,86 €	8.228,57 €	8.914,29 €	9.600,00 €	10.285,71 €	10.971,43 €	11.657,14 €	12.342,86 €	13.028,57 €	13.714,29 €
4,0%	2.133,33 €	2.666,67 €	3.200,00 €	3.733,33 €	4.266,67 €	4.800,00 €	5.333,33 €	5.866,67 €	6.400,00 €	6.933,33 €	7.466,67 €	8.000,00 €	8.533,33 €	9.066,67 €	9.600,00 €	10.133,33 €	10.666,67 €
5,0%	1.745,45 €	2.181,82 €	2.618,18 €	3.054,55 €	3.490,91 €	3.927,27 €	4.363,64 €	4.800,00 €	5.236,36 €	5.672,73 €	6.109,09 €	6.545,45 €	6.981,82 €	7.418,18 €	7.854,55 €	8.290,91 €	8.727,27 €
6,0%	1.476,92 €	1.846,15 €	2.215,38 €	2.584,62 €	2.953,85 €	3.323,08 €	3.692,31 €	4.061,54 €	4.430,77 €	4.800,00 €	5.169,23 €	5.538,46 €	5.907,69 €	6.276,92 €	6.646,15 €	7.015,38 €	7.384,62 €
7,0%	1.280,00 €	1.600,00 €	1.920,00 €	2.240,00 €	2.560,00 €	2.880,00 €	3.200,00 €	3.520,00 €	3.840,00 €	4.160,00 €	4.480,00 €	4.800,00 €	5.120,00 €	5.440,00 €	5.760,00 €	6.080,00 €	6.400,00 €
8,0%	1.129,41 €	1.411,76 €	1.694,12 €	1.976,47 €	2.258,82 €	2.541,18 €	2.823,53 €	3.105,88 €	3.388,24 €	3.670,59 €	3.952,94 €	4.235,29 €	4.517,65 €	4.800,00 €	5.082,35 €	5.364,71 €	5.647,06 €
9,0%	1.010,53 €	1.263,16 €	1.515,79 €	1.768,42 €	2.021,05 €	2.273,68 €	2.526,32 €	2.778,95 €	3.031,58 €	3.284,21 €	3.536,84 €	3.789,47 €	4.042,11 €	4.294,74 €	4.547,37 €	4.800,00 €	5.052,63 €
10,0%	914,29 €	1.142,86 €	1.371,43 €	1.600,00 €	1.828,57 €	2.057,14 €	2.285,71 €	2.514,29 €	2.742,86 €	2.971,43 €	3.200,00 €	3.428,57 €	3.657,14 €	3.885,71 €	4.114,29 €	4.342,86 €	4.571,43 €
11,0%	834,78 €	1.043,48 €	1.252,17 €	1.460,87 €	1.669,57 €	1.878,26 €	2.086,96 €	2.295,65 €	2.504,35 €	2.713,04 €	2.921,74 €	3.130,43 €	3.339,13 €	3.547,83 €	3.756,52 €	3.965,22 €	4.173,91 €
12,0%	768,00 €	960,00 €	1.152,00 €	1.344,00 €	1.536,00 €	1.728,00 €	1.920,00 €	2.112,00 €	2.304,00 €	2.496,00 €	2.688,00 €	2.880,00 €	3.072,00 €	3.264,00 €	3.456,00 €	3.648,00 €	3.840,00 €
13,0%	711,11 €	888,89 €	1.066,67 €	1.244,44 €	1.422,22 €	1.600,00 €	1.777,78 €	1.955,56 €	2.133,33 €	2.311,11 €	2.488,89 €	2.666,67 €	2.844,44 €	3.022,22 €	3.200,00 €	3.377,78 €	3.555,56 €
14,0%	662,07 €	827,59 €	993,10 €	1.158,62 €	1.324,14 €	1.489,66 €	1.655,17 €	1.820,69 €	1.986,21 €	2.151,72 €	2.317,24 €	2.482,76 €	2.648,28 €	2.813,79 €	2.979,31 €	3.144,83 €	3.310,34 €
15,0%	619,35 €	774,19 €	929,03 €	1.083,87 €	1.238,71 €	1.393,55 €	1.548,39 €	1.703,23 €	1.858,06 €	2.012,90 €	2.167,74 €	2.322,58 €	2.477,42 €	2.632,26 €	2.787,10 €	2.941,94 €	3.096,77 €
16,0%	581,82 €	727,27 €	872,73 €	1.018,18 €	1.163,64 €	1.309,09 €	1.454,55 €	1.600,00 €	1.745,45 €	1.890,91 €	2.036,36 €	2.181,82 €	2.327,27 €	2.472,73 €	2.618,18 €	2.763,64 €	2.909,09 €
17,0%	548,57 €	685,71 €	822,86 €	960,00 €	1.097,14 €	1.234,29 €	1.371,43 €	1.508,57 €	1.645,71 €	1.782,86 €	1.920,00 €	2.057,14 €	2.194,29 €	2.331,43 €	2.468,57 €	2.605,71 €	2.742,86 €
18,0%	518,92 €	648,65 €	778,38 €	908,11 €	1.037,84 €	1.167,57 €	1.297,30 €	1.427,03 €	1.556,76 €	1.686,49 €	1.816,22 €	1.945,95 €	2.075,68 €	2.205,41 €	2.335,14 €	2.464,86 €	2.594,59 €
19,0%	492,31 €	615,38 €	738,46 €	861,54 €	984,62 €	1.107,69 €	1.230,77 €	1.353,85 €	1.476,92 €	1.600,00 €	1.723,08 €	1.846,15 €	1.969,23 €	2.092,31 €	2.215,38 €	2.338,46 €	2.461,54 €
20,0%	468,29 €	585,37 €	702,44 €	819,51 €	936,59 €	1.053,66 €	1.170,73 €	1.287,80 €	1.404,88 €	1.521,95 €	1.639,02 €	1.756,10 €	1.873,17 €	1.990,24 €	2.107,32 €	2.224,39 €	2.341,46 €
21,0%	446,51 €	558,14 €	669,77 €	781,40 €	893,02 €	1.004,65 €	1.116,28 €	1.227,91 €	1.339,53 €	1.451,16 €	1.562,79 €	1.674,42 €	1.786,05 €	1.897,67 €	2.009,30 €	2.120,93 €	2.232,56 €
22,0%	426,67 €	533,33 €	640,00 €	746,67 €	853,33 €	960,00 €	1.066,67 €	1.173,33 €	1.280,00 €	1.386,67 €	1.493,33 €	1.600,00 €	1.706,67 €	1.813,33 €	1.920,00 €	2.026,67 €	2.133,33 €
23,0%	408,51 €	510,64 €	612,77 €	714,89 €	817,02 €	919,15 €	1.021,28 €	1.123,40 €	1.225,53 €	1.327,66 €	1.429,79 €	1.531,91 €	1.634,04 €	1.736,17 €	1.838,30 €	1.940,43 €	2.042,55 €
24,0%	391,84 €	489,80 €	587,76 €	685,71 €	783,67 €	881,63 €	979,59 €	1.077,55 €	1.175,51 €	1.273,47 €	1.371,43 €	1.469,39 €	1.567,35 €	1.665,31 €	1.763,27 €	1.861,22 €	1.959,18 €
25,0%	376,47 €	470,59 €	564,71 €	658,82 €	752,94 €	847,06 €	941,18 €	1.035,29 €	1.129,41 €	1.223,53 €	1.317,65 €	1.411,76 €	1.505,88 €	1.600,00 €	1.694,12 €	1.788,24 €	1.882,35 €

Kaufpreismaxima für Immobilientransaktionen

Eigenkapitalquote: 50,0 %   Fremdkapitalzinssatz p.a.: 1,0 %

Kaufpreismaxima in €/m² / anfängliche Eigenkapitalrendite in % p.a.	\	monatliche Nettokaltmiete in €/m²																
	4	5	6	7	8	9	10	11	12	13	14	15	16	17	18	19	20
2,0%	3.200,00 €	4.000,00 €	4.800,00 €	5.600,00 €	6.400,00 €	7.200,00 €	8.000,00 €	8.800,00 €	9.600,00 €	10.400,00 €	11.200,00 €	12.000,00 €	12.800,00 €	13.600,00 €	14.400,00 €	15.200,00 €	16.000,00 €
3,0%	2.400,00 €	3.000,00 €	3.600,00 €	4.200,00 €	4.800,00 €	5.400,00 €	6.000,00 €	6.600,00 €	7.200,00 €	7.800,00 €	8.400,00 €	9.000,00 €	9.600,00 €	10.200,00 €	10.800,00 €	11.400,00 €	12.000,00 €
4,0%	1.920,00 €	2.400,00 €	2.880,00 €	3.360,00 €	3.840,00 €	4.320,00 €	4.800,00 €	5.280,00 €	5.760,00 €	6.240,00 €	6.720,00 €	7.200,00 €	7.680,00 €	8.160,00 €	8.640,00 €	9.120,00 €	9.600,00 €
5,0%	1.600,00 €	2.000,00 €	2.400,00 €	2.800,00 €	3.200,00 €	3.600,00 €	4.000,00 €	4.400,00 €	4.800,00 €	5.200,00 €	5.600,00 €	6.000,00 €	6.400,00 €	6.800,00 €	7.200,00 €	7.600,00 €	8.000,00 €
6,0%	1.371,43 €	1.714,29 €	2.057,14 €	2.400,00 €	2.742,86 €	3.085,71 €	3.428,57 €	3.771,43 €	4.114,29 €	4.457,14 €	4.800,00 €	5.142,86 €	5.485,71 €	5.828,57 €	6.171,43 €	6.514,29 €	6.857,14 €
7,0%	1.200,00 €	1.500,00 €	1.800,00 €	2.100,00 €	2.400,00 €	2.700,00 €	3.000,00 €	3.300,00 €	3.600,00 €	3.900,00 €	4.200,00 €	4.500,00 €	4.800,00 €	5.100,00 €	5.400,00 €	5.700,00 €	6.000,00 €
8,0%	1.066,67 €	1.333,33 €	1.600,00 €	1.866,67 €	2.133,33 €	2.400,00 €	2.666,67 €	2.933,33 €	3.200,00 €	3.466,67 €	3.733,33 €	4.000,00 €	4.266,67 €	4.533,33 €	4.800,00 €	5.066,67 €	5.333,33 €
9,0%	960,00 €	1.200,00 €	1.440,00 €	1.680,00 €	1.920,00 €	2.160,00 €	2.400,00 €	2.640,00 €	2.880,00 €	3.120,00 €	3.360,00 €	3.600,00 €	3.840,00 €	4.080,00 €	4.320,00 €	4.560,00 €	4.800,00 €
10,0%	872,73 €	1.090,91 €	1.309,09 €	1.527,27 €	1.745,45 €	1.963,64 €	2.181,82 €	2.400,00 €	2.618,18 €	2.836,36 €	3.054,55 €	3.272,73 €	3.490,91 €	3.709,09 €	3.927,27 €	4.145,45 €	4.363,64 €
11,0%	800,00 €	1.000,00 €	1.200,00 €	1.400,00 €	1.600,00 €	1.800,00 €	2.000,00 €	2.200,00 €	2.400,00 €	2.600,00 €	2.800,00 €	3.000,00 €	3.200,00 €	3.400,00 €	3.600,00 €	3.800,00 €	4.000,00 €
12,0%	738,46 €	923,08 €	1.107,69 €	1.292,31 €	1.476,92 €	1.661,54 €	1.846,15 €	2.030,77 €	2.215,38 €	2.400,00 €	2.584,62 €	2.769,23 €	2.953,85 €	3.138,46 €	3.323,08 €	3.507,69 €	3.692,31 €
13,0%	685,71 €	857,14 €	1.028,57 €	1.200,00 €	1.371,43 €	1.542,86 €	1.714,29 €	1.885,71 €	2.057,14 €	2.228,57 €	2.400,00 €	2.571,43 €	2.742,86 €	2.914,29 €	3.085,71 €	3.257,14 €	3.428,57 €
14,0%	640,00 €	800,00 €	960,00 €	1.120,00 €	1.280,00 €	1.440,00 €	1.600,00 €	1.760,00 €	1.920,00 €	2.080,00 €	2.240,00 €	2.400,00 €	2.560,00 €	2.720,00 €	2.880,00 €	3.040,00 €	3.200,00 €
15,0%	600,00 €	750,00 €	900,00 €	1.050,00 €	1.200,00 €	1.350,00 €	1.500,00 €	1.650,00 €	1.800,00 €	1.950,00 €	2.100,00 €	2.250,00 €	2.400,00 €	2.550,00 €	2.700,00 €	2.850,00 €	3.000,00 €
16,0%	564,71 €	705,88 €	847,06 €	988,24 €	1.129,41 €	1.270,59 €	1.411,76 €	1.552,94 €	1.694,12 €	1.835,29 €	1.976,47 €	2.117,65 €	2.258,82 €	2.400,00 €	2.541,18 €	2.682,35 €	2.823,53 €
17,0%	533,33 €	666,67 €	800,00 €	933,33 €	1.066,67 €	1.200,00 €	1.333,33 €	1.466,67 €	1.600,00 €	1.733,33 €	1.866,67 €	2.000,00 €	2.133,33 €	2.266,67 €	2.400,00 €	2.533,33 €	2.666,67 €
18,0%	505,26 €	631,58 €	757,89 €	884,21 €	1.010,53 €	1.136,84 €	1.263,16 €	1.389,47 €	1.515,79 €	1.642,11 €	1.768,42 €	1.894,74 €	2.021,05 €	2.147,37 €	2.273,68 €	2.400,00 €	2.526,32 €
19,0%	480,00 €	600,00 €	720,00 €	840,00 €	960,00 €	1.080,00 €	1.200,00 €	1.320,00 €	1.440,00 €	1.560,00 €	1.680,00 €	1.800,00 €	1.920,00 €	2.040,00 €	2.160,00 €	2.280,00 €	2.400,00 €
20,0%	457,14 €	571,43 €	685,71 €	800,00 €	914,29 €	1.028,57 €	1.142,86 €	1.257,14 €	1.371,43 €	1.485,71 €	1.600,00 €	1.714,29 €	1.828,57 €	1.942,86 €	2.057,14 €	2.171,43 €	2.285,71 €
21,0%	436,36 €	545,45 €	654,55 €	763,64 €	872,73 €	981,82 €	1.090,91 €	1.200,00 €	1.309,09 €	1.418,18 €	1.527,27 €	1.636,36 €	1.745,45 €	1.854,55 €	1.963,64 €	2.072,73 €	2.181,82 €
22,0%	417,39 €	521,74 €	626,09 €	730,43 €	834,78 €	939,13 €	1.043,48 €	1.147,83 €	1.252,17 €	1.356,52 €	1.460,87 €	1.565,22 €	1.669,57 €	1.773,91 €	1.878,26 €	1.982,61 €	2.086,96 €
23,0%	400,00 €	500,00 €	600,00 €	700,00 €	800,00 €	900,00 €	1.000,00 €	1.100,00 €	1.200,00 €	1.300,00 €	1.400,00 €	1.500,00 €	1.600,00 €	1.700,00 €	1.800,00 €	1.900,00 €	2.000,00 €
24,0%	384,00 €	480,00 €	576,00 €	672,00 €	768,00 €	864,00 €	960,00 €	1.056,00 €	1.152,00 €	1.248,00 €	1.344,00 €	1.440,00 €	1.536,00 €	1.632,00 €	1.728,00 €	1.824,00 €	1.920,00 €
25,0%	369,23 €	461,54 €	553,85 €	646,15 €	738,46 €	830,77 €	923,08 €	1.015,38 €	1.107,69 €	1.200,00 €	1.292,31 €	1.384,62 €	1.476,92 €	1.569,23 €	1.661,54 €	1.753,85 €	1.846,15 €

Kaufpreismaxima für Immobilientransaktionen

Eigenkapitalquote: 50,0 % | Fremdkapitalzinssatz p.a.: 2,0 %

Kaufpreismaxima in €/m² — monatliche Nettokaltmiete in €/m²

anfängliche Eigenkapitalrendite in % p.a.	4	5	6	7	8	9	10	11	12	13	14	15	16	17	18	19	20
2,0%	2.400,00 €	3.000,00 €	3.600,00 €	4.200,00 €	4.800,00 €	5.400,00 €	6.000,00 €	6.600,00 €	7.200,00 €	7.800,00 €	8.400,00 €	9.000,00 €	9.600,00 €	10.200,00 €	10.800,00 €	11.400,00 €	12.000,00 €
3,0%	1.920,00 €	2.400,00 €	2.880,00 €	3.360,00 €	3.840,00 €	4.320,00 €	4.800,00 €	5.280,00 €	5.760,00 €	6.240,00 €	6.720,00 €	7.200,00 €	7.680,00 €	8.160,00 €	8.640,00 €	9.120,00 €	9.600,00 €
4,0%	1.600,00 €	2.000,00 €	2.400,00 €	2.800,00 €	3.200,00 €	3.600,00 €	4.000,00 €	4.400,00 €	4.800,00 €	5.200,00 €	5.600,00 €	6.000,00 €	6.400,00 €	6.800,00 €	7.200,00 €	7.600,00 €	8.000,00 €
5,0%	1.371,43 €	1.714,29 €	2.057,14 €	2.400,00 €	2.742,86 €	3.085,71 €	3.428,57 €	3.771,43 €	4.114,29 €	4.457,14 €	4.800,00 €	5.142,86 €	5.485,71 €	5.828,57 €	6.171,43 €	6.514,29 €	6.857,14 €
6,0%	1.200,00 €	1.500,00 €	1.800,00 €	2.100,00 €	2.400,00 €	2.700,00 €	3.000,00 €	3.300,00 €	3.600,00 €	3.900,00 €	4.200,00 €	4.500,00 €	4.800,00 €	5.100,00 €	5.400,00 €	5.700,00 €	6.000,00 €
7,0%	1.066,67 €	1.333,33 €	1.600,00 €	1.866,67 €	2.133,33 €	2.400,00 €	2.666,67 €	2.933,33 €	3.200,00 €	3.466,67 €	3.733,33 €	4.000,00 €	4.266,67 €	4.533,33 €	4.800,00 €	5.066,67 €	5.333,33 €
8,0%	960,00 €	1.200,00 €	1.440,00 €	1.680,00 €	1.920,00 €	2.160,00 €	2.400,00 €	2.640,00 €	2.880,00 €	3.120,00 €	3.360,00 €	3.600,00 €	3.840,00 €	4.080,00 €	4.320,00 €	4.560,00 €	4.800,00 €
9,0%	872,73 €	1.090,91 €	1.309,09 €	1.527,27 €	1.745,45 €	1.963,64 €	2.181,82 €	2.400,00 €	2.618,18 €	2.836,36 €	3.054,55 €	3.272,73 €	3.490,91 €	3.709,09 €	3.927,27 €	4.145,45 €	4.363,64 €
10,0%	800,00 €	1.000,00 €	1.200,00 €	1.400,00 €	1.600,00 €	1.800,00 €	2.000,00 €	2.200,00 €	2.400,00 €	2.600,00 €	2.800,00 €	3.000,00 €	3.200,00 €	3.400,00 €	3.600,00 €	3.800,00 €	4.000,00 €
11,0%	738,46 €	923,08 €	1.107,69 €	1.292,31 €	1.476,92 €	1.661,54 €	1.846,15 €	2.030,77 €	2.215,38 €	2.400,00 €	2.584,62 €	2.769,23 €	2.953,85 €	3.138,46 €	3.323,08 €	3.507,69 €	3.692,31 €
12,0%	685,71 €	857,14 €	1.028,57 €	1.200,00 €	1.371,43 €	1.542,86 €	1.714,29 €	1.885,71 €	2.057,14 €	2.228,57 €	2.400,00 €	2.571,43 €	2.742,86 €	2.914,29 €	3.085,71 €	3.257,14 €	3.428,57 €
13,0%	640,00 €	800,00 €	960,00 €	1.120,00 €	1.280,00 €	1.440,00 €	1.600,00 €	1.760,00 €	1.920,00 €	2.080,00 €	2.240,00 €	2.400,00 €	2.560,00 €	2.720,00 €	2.880,00 €	3.040,00 €	3.200,00 €
14,0%	600,00 €	750,00 €	900,00 €	1.050,00 €	1.200,00 €	1.350,00 €	1.500,00 €	1.650,00 €	1.800,00 €	1.950,00 €	2.100,00 €	2.250,00 €	2.400,00 €	2.550,00 €	2.700,00 €	2.850,00 €	3.000,00 €
15,0%	564,71 €	705,88 €	847,06 €	988,24 €	1.129,41 €	1.270,59 €	1.411,76 €	1.552,94 €	1.694,12 €	1.835,29 €	1.976,47 €	2.117,65 €	2.258,82 €	2.400,00 €	2.541,18 €	2.682,35 €	2.823,53 €
16,0%	533,33 €	666,67 €	800,00 €	933,33 €	1.066,67 €	1.200,00 €	1.333,33 €	1.466,67 €	1.600,00 €	1.733,33 €	1.866,67 €	2.000,00 €	2.133,33 €	2.266,67 €	2.400,00 €	2.533,33 €	2.666,67 €
17,0%	505,26 €	631,58 €	757,89 €	884,21 €	1.010,53 €	1.136,84 €	1.263,16 €	1.389,47 €	1.515,79 €	1.642,11 €	1.768,42 €	1.894,74 €	2.021,05 €	2.147,37 €	2.273,68 €	2.400,00 €	2.526,32 €
18,0%	480,00 €	600,00 €	720,00 €	840,00 €	960,00 €	1.080,00 €	1.200,00 €	1.320,00 €	1.440,00 €	1.560,00 €	1.680,00 €	1.800,00 €	1.920,00 €	2.040,00 €	2.160,00 €	2.280,00 €	2.400,00 €
19,0%	457,14 €	571,43 €	685,71 €	800,00 €	914,29 €	1.028,57 €	1.142,86 €	1.257,14 €	1.371,43 €	1.485,71 €	1.600,00 €	1.714,29 €	1.828,57 €	1.942,86 €	2.057,14 €	2.171,43 €	2.285,71 €
20,0%	436,36 €	545,45 €	654,55 €	763,64 €	872,73 €	981,82 €	1.090,91 €	1.200,00 €	1.309,09 €	1.418,18 €	1.527,27 €	1.636,36 €	1.745,45 €	1.854,55 €	1.963,64 €	2.072,73 €	2.181,82 €
21,0%	417,39 €	521,74 €	626,09 €	730,43 €	834,78 €	939,13 €	1.043,48 €	1.147,83 €	1.252,17 €	1.356,52 €	1.460,87 €	1.565,22 €	1.669,57 €	1.773,91 €	1.878,26 €	1.982,61 €	2.086,96 €
22,0%	400,00 €	500,00 €	600,00 €	700,00 €	800,00 €	900,00 €	1.000,00 €	1.100,00 €	1.200,00 €	1.300,00 €	1.400,00 €	1.500,00 €	1.600,00 €	1.700,00 €	1.800,00 €	1.900,00 €	2.000,00 €
23,0%	384,00 €	480,00 €	576,00 €	672,00 €	768,00 €	864,00 €	960,00 €	1.056,00 €	1.152,00 €	1.248,00 €	1.344,00 €	1.440,00 €	1.536,00 €	1.632,00 €	1.728,00 €	1.824,00 €	1.920,00 €
24,0%	369,23 €	461,54 €	553,85 €	646,15 €	738,46 €	830,77 €	923,08 €	1.015,38 €	1.107,69 €	1.200,00 €	1.292,31 €	1.384,62 €	1.476,92 €	1.569,23 €	1.661,54 €	1.753,85 €	1.846,15 €
25,0%	355,56 €	444,44 €	533,33 €	622,22 €	711,11 €	800,00 €	888,89 €	977,78 €	1.066,67 €	1.155,56 €	1.244,44 €	1.333,33 €	1.422,22 €	1.511,11 €	1.600,00 €	1.688,89 €	1.777,78 €

Kaufpreismaxima für Immobilientransaktionen

Eigenkapitalquote: 50,0 % Fremdkapitalzinssatz p.a.: 3,0 %

Kaufpreismaxima in €/m²	\multicolumn{17}{c}{monatliche Nettokaltmiete in €/m²}
anfängliche Eigenkapitalrendite in % p.a.	4	5	6	7	8	9	10	11	12	13	14	15	16	17	18	19	20
2,0%	1.920,00 €	2.400,00 €	2.880,00 €	3.360,00 €	3.840,00 €	4.320,00 €	4.800,00 €	5.280,00 €	5.760,00 €	6.240,00 €	6.720,00 €	7.200,00 €	7.680,00 €	8.160,00 €	8.640,00 €	9.120,00 €	9.600,00 €
3,0%	1.600,00 €	2.000,00 €	2.400,00 €	2.800,00 €	3.200,00 €	3.600,00 €	4.000,00 €	4.400,00 €	4.800,00 €	5.200,00 €	5.600,00 €	6.000,00 €	6.400,00 €	6.800,00 €	7.200,00 €	7.600,00 €	8.000,00 €
4,0%	1.371,43 €	1.714,29 €	2.057,14 €	2.400,00 €	2.742,86 €	3.085,71 €	3.428,57 €	3.771,43 €	4.114,29 €	4.457,14 €	4.800,00 €	5.142,86 €	5.485,71 €	5.828,57 €	6.171,43 €	6.514,29 €	6.857,14 €
5,0%	1.200,00 €	1.500,00 €	1.800,00 €	2.100,00 €	2.400,00 €	2.700,00 €	3.000,00 €	3.300,00 €	3.600,00 €	3.900,00 €	4.200,00 €	4.500,00 €	4.800,00 €	5.100,00 €	5.400,00 €	5.700,00 €	6.000,00 €
6,0%	1.066,67 €	1.333,33 €	1.600,00 €	1.866,67 €	2.133,33 €	2.400,00 €	2.666,67 €	2.933,33 €	3.200,00 €	3.466,67 €	3.733,33 €	4.000,00 €	4.266,67 €	4.533,33 €	4.800,00 €	5.066,67 €	5.333,33 €
7,0%	960,00 €	1.200,00 €	1.440,00 €	1.680,00 €	1.920,00 €	2.160,00 €	2.400,00 €	2.640,00 €	2.880,00 €	3.120,00 €	3.360,00 €	3.600,00 €	3.840,00 €	4.080,00 €	4.320,00 €	4.560,00 €	4.800,00 €
8,0%	872,73 €	1.090,91 €	1.309,09 €	1.527,27 €	1.745,45 €	1.963,64 €	2.181,82 €	2.400,00 €	2.618,18 €	2.836,36 €	3.054,55 €	3.272,73 €	3.490,91 €	3.709,09 €	3.927,27 €	4.145,45 €	4.363,64 €
9,0%	800,00 €	1.000,00 €	1.200,00 €	1.400,00 €	1.600,00 €	1.800,00 €	2.000,00 €	2.200,00 €	2.400,00 €	2.600,00 €	2.800,00 €	3.000,00 €	3.200,00 €	3.400,00 €	3.600,00 €	3.800,00 €	4.000,00 €
10,0%	738,46 €	923,08 €	1.107,69 €	1.292,31 €	1.476,92 €	1.661,54 €	1.846,15 €	2.030,77 €	2.215,38 €	2.400,00 €	2.584,62 €	2.769,23 €	2.953,85 €	3.138,46 €	3.323,08 €	3.507,69 €	3.692,31 €
11,0%	685,71 €	857,14 €	1.028,57 €	1.200,00 €	1.371,43 €	1.542,86 €	1.714,29 €	1.885,71 €	2.057,14 €	2.228,57 €	2.400,00 €	2.571,43 €	2.742,86 €	2.914,29 €	3.085,71 €	3.257,14 €	3.428,57 €
12,0%	640,00 €	800,00 €	960,00 €	1.120,00 €	1.280,00 €	1.440,00 €	1.600,00 €	1.760,00 €	1.920,00 €	2.080,00 €	2.240,00 €	2.400,00 €	2.560,00 €	2.720,00 €	2.880,00 €	3.040,00 €	3.200,00 €
13,0%	600,00 €	750,00 €	900,00 €	1.050,00 €	1.200,00 €	1.350,00 €	1.500,00 €	1.650,00 €	1.800,00 €	1.950,00 €	2.100,00 €	2.250,00 €	2.400,00 €	2.550,00 €	2.700,00 €	2.850,00 €	3.000,00 €
14,0%	564,71 €	705,88 €	847,06 €	988,24 €	1.129,41 €	1.270,59 €	1.411,76 €	1.552,94 €	1.694,12 €	1.835,29 €	1.976,47 €	2.117,65 €	2.258,82 €	2.400,00 €	2.541,18 €	2.682,35 €	2.823,53 €
15,0%	533,33 €	666,67 €	800,00 €	933,33 €	1.066,67 €	1.200,00 €	1.333,33 €	1.466,67 €	1.600,00 €	1.733,33 €	1.866,67 €	2.000,00 €	2.133,33 €	2.266,67 €	2.400,00 €	2.533,33 €	2.666,67 €
16,0%	505,26 €	631,58 €	757,89 €	884,21 €	1.010,53 €	1.136,84 €	1.263,16 €	1.389,47 €	1.515,79 €	1.642,11 €	1.768,42 €	1.894,74 €	2.021,05 €	2.147,37 €	2.273,68 €	2.400,00 €	2.526,32 €
17,0%	480,00 €	600,00 €	720,00 €	840,00 €	960,00 €	1.080,00 €	1.200,00 €	1.320,00 €	1.440,00 €	1.560,00 €	1.680,00 €	1.800,00 €	1.920,00 €	2.040,00 €	2.160,00 €	2.280,00 €	2.400,00 €
18,0%	457,14 €	571,43 €	685,71 €	800,00 €	914,29 €	1.028,57 €	1.142,86 €	1.257,14 €	1.371,43 €	1.485,71 €	1.600,00 €	1.714,29 €	1.828,57 €	1.942,86 €	2.057,14 €	2.171,43 €	2.285,71 €
19,0%	436,36 €	545,45 €	654,55 €	763,64 €	872,73 €	981,82 €	1.090,91 €	1.200,00 €	1.309,09 €	1.418,18 €	1.527,27 €	1.636,36 €	1.745,45 €	1.854,55 €	1.963,64 €	2.072,73 €	2.181,82 €
20,0%	417,39 €	521,74 €	626,09 €	730,43 €	834,78 €	939,13 €	1.043,48 €	1.147,83 €	1.252,17 €	1.356,52 €	1.460,87 €	1.565,22 €	1.669,57 €	1.773,91 €	1.878,26 €	1.982,61 €	2.086,96 €
21,0%	400,00 €	500,00 €	600,00 €	700,00 €	800,00 €	900,00 €	1.000,00 €	1.100,00 €	1.200,00 €	1.300,00 €	1.400,00 €	1.500,00 €	1.600,00 €	1.700,00 €	1.800,00 €	1.900,00 €	2.000,00 €
22,0%	384,00 €	480,00 €	576,00 €	672,00 €	768,00 €	864,00 €	960,00 €	1.056,00 €	1.152,00 €	1.248,00 €	1.344,00 €	1.440,00 €	1.536,00 €	1.632,00 €	1.728,00 €	1.824,00 €	1.920,00 €
23,0%	369,23 €	461,54 €	553,85 €	646,15 €	738,46 €	830,77 €	923,08 €	1.015,38 €	1.107,69 €	1.200,00 €	1.292,31 €	1.384,62 €	1.476,92 €	1.569,23 €	1.661,54 €	1.753,85 €	1.846,15 €
24,0%	355,56 €	444,44 €	533,33 €	622,22 €	711,11 €	800,00 €	888,89 €	977,78 €	1.066,67 €	1.155,56 €	1.244,44 €	1.333,33 €	1.422,22 €	1.511,11 €	1.600,00 €	1.688,89 €	1.777,78 €
25,0%	342,86 €	428,57 €	514,29 €	600,00 €	685,71 €	771,43 €	857,14 €	942,86 €	1.028,57 €	1.114,29 €	1.200,00 €	1.285,71 €	1.371,43 €	1.457,14 €	1.542,86 €	1.628,57 €	1.714,29 €

Kaufpreismaxima für Immobilientransaktionen

Eigenkapitalquote: 50,0 %   Fremdkapitalzinssatz p.a.: 4,0 %

Kaufpreismaxima in €/m²	4	5	6	7	8	9	10	11	12	13	14	15	16	17	18	19	20
							monatliche Nettokaltmiete in €/m²										
2,0%	1.600,00 €	2.000,00 €	2.400,00 €	2.800,00 €	3.200,00 €	3.600,00 €	4.000,00 €	4.400,00 €	4.800,00 €	5.200,00 €	5.600,00 €	6.000,00 €	6.400,00 €	6.800,00 €	7.200,00 €	7.600,00 €	8.000,00 €
3,0%	1.371,43 €	1.714,29 €	2.057,14 €	2.400,00 €	2.742,86 €	3.085,71 €	3.428,57 €	3.771,43 €	4.114,29 €	4.457,14 €	4.800,00 €	5.142,86 €	5.485,71 €	5.828,57 €	6.171,43 €	6.514,29 €	6.857,14 €
4,0%	1.200,00 €	1.500,00 €	1.800,00 €	2.100,00 €	2.400,00 €	2.700,00 €	3.000,00 €	3.300,00 €	3.600,00 €	3.900,00 €	4.200,00 €	4.500,00 €	4.800,00 €	5.100,00 €	5.400,00 €	5.700,00 €	6.000,00 €
5,0%	1.066,67 €	1.333,33 €	1.600,00 €	1.866,67 €	2.133,33 €	2.400,00 €	2.666,67 €	2.933,33 €	3.200,00 €	3.466,67 €	3.733,33 €	4.000,00 €	4.266,67 €	4.533,33 €	4.800,00 €	5.066,67 €	5.333,33 €
6,0%	960,00 €	1.200,00 €	1.440,00 €	1.680,00 €	1.920,00 €	2.160,00 €	2.400,00 €	2.640,00 €	2.880,00 €	3.120,00 €	3.360,00 €	3.600,00 €	3.840,00 €	4.080,00 €	4.320,00 €	4.560,00 €	4.800,00 €
7,0%	872,73 €	1.090,91 €	1.309,09 €	1.527,27 €	1.745,45 €	1.963,64 €	2.181,82 €	2.400,00 €	2.618,18 €	2.836,36 €	3.054,55 €	3.272,73 €	3.490,91 €	3.709,09 €	3.927,27 €	4.145,45 €	4.363,64 €
8,0%	800,00 €	1.000,00 €	1.200,00 €	1.400,00 €	1.600,00 €	1.800,00 €	2.000,00 €	2.200,00 €	2.400,00 €	2.600,00 €	2.800,00 €	3.000,00 €	3.200,00 €	3.400,00 €	3.600,00 €	3.800,00 €	4.000,00 €
9,0%	738,46 €	923,08 €	1.107,69 €	1.292,31 €	1.476,92 €	1.661,54 €	1.846,15 €	2.030,77 €	2.215,38 €	2.400,00 €	2.584,62 €	2.769,23 €	2.953,85 €	3.138,46 €	3.323,08 €	3.507,69 €	3.692,31 €
10,0%	685,71 €	857,14 €	1.028,57 €	1.200,00 €	1.371,43 €	1.542,86 €	1.714,29 €	1.885,71 €	2.057,14 €	2.228,57 €	2.400,00 €	2.571,43 €	2.742,86 €	2.914,29 €	3.085,71 €	3.257,14 €	3.428,57 €
11,0%	640,00 €	800,00 €	960,00 €	1.120,00 €	1.280,00 €	1.440,00 €	1.600,00 €	1.760,00 €	1.920,00 €	2.080,00 €	2.240,00 €	2.400,00 €	2.560,00 €	2.720,00 €	2.880,00 €	3.040,00 €	3.200,00 €
12,0%	600,00 €	750,00 €	900,00 €	1.050,00 €	1.200,00 €	1.350,00 €	1.500,00 €	1.650,00 €	1.800,00 €	1.950,00 €	2.100,00 €	2.250,00 €	2.400,00 €	2.550,00 €	2.700,00 €	2.850,00 €	3.000,00 €
13,0%	564,71 €	705,88 €	847,06 €	988,24 €	1.129,41 €	1.270,59 €	1.411,76 €	1.552,94 €	1.694,12 €	1.835,29 €	1.976,47 €	2.117,65 €	2.258,82 €	2.400,00 €	2.541,18 €	2.682,35 €	2.823,53 €
14,0%	533,33 €	666,67 €	800,00 €	933,33 €	1.066,67 €	1.200,00 €	1.333,33 €	1.466,67 €	1.600,00 €	1.733,33 €	1.866,67 €	2.000,00 €	2.133,33 €	2.266,67 €	2.400,00 €	2.533,33 €	2.666,67 €
15,0%	505,26 €	631,58 €	757,89 €	884,21 €	1.010,53 €	1.136,84 €	1.263,16 €	1.389,47 €	1.515,79 €	1.642,11 €	1.768,42 €	1.894,74 €	2.021,05 €	2.147,37 €	2.273,68 €	2.400,00 €	2.526,32 €
16,0%	480,00 €	600,00 €	720,00 €	840,00 €	960,00 €	1.080,00 €	1.200,00 €	1.320,00 €	1.440,00 €	1.560,00 €	1.680,00 €	1.800,00 €	1.920,00 €	2.040,00 €	2.160,00 €	2.280,00 €	2.400,00 €
17,0%	457,14 €	571,43 €	685,71 €	800,00 €	914,29 €	1.028,57 €	1.142,86 €	1.257,14 €	1.371,43 €	1.485,71 €	1.600,00 €	1.714,29 €	1.828,57 €	1.942,86 €	2.057,14 €	2.171,43 €	2.285,71 €
18,0%	436,36 €	545,45 €	654,55 €	763,64 €	872,73 €	981,82 €	1.090,91 €	1.200,00 €	1.309,09 €	1.418,18 €	1.527,27 €	1.636,36 €	1.745,45 €	1.854,55 €	1.963,64 €	2.072,73 €	2.181,82 €
19,0%	417,39 €	521,74 €	626,09 €	730,43 €	834,78 €	939,13 €	1.043,48 €	1.147,83 €	1.252,17 €	1.356,52 €	1.460,87 €	1.565,22 €	1.669,57 €	1.773,91 €	1.878,26 €	1.982,61 €	2.086,96 €
20,0%	400,00 €	500,00 €	600,00 €	700,00 €	800,00 €	900,00 €	1.000,00 €	1.100,00 €	1.200,00 €	1.300,00 €	1.400,00 €	1.500,00 €	1.600,00 €	1.700,00 €	1.800,00 €	1.900,00 €	2.000,00 €
21,0%	384,00 €	480,00 €	576,00 €	672,00 €	768,00 €	864,00 €	960,00 €	1.056,00 €	1.152,00 €	1.248,00 €	1.344,00 €	1.440,00 €	1.536,00 €	1.632,00 €	1.728,00 €	1.824,00 €	1.920,00 €
22,0%	369,23 €	461,54 €	553,85 €	646,15 €	738,46 €	830,77 €	923,08 €	1.015,38 €	1.107,69 €	1.200,00 €	1.292,31 €	1.384,62 €	1.476,92 €	1.569,23 €	1.661,54 €	1.753,85 €	1.846,15 €
23,0%	355,56 €	444,44 €	533,33 €	622,22 €	711,11 €	800,00 €	888,89 €	977,78 €	1.066,67 €	1.155,56 €	1.244,44 €	1.333,33 €	1.422,22 €	1.511,11 €	1.600,00 €	1.688,89 €	1.777,78 €
24,0%	342,86 €	428,57 €	514,29 €	600,00 €	685,71 €	771,43 €	857,14 €	942,86 €	1.028,57 €	1.114,29 €	1.200,00 €	1.285,71 €	1.371,43 €	1.457,14 €	1.542,86 €	1.628,57 €	1.714,29 €
25,0%	331,03 €	413,79 €	496,55 €	579,31 €	662,07 €	744,83 €	827,59 €	910,34 €	993,10 €	1.075,86 €	1.158,62 €	1.241,38 €	1.324,14 €	1.406,90 €	1.489,66 €	1.572,41 €	1.655,17 €

anfängliche Eigenkapitalrendite in % p.a.

Kaufpreismaxima für Immobilientransaktionen

Eigenkapitalquote: 50,0 %   Fremdkapitalzinssatz p.a.: 5,0 %

Kaufpreismaxima in €/m²	\multicolumn{17}{c}{monatliche Nettokaltmiete in €/m²}																
anfängliche Eigenkapitalrendite in % p.a.	4	5	6	7	8	9	10	11	12	13	14	15	16	17	18	19	20
2,0%	1.371,43 €	1.714,29 €	2.057,14 €	2.400,00 €	2.742,86 €	3.085,71 €	3.428,57 €	3.771,43 €	4.114,29 €	4.457,14 €	4.800,00 €	5.142,86 €	5.485,71 €	5.828,57 €	6.171,43 €	6.514,29 €	6.857,14 €
3,0%	1.200,00 €	1.500,00 €	1.800,00 €	2.100,00 €	2.400,00 €	2.700,00 €	3.000,00 €	3.300,00 €	3.600,00 €	3.900,00 €	4.200,00 €	4.500,00 €	4.800,00 €	5.100,00 €	5.400,00 €	5.700,00 €	6.000,00 €
4,0%	1.066,67 €	1.333,33 €	1.600,00 €	1.866,67 €	2.133,33 €	2.400,00 €	2.666,67 €	2.933,33 €	3.200,00 €	3.466,67 €	3.733,33 €	4.000,00 €	4.266,67 €	4.533,33 €	4.800,00 €	5.066,67 €	5.333,33 €
5,0%	960,00 €	1.200,00 €	1.440,00 €	1.680,00 €	1.920,00 €	2.160,00 €	2.400,00 €	2.640,00 €	2.880,00 €	3.120,00 €	3.360,00 €	3.600,00 €	3.840,00 €	4.080,00 €	4.320,00 €	4.560,00 €	4.800,00 €
6,0%	872,73 €	1.090,91 €	1.309,09 €	1.527,27 €	1.745,45 €	1.963,64 €	2.181,82 €	2.400,00 €	2.618,18 €	2.836,36 €	3.054,55 €	3.272,73 €	3.490,91 €	3.709,09 €	3.927,27 €	4.145,45 €	4.363,64 €
7,0%	800,00 €	1.000,00 €	1.200,00 €	1.400,00 €	1.600,00 €	1.800,00 €	2.000,00 €	2.200,00 €	2.400,00 €	2.600,00 €	2.800,00 €	3.000,00 €	3.200,00 €	3.400,00 €	3.600,00 €	3.800,00 €	4.000,00 €
8,0%	738,46 €	923,08 €	1.107,69 €	1.292,31 €	1.476,92 €	1.661,54 €	1.846,15 €	2.030,77 €	2.215,38 €	2.400,00 €	2.584,62 €	2.769,23 €	2.953,85 €	3.138,46 €	3.323,08 €	3.507,69 €	3.692,31 €
9,0%	685,71 €	857,14 €	1.028,57 €	1.200,00 €	1.371,43 €	1.542,86 €	1.714,29 €	1.885,71 €	2.057,14 €	2.228,57 €	2.400,00 €	2.571,43 €	2.742,86 €	2.914,29 €	3.085,71 €	3.257,14 €	3.428,57 €
10,0%	640,00 €	800,00 €	960,00 €	1.120,00 €	1.280,00 €	1.440,00 €	1.600,00 €	1.760,00 €	1.920,00 €	2.080,00 €	2.240,00 €	2.400,00 €	2.560,00 €	2.720,00 €	2.880,00 €	3.040,00 €	3.200,00 €
11,0%	600,00 €	750,00 €	900,00 €	1.050,00 €	1.200,00 €	1.350,00 €	1.500,00 €	1.650,00 €	1.800,00 €	1.950,00 €	2.100,00 €	2.250,00 €	2.400,00 €	2.550,00 €	2.700,00 €	2.850,00 €	3.000,00 €
12,0%	564,71 €	705,88 €	847,06 €	988,24 €	1.129,41 €	1.270,59 €	1.411,76 €	1.552,94 €	1.694,12 €	1.835,29 €	1.976,47 €	2.117,65 €	2.258,82 €	2.400,00 €	2.541,18 €	2.682,35 €	2.823,53 €
13,0%	533,33 €	666,67 €	800,00 €	933,33 €	1.066,67 €	1.200,00 €	1.333,33 €	1.466,67 €	1.600,00 €	1.733,33 €	1.866,67 €	2.000,00 €	2.133,33 €	2.266,67 €	2.400,00 €	2.533,33 €	2.666,67 €
14,0%	505,26 €	631,58 €	757,89 €	884,21 €	1.010,53 €	1.136,84 €	1.263,16 €	1.389,47 €	1.515,79 €	1.642,11 €	1.768,42 €	1.894,74 €	2.021,05 €	2.147,37 €	2.273,68 €	2.400,00 €	2.526,32 €
15,0%	480,00 €	600,00 €	720,00 €	840,00 €	960,00 €	1.080,00 €	1.200,00 €	1.320,00 €	1.440,00 €	1.560,00 €	1.680,00 €	1.800,00 €	1.920,00 €	2.040,00 €	2.160,00 €	2.280,00 €	2.400,00 €
16,0%	457,14 €	571,43 €	685,71 €	800,00 €	914,29 €	1.028,57 €	1.142,86 €	1.257,14 €	1.371,43 €	1.485,71 €	1.600,00 €	1.714,29 €	1.828,57 €	1.942,86 €	2.057,14 €	2.171,43 €	2.285,71 €
17,0%	436,36 €	545,45 €	654,55 €	763,64 €	872,73 €	981,82 €	1.090,91 €	1.200,00 €	1.309,09 €	1.418,18 €	1.527,27 €	1.636,36 €	1.745,45 €	1.854,55 €	1.963,64 €	2.072,73 €	2.181,82 €
18,0%	417,39 €	521,74 €	626,09 €	730,43 €	834,78 €	939,13 €	1.043,48 €	1.147,83 €	1.252,17 €	1.356,52 €	1.460,87 €	1.565,22 €	1.669,57 €	1.773,91 €	1.878,26 €	1.982,61 €	2.086,96 €
19,0%	400,00 €	500,00 €	600,00 €	700,00 €	800,00 €	900,00 €	1.000,00 €	1.100,00 €	1.200,00 €	1.300,00 €	1.400,00 €	1.500,00 €	1.600,00 €	1.700,00 €	1.800,00 €	1.900,00 €	2.000,00 €
20,0%	384,00 €	480,00 €	576,00 €	672,00 €	768,00 €	864,00 €	960,00 €	1.056,00 €	1.152,00 €	1.248,00 €	1.344,00 €	1.440,00 €	1.536,00 €	1.632,00 €	1.728,00 €	1.824,00 €	1.920,00 €
21,0%	369,23 €	461,54 €	553,85 €	646,15 €	738,46 €	830,77 €	923,08 €	1.015,38 €	1.107,69 €	1.200,00 €	1.292,31 €	1.384,62 €	1.476,92 €	1.569,23 €	1.661,54 €	1.753,85 €	1.846,15 €
22,0%	355,56 €	444,44 €	533,33 €	622,22 €	711,11 €	800,00 €	888,89 €	977,78 €	1.066,67 €	1.155,56 €	1.244,44 €	1.333,33 €	1.422,22 €	1.511,11 €	1.600,00 €	1.688,89 €	1.777,78 €
23,0%	342,86 €	428,57 €	514,29 €	600,00 €	685,71 €	771,43 €	857,14 €	942,86 €	1.028,57 €	1.114,29 €	1.200,00 €	1.285,71 €	1.371,43 €	1.457,14 €	1.542,86 €	1.628,57 €	1.714,29 €
24,0%	331,03 €	413,79 €	496,55 €	579,31 €	662,07 €	744,83 €	827,59 €	910,34 €	993,10 €	1.075,86 €	1.158,62 €	1.241,38 €	1.324,14 €	1.406,90 €	1.489,66 €	1.572,41 €	1.655,17 €
25,0%	320,00 €	400,00 €	480,00 €	560,00 €	640,00 €	720,00 €	800,00 €	880,00 €	960,00 €	1.040,00 €	1.120,00 €	1.200,00 €	1.280,00 €	1.360,00 €	1.440,00 €	1.520,00 €	1.600,00 €

Kaufpreismaxima für Immobilientransaktionen

Eigenkapitalquote: 75,0 % Fremdkapitalzinssatz p.a.: 0,5 %

Kaufpreismaxima in €/m²	\multicolumn{17}{c}{monatliche Nettokaltmiete in €/m²}
anfängliche Eigenkapitalrendite in % p.a.	4	5	6	7	8	9	10	11	12	13	14	15	16	17	18	19	20
2,0%	2.953,85 €	3.692,31 €	4.430,77 €	5.169,23 €	5.907,69 €	6.646,15 €	7.384,62 €	8.123,08 €	8.861,54 €	9.600,00 €	10.338,46 €	11.076,92 €	11.815,38 €	12.553,85 €	13.292,31 €	14.030,77 €	14.769,23 €
3,0%	2.021,05 €	2.526,32 €	3.031,58 €	3.536,84 €	4.042,11 €	4.547,37 €	5.052,63 €	5.557,89 €	6.063,16 €	6.568,42 €	7.073,68 €	7.578,95 €	8.084,21 €	8.589,47 €	9.094,74 €	9.600,00 €	10.105,26 €
4,0%	1.536,00 €	1.920,00 €	2.304,00 €	2.688,00 €	3.072,00 €	3.456,00 €	3.840,00 €	4.224,00 €	4.608,00 €	4.992,00 €	5.376,00 €	5.760,00 €	6.144,00 €	6.528,00 €	6.912,00 €	7.296,00 €	7.680,00 €
5,0%	1.238,71 €	1.548,39 €	1.858,06 €	2.167,74 €	2.477,42 €	2.787,10 €	3.096,77 €	3.406,45 €	3.716,13 €	4.025,81 €	4.335,48 €	4.645,16 €	4.954,84 €	5.264,52 €	5.574,19 €	5.883,87 €	6.193,55 €
6,0%	1.037,84 €	1.297,30 €	1.556,76 €	1.816,22 €	2.075,68 €	2.335,14 €	2.594,59 €	2.854,05 €	3.113,51 €	3.372,97 €	3.632,43 €	3.891,89 €	4.151,35 €	4.410,81 €	4.670,27 €	4.929,73 €	5.189,19 €
7,0%	893,02 €	1.116,28 €	1.339,53 €	1.562,79 €	1.786,05 €	2.009,30 €	2.232,56 €	2.455,81 €	2.679,07 €	2.902,33 €	3.125,58 €	3.348,84 €	3.572,09 €	3.795,35 €	4.018,60 €	4.241,86 €	4.465,12 €
8,0%	783,67 €	979,59 €	1.175,51 €	1.371,43 €	1.567,35 €	1.763,27 €	1.959,18 €	2.155,10 €	2.351,02 €	2.546,94 €	2.742,86 €	2.938,78 €	3.134,69 €	3.330,61 €	3.526,53 €	3.722,45 €	3.918,37 €
9,0%	698,18 €	872,73 €	1.047,27 €	1.221,82 €	1.396,36 €	1.570,91 €	1.745,45 €	1.920,00 €	2.094,55 €	2.269,09 €	2.443,64 €	2.618,18 €	2.792,73 €	2.967,27 €	3.141,82 €	3.316,36 €	3.490,91 €
10,0%	629,51 €	786,89 €	944,26 €	1.101,64 €	1.259,02 €	1.416,39 €	1.573,77 €	1.731,15 €	1.888,52 €	2.045,90 €	2.203,28 €	2.360,66 €	2.518,03 €	2.675,41 €	2.832,79 €	2.990,16 €	3.147,54 €
11,0%	573,13 €	716,42 €	859,70 €	1.002,99 €	1.146,27 €	1.289,55 €	1.432,84 €	1.576,12 €	1.719,40 €	1.862,69 €	2.005,97 €	2.149,25 €	2.292,54 €	2.435,82 €	2.579,10 €	2.722,39 €	2.865,67 €
12,0%	526,03 €	657,53 €	789,04 €	920,55 €	1.052,05 €	1.183,56 €	1.315,07 €	1.446,58 €	1.578,08 €	1.709,59 €	1.841,10 €	1.972,60 €	2.104,11 €	2.235,62 €	2.367,12 €	2.498,63 €	2.630,14 €
13,0%	486,08 €	607,59 €	729,11 €	850,63 €	972,15 €	1.093,67 €	1.215,19 €	1.336,71 €	1.458,23 €	1.579,75 €	1.701,27 €	1.822,78 €	1.944,30 €	2.065,82 €	2.187,34 €	2.308,86 €	2.430,38 €
14,0%	451,76 €	564,71 €	677,65 €	790,59 €	903,53 €	1.016,47 €	1.129,41 €	1.242,35 €	1.355,29 €	1.468,24 €	1.581,18 €	1.694,12 €	1.807,06 €	1.920,00 €	2.032,94 €	2.145,88 €	2.258,82 €
15,0%	421,98 €	527,47 €	632,97 €	738,46 €	843,96 €	949,45 €	1.054,95 €	1.160,44 €	1.265,93 €	1.371,43 €	1.476,92 €	1.582,42 €	1.687,91 €	1.793,41 €	1.898,90 €	2.004,40 €	2.109,89 €
16,0%	395,88 €	494,85 €	593,81 €	692,78 €	791,75 €	890,72 €	989,69 €	1.088,66 €	1.187,63 €	1.286,60 €	1.385,57 €	1.484,54 €	1.583,51 €	1.682,47 €	1.781,44 €	1.880,41 €	1.979,38 €
17,0%	372,82 €	466,02 €	559,22 €	652,43 €	745,63 €	838,83 €	932,04 €	1.025,24 €	1.118,45 €	1.211,65 €	1.304,85 €	1.398,06 €	1.491,26 €	1.584,47 €	1.677,67 €	1.770,87 €	1.864,08 €
18,0%	352,29 €	440,37 €	528,44 €	616,51 €	704,59 €	792,66 €	880,73 €	968,81 €	1.056,88 €	1.144,96 €	1.233,03 €	1.321,10 €	1.409,17 €	1.497,25 €	1.585,32 €	1.673,39 €	1.761,47 €
19,0%	333,91 €	417,39 €	500,87 €	584,35 €	667,83 €	751,30 €	834,78 €	918,26 €	1.001,74 €	1.085,22 €	1.168,70 €	1.252,17 €	1.335,65 €	1.419,13 €	1.502,61 €	1.586,09 €	1.669,57 €
20,0%	317,36 €	396,69 €	476,03 €	555,37 €	634,71 €	714,05 €	793,39 €	872,73 €	952,07 €	1.031,40 €	1.110,74 €	1.190,08 €	1.269,42 €	1.348,76 €	1.428,10 €	1.507,44 €	1.586,78 €
21,0%	302,36 €	377,95 €	453,54 €	529,13 €	604,72 €	680,31 €	755,91 €	831,50 €	907,09 €	982,68 €	1.058,27 €	1.133,86 €	1.209,45 €	1.285,04 €	1.360,63 €	1.436,22 €	1.511,81 €
22,0%	288,72 €	360,90 €	433,08 €	505,26 €	577,44 €	649,62 €	721,80 €	793,98 €	866,17 €	938,35 €	1.010,53 €	1.082,71 €	1.154,89 €	1.227,07 €	1.299,25 €	1.371,43 €	1.443,61 €
23,0%	276,26 €	345,32 €	414,39 €	483,45 €	552,52 €	621,58 €	690,65 €	759,71 €	828,78 €	897,84 €	966,91 €	1.035,97 €	1.105,04 €	1.174,10 €	1.243,17 €	1.312,23 €	1.381,29 €
24,0%	264,83 €	331,03 €	397,24 €	463,45 €	529,66 €	595,86 €	662,07 €	728,28 €	794,48 €	860,69 €	926,90 €	993,10 €	1.059,31 €	1.125,52 €	1.191,72 €	1.257,93 €	1.324,14 €
25,0%	254,30 €	317,88 €	381,46 €	445,03 €	508,61 €	572,19 €	635,76 €	699,34 €	762,91 €	826,49 €	890,07 €	953,64 €	1.017,22 €	1.080,79 €	1.144,37 €	1.207,95 €	1.271,52 €

Kaufpreismaxima für Immobilientransaktionen

Eigenkapitalquote: 75,0 %   Fremdkapitalzinssatz p.a.: 1,0 %

Kaufpreismaxima in €/m²	\multicolumn{17}{c}{monatliche Nettokaltmiete in €/m²}
	4	5	6	7	8	9	10	11	12	13	14	15	16	17	18	19	20
2,0%	2.742,86 €	3.428,57 €	4.114,29 €	4.800,00 €	5.485,71 €	6.171,43 €	6.857,14 €	7.542,86 €	8.228,57 €	8.914,29 €	9.600,00 €	10.285,71 €	10.971,43 €	11.657,14 €	12.342,86 €	13.028,57 €	13.714,29 €
3,0%	1.920,00 €	2.400,00 €	2.880,00 €	3.360,00 €	3.840,00 €	4.320,00 €	4.800,00 €	5.280,00 €	5.760,00 €	6.240,00 €	6.720,00 €	7.200,00 €	7.680,00 €	8.160,00 €	8.640,00 €	9.120,00 €	9.600,00 €
4,0%	1.476,92 €	1.846,15 €	2.215,38 €	2.584,62 €	2.953,85 €	3.323,08 €	3.692,31 €	4.061,54 €	4.430,77 €	4.800,00 €	5.169,23 €	5.538,46 €	5.907,69 €	6.276,92 €	6.646,15 €	7.015,38 €	7.384,62 €
5,0%	1.200,00 €	1.500,00 €	1.800,00 €	2.100,00 €	2.400,00 €	2.700,00 €	3.000,00 €	3.300,00 €	3.600,00 €	3.900,00 €	4.200,00 €	4.500,00 €	4.800,00 €	5.100,00 €	5.400,00 €	5.700,00 €	6.000,00 €
6,0%	1.010,53 €	1.263,16 €	1.515,79 €	1.768,42 €	2.021,05 €	2.273,68 €	2.526,32 €	2.778,95 €	3.031,58 €	3.284,21 €	3.536,84 €	3.789,47 €	4.042,11 €	4.294,74 €	4.547,37 €	4.800,00 €	5.052,63 €
7,0%	872,73 €	1.090,91 €	1.309,09 €	1.527,27 €	1.745,45 €	1.963,64 €	2.181,82 €	2.400,00 €	2.618,18 €	2.836,36 €	3.054,55 €	3.272,73 €	3.490,91 €	3.709,09 €	3.927,27 €	4.145,45 €	4.363,64 €
8,0%	768,00 €	960,00 €	1.152,00 €	1.344,00 €	1.536,00 €	1.728,00 €	1.920,00 €	2.112,00 €	2.304,00 €	2.496,00 €	2.688,00 €	2.880,00 €	3.072,00 €	3.264,00 €	3.456,00 €	3.648,00 €	3.840,00 €
9,0%	685,71 €	857,14 €	1.028,57 €	1.200,00 €	1.371,43 €	1.542,86 €	1.714,29 €	1.885,71 €	2.057,14 €	2.228,57 €	2.400,00 €	2.571,43 €	2.742,86 €	2.914,29 €	3.085,71 €	3.257,14 €	3.428,57 €
10,0%	619,35 €	774,19 €	929,03 €	1.083,87 €	1.238,71 €	1.393,55 €	1.548,39 €	1.703,23 €	1.858,06 €	2.012,90 €	2.167,74 €	2.322,58 €	2.477,42 €	2.632,26 €	2.787,10 €	2.941,94 €	3.096,77 €
11,0%	564,71 €	705,88 €	847,06 €	988,24 €	1.129,41 €	1.270,59 €	1.411,76 €	1.552,94 €	1.694,12 €	1.835,29 €	1.976,47 €	2.117,65 €	2.258,82 €	2.400,00 €	2.541,18 €	2.682,35 €	2.823,53 €
12,0%	518,92 €	648,65 €	778,38 €	908,11 €	1.037,84 €	1.167,57 €	1.297,30 €	1.427,03 €	1.556,76 €	1.686,49 €	1.816,22 €	1.945,95 €	2.075,68 €	2.205,41 €	2.335,14 €	2.464,86 €	2.594,59 €
13,0%	480,00 €	600,00 €	720,00 €	840,00 €	960,00 €	1.080,00 €	1.200,00 €	1.320,00 €	1.440,00 €	1.560,00 €	1.680,00 €	1.800,00 €	1.920,00 €	2.040,00 €	2.160,00 €	2.280,00 €	2.400,00 €
14,0%	446,51 €	558,14 €	669,77 €	781,40 €	893,02 €	1.004,65 €	1.116,28 €	1.227,91 €	1.339,53 €	1.451,16 €	1.562,79 €	1.674,42 €	1.786,05 €	1.897,67 €	2.009,30 €	2.120,93 €	2.232,56 €
15,0%	417,39 €	521,74 €	626,09 €	730,43 €	834,78 €	939,13 €	1.043,48 €	1.147,83 €	1.252,17 €	1.356,52 €	1.460,87 €	1.565,22 €	1.669,57 €	1.773,91 €	1.878,26 €	1.982,61 €	2.086,96 €
16,0%	391,84 €	489,80 €	587,76 €	685,71 €	783,67 €	881,63 €	979,59 €	1.077,55 €	1.175,51 €	1.273,47 €	1.371,43 €	1.469,39 €	1.567,35 €	1.665,31 €	1.763,27 €	1.861,22 €	1.959,18 €
17,0%	369,23 €	461,54 €	553,85 €	646,15 €	738,46 €	830,77 €	923,08 €	1.015,38 €	1.107,69 €	1.200,00 €	1.292,31 €	1.384,62 €	1.476,92 €	1.569,23 €	1.661,54 €	1.753,85 €	1.846,15 €
18,0%	349,09 €	436,36 €	523,64 €	610,91 €	698,18 €	785,45 €	872,73 €	960,00 €	1.047,27 €	1.134,55 €	1.221,82 €	1.309,09 €	1.396,36 €	1.483,64 €	1.570,91 €	1.658,18 €	1.745,45 €
19,0%	331,03 €	413,79 €	496,55 €	579,31 €	662,07 €	744,83 €	827,59 €	910,34 €	993,10 €	1.075,86 €	1.158,62 €	1.241,38 €	1.324,14 €	1.406,90 €	1.489,66 €	1.572,41 €	1.655,17 €
20,0%	314,75 €	393,44 €	472,13 €	550,82 €	629,51 €	708,20 €	786,89 €	865,57 €	944,26 €	1.022,95 €	1.101,64 €	1.180,33 €	1.259,02 €	1.337,70 €	1.416,39 €	1.495,08 €	1.573,77 €
21,0%	300,00 €	375,00 €	450,00 €	525,00 €	600,00 €	675,00 €	750,00 €	825,00 €	900,00 €	975,00 €	1.050,00 €	1.125,00 €	1.200,00 €	1.275,00 €	1.350,00 €	1.425,00 €	1.500,00 €
22,0%	286,57 €	358,21 €	429,85 €	501,49 €	573,13 €	644,78 €	716,42 €	788,06 €	859,70 €	931,34 €	1.002,99 €	1.074,63 €	1.146,27 €	1.217,91 €	1.289,55 €	1.361,19 €	1.432,84 €
23,0%	274,29 €	342,86 €	411,43 €	480,00 €	548,57 €	617,14 €	685,71 €	754,29 €	822,86 €	891,43 €	960,00 €	1.028,57 €	1.097,14 €	1.165,71 €	1.234,29 €	1.302,86 €	1.371,43 €
24,0%	263,01 €	328,77 €	394,52 €	460,27 €	526,03 €	591,78 €	657,53 €	723,29 €	789,04 €	854,79 €	920,55 €	986,30 €	1.052,05 €	1.117,81 €	1.183,56 €	1.249,32 €	1.315,07 €
25,0%	252,63 €	315,79 €	378,95 €	442,11 €	505,26 €	568,42 €	631,58 €	694,74 €	757,89 €	821,05 €	884,21 €	947,37 €	1.010,53 €	1.073,68 €	1.136,84 €	1.200,00 €	1.263,16 €

anfängliche Eigenkapitalrendite in % p.a.

Kaufpreismaxima für Immobilientransaktionen

Eigenkapitalquote: 75,0 % Fremdkapitalzinssatz p.a.: 2,0 %

Kaufpreismaxima in €/m² \ anfängliche Eigenkapitalrendite in % p.a.	monatliche Nettokaltmiete in €/m²																	
	4	5	6	7	8	9	10	11	12	13	14	15	16	17	18	19	20
2,0%	2.400,00 €	3.000,00 €	3.600,00 €	4.200,00 €	4.800,00 €	5.400,00 €	6.000,00 €	6.600,00 €	7.200,00 €	7.800,00 €	8.400,00 €	9.000,00 €	9.600,00 €	10.200,00 €	10.800,00 €	11.400,00 €	12.000,00 €
3,0%	1.745,45 €	2.181,82 €	2.618,18 €	3.054,55 €	3.490,91 €	3.927,27 €	4.363,64 €	4.800,00 €	5.236,36 €	5.672,73 €	6.109,09 €	6.545,45 €	6.981,82 €	7.418,18 €	7.854,55 €	8.290,91 €	8.727,27 €
4,0%	1.371,43 €	1.714,29 €	2.057,14 €	2.400,00 €	2.742,86 €	3.085,71 €	3.428,57 €	3.771,43 €	4.114,29 €	4.457,14 €	4.800,00 €	5.142,86 €	5.485,71 €	5.828,57 €	6.171,43 €	6.514,29 €	6.857,14 €
5,0%	1.129,41 €	1.411,76 €	1.694,12 €	1.976,47 €	2.258,82 €	2.541,18 €	2.823,53 €	3.105,88 €	3.388,24 €	3.670,59 €	3.952,94 €	4.235,29 €	4.517,65 €	4.800,00 €	5.082,35 €	5.364,71 €	5.647,06 €
6,0%	960,00 €	1.200,00 €	1.440,00 €	1.680,00 €	1.920,00 €	2.160,00 €	2.400,00 €	2.640,00 €	2.880,00 €	3.120,00 €	3.360,00 €	3.600,00 €	3.840,00 €	4.080,00 €	4.320,00 €	4.560,00 €	4.800,00 €
7,0%	834,78 €	1.043,48 €	1.252,17 €	1.460,87 €	1.669,57 €	1.878,26 €	2.086,96 €	2.295,65 €	2.504,35 €	2.713,04 €	2.921,74 €	3.130,43 €	3.339,13 €	3.547,83 €	3.756,52 €	3.965,22 €	4.173,91 €
8,0%	738,46 €	923,08 €	1.107,69 €	1.292,31 €	1.476,92 €	1.661,54 €	1.846,15 €	2.030,77 €	2.215,38 €	2.400,00 €	2.584,62 €	2.769,23 €	2.953,85 €	3.138,46 €	3.323,08 €	3.507,69 €	3.692,31 €
9,0%	662,07 €	827,59 €	993,10 €	1.158,62 €	1.324,14 €	1.489,66 €	1.655,17 €	1.820,69 €	1.986,21 €	2.151,72 €	2.317,24 €	2.482,76 €	2.648,28 €	2.813,79 €	2.979,31 €	3.144,83 €	3.310,34 €
10,0%	600,00 €	750,00 €	900,00 €	1.050,00 €	1.200,00 €	1.350,00 €	1.500,00 €	1.650,00 €	1.800,00 €	1.950,00 €	2.100,00 €	2.250,00 €	2.400,00 €	2.550,00 €	2.700,00 €	2.850,00 €	3.000,00 €
11,0%	548,57 €	685,71 €	822,86 €	960,00 €	1.097,14 €	1.234,29 €	1.371,43 €	1.508,57 €	1.645,71 €	1.782,86 €	1.920,00 €	2.057,14 €	2.194,29 €	2.331,43 €	2.468,57 €	2.605,71 €	2.742,86 €
12,0%	505,26 €	631,58 €	757,89 €	884,21 €	1.010,53 €	1.136,84 €	1.263,16 €	1.389,47 €	1.515,79 €	1.642,11 €	1.768,42 €	1.894,74 €	2.021,05 €	2.147,37 €	2.273,68 €	2.400,00 €	2.526,32 €
13,0%	468,29 €	585,37 €	702,44 €	819,51 €	936,59 €	1.053,66 €	1.170,73 €	1.287,80 €	1.404,88 €	1.521,95 €	1.639,02 €	1.756,10 €	1.873,17 €	1.990,24 €	2.107,32 €	2.224,39 €	2.341,46 €
14,0%	436,36 €	545,45 €	654,55 €	763,64 €	872,73 €	981,82 €	1.090,91 €	1.200,00 €	1.309,09 €	1.418,18 €	1.527,27 €	1.636,36 €	1.745,45 €	1.854,55 €	1.963,64 €	2.072,73 €	2.181,82 €
15,0%	408,51 €	510,64 €	612,77 €	714,89 €	817,02 €	919,15 €	1.021,28 €	1.123,40 €	1.225,53 €	1.327,66 €	1.429,79 €	1.531,91 €	1.634,04 €	1.736,17 €	1.838,30 €	1.940,43 €	2.042,55 €
16,0%	384,00 €	480,00 €	576,00 €	672,00 €	768,00 €	864,00 €	960,00 €	1.056,00 €	1.152,00 €	1.248,00 €	1.344,00 €	1.440,00 €	1.536,00 €	1.632,00 €	1.728,00 €	1.824,00 €	1.920,00 €
17,0%	362,26 €	452,83 €	543,40 €	633,96 €	724,53 €	815,09 €	905,66 €	996,23 €	1.086,79 €	1.177,36 €	1.267,92 €	1.358,49 €	1.449,06 €	1.539,62 €	1.630,19 €	1.720,75 €	1.811,32 €
18,0%	342,86 €	428,57 €	514,29 €	600,00 €	685,71 €	771,43 €	857,14 €	942,86 €	1.028,57 €	1.114,29 €	1.200,00 €	1.285,71 €	1.371,43 €	1.457,14 €	1.542,86 €	1.628,57 €	1.714,29 €
19,0%	325,42 €	406,78 €	488,14 €	569,49 €	650,85 €	732,20 €	813,56 €	894,92 €	976,27 €	1.057,63 €	1.138,98 €	1.220,34 €	1.301,69 €	1.383,05 €	1.464,41 €	1.545,76 €	1.627,12 €
20,0%	309,68 €	387,10 €	464,52 €	541,94 €	619,35 €	696,77 €	774,19 €	851,61 €	929,03 €	1.006,45 €	1.083,87 €	1.161,29 €	1.238,71 €	1.316,13 €	1.393,55 €	1.470,97 €	1.548,39 €
21,0%	295,38 €	369,23 €	443,08 €	516,92 €	590,77 €	664,62 €	738,46 €	812,31 €	886,15 €	960,00 €	1.033,85 €	1.107,69 €	1.181,54 €	1.255,38 €	1.329,23 €	1.403,08 €	1.476,92 €
22,0%	282,35 €	352,94 €	423,53 €	494,12 €	564,71 €	635,29 €	705,88 €	776,47 €	847,06 €	917,65 €	988,24 €	1.058,82 €	1.129,41 €	1.200,00 €	1.270,59 €	1.341,18 €	1.411,76 €
23,0%	270,42 €	338,03 €	405,63 €	473,24 €	540,85 €	608,45 €	676,06 €	743,66 €	811,27 €	878,87 €	946,48 €	1.014,08 €	1.081,69 €	1.149,30 €	1.216,90 €	1.284,51 €	1.352,11 €
24,0%	259,46 €	324,32 €	389,19 €	454,05 €	518,92 €	583,78 €	648,65 €	713,51 €	778,38 €	843,24 €	908,11 €	972,97 €	1.037,84 €	1.102,70 €	1.167,57 €	1.232,43 €	1.297,30 €
25,0%	249,35 €	311,69 €	374,03 €	436,36 €	498,70 €	561,04 €	623,38 €	685,71 €	748,05 €	810,39 €	872,73 €	935,06 €	997,40 €	1.059,74 €	1.122,08 €	1.184,42 €	1.246,75 €

Kaufpreismaxima für Immobilientransaktionen

Eigenkapitalquote: 75,0 %   Fremdkapitalzinssatz p.a.: 3,0 %

Kaufpreismaxima in €/m²	\	monatliche Nettokaltmiete in €/m²																
		4	5	6	7	8	9	10	11	12	13	14	15	16	17	18	19	20
anfängliche Eigenkapitalrendite in % p.a.	2,0%	2.133,33 €	2.666,67 €	3.200,00 €	3.733,33 €	4.266,67 €	4.800,00 €	5.333,33 €	5.866,67 €	6.400,00 €	6.933,33 €	7.466,67 €	8.000,00 €	8.533,33 €	9.066,67 €	9.600,00 €	10.133,33 €	10.666,67 €
	3,0%	1.600,00 €	2.000,00 €	2.400,00 €	2.800,00 €	3.200,00 €	3.600,00 €	4.000,00 €	4.400,00 €	4.800,00 €	5.200,00 €	5.600,00 €	6.000,00 €	6.400,00 €	6.800,00 €	7.200,00 €	7.600,00 €	8.000,00 €
	4,0%	1.280,00 €	1.600,00 €	1.920,00 €	2.240,00 €	2.560,00 €	2.880,00 €	3.200,00 €	3.520,00 €	3.840,00 €	4.160,00 €	4.480,00 €	4.800,00 €	5.120,00 €	5.440,00 €	5.760,00 €	6.080,00 €	6.400,00 €
	5,0%	1.066,67 €	1.333,33 €	1.600,00 €	1.866,67 €	2.133,33 €	2.400,00 €	2.666,67 €	2.933,33 €	3.200,00 €	3.466,67 €	3.733,33 €	4.000,00 €	4.266,67 €	4.533,33 €	4.800,00 €	5.066,67 €	5.333,33 €
	6,0%	914,29 €	1.142,86 €	1.371,43 €	1.600,00 €	1.828,57 €	2.057,14 €	2.285,71 €	2.514,29 €	2.742,86 €	2.971,43 €	3.200,00 €	3.428,57 €	3.657,14 €	3.885,71 €	4.114,29 €	4.342,86 €	4.571,43 €
	7,0%	800,00 €	1.000,00 €	1.200,00 €	1.400,00 €	1.600,00 €	1.800,00 €	2.000,00 €	2.200,00 €	2.400,00 €	2.600,00 €	2.800,00 €	3.000,00 €	3.200,00 €	3.400,00 €	3.600,00 €	3.800,00 €	4.000,00 €
	8,0%	711,11 €	888,89 €	1.066,67 €	1.244,44 €	1.422,22 €	1.600,00 €	1.777,78 €	1.955,56 €	2.133,33 €	2.311,11 €	2.488,89 €	2.666,67 €	2.844,44 €	3.022,22 €	3.200,00 €	3.377,78 €	3.555,56 €
	9,0%	640,00 €	800,00 €	960,00 €	1.120,00 €	1.280,00 €	1.440,00 €	1.600,00 €	1.760,00 €	1.920,00 €	2.080,00 €	2.240,00 €	2.400,00 €	2.560,00 €	2.720,00 €	2.880,00 €	3.040,00 €	3.200,00 €
	10,0%	581,82 €	727,27 €	872,73 €	1.018,18 €	1.163,64 €	1.309,09 €	1.454,55 €	1.600,00 €	1.745,45 €	1.890,91 €	2.036,36 €	2.181,82 €	2.327,27 €	2.472,73 €	2.618,18 €	2.763,64 €	2.909,09 €
	11,0%	533,33 €	666,67 €	800,00 €	933,33 €	1.066,67 €	1.200,00 €	1.333,33 €	1.466,67 €	1.600,00 €	1.733,33 €	1.866,67 €	2.000,00 €	2.133,33 €	2.266,67 €	2.400,00 €	2.533,33 €	2.666,67 €
	12,0%	492,31 €	615,38 €	738,46 €	861,54 €	984,62 €	1.107,69 €	1.230,77 €	1.353,85 €	1.476,92 €	1.600,00 €	1.723,08 €	1.846,15 €	1.969,23 €	2.092,31 €	2.215,38 €	2.338,46 €	2.461,54 €
	13,0%	457,14 €	571,43 €	685,71 €	800,00 €	914,29 €	1.028,57 €	1.142,86 €	1.257,14 €	1.371,43 €	1.485,71 €	1.600,00 €	1.714,29 €	1.828,57 €	1.942,86 €	2.057,14 €	2.171,43 €	2.285,71 €
	14,0%	426,67 €	533,33 €	640,00 €	746,67 €	853,33 €	960,00 €	1.066,67 €	1.173,33 €	1.280,00 €	1.386,67 €	1.493,33 €	1.600,00 €	1.706,67 €	1.813,33 €	1.920,00 €	2.026,67 €	2.133,33 €
	15,0%	400,00 €	500,00 €	600,00 €	700,00 €	800,00 €	900,00 €	1.000,00 €	1.100,00 €	1.200,00 €	1.300,00 €	1.400,00 €	1.500,00 €	1.600,00 €	1.700,00 €	1.800,00 €	1.900,00 €	2.000,00 €
	16,0%	376,47 €	470,59 €	564,71 €	658,82 €	752,94 €	847,06 €	941,18 €	1.035,29 €	1.129,41 €	1.223,53 €	1.317,65 €	1.411,76 €	1.505,88 €	1.600,00 €	1.694,12 €	1.788,24 €	1.882,35 €
	17,0%	355,56 €	444,44 €	533,33 €	622,22 €	711,11 €	800,00 €	888,89 €	977,78 €	1.066,67 €	1.155,56 €	1.244,44 €	1.333,33 €	1.422,22 €	1.511,11 €	1.600,00 €	1.688,89 €	1.777,78 €
	18,0%	336,84 €	421,05 €	505,26 €	589,47 €	673,68 €	757,89 €	842,11 €	926,32 €	1.010,53 €	1.094,74 €	1.178,95 €	1.263,16 €	1.347,37 €	1.431,58 €	1.515,79 €	1.600,00 €	1.684,21 €
	19,0%	320,00 €	400,00 €	480,00 €	560,00 €	640,00 €	720,00 €	800,00 €	880,00 €	960,00 €	1.040,00 €	1.120,00 €	1.200,00 €	1.280,00 €	1.360,00 €	1.440,00 €	1.520,00 €	1.600,00 €
	20,0%	304,76 €	380,95 €	457,14 €	533,33 €	609,52 €	685,71 €	761,90 €	838,10 €	914,29 €	990,48 €	1.066,67 €	1.142,86 €	1.219,05 €	1.295,24 €	1.371,43 €	1.447,62 €	1.523,81 €
	21,0%	290,91 €	363,64 €	436,36 €	509,09 €	581,82 €	654,55 €	727,27 €	800,00 €	872,73 €	945,45 €	1.018,18 €	1.090,91 €	1.163,64 €	1.236,36 €	1.309,09 €	1.381,82 €	1.454,55 €
	22,0%	278,26 €	347,83 €	417,39 €	486,96 €	556,52 €	626,09 €	695,65 €	765,22 €	834,78 €	904,35 €	973,91 €	1.043,48 €	1.113,04 €	1.182,61 €	1.252,17 €	1.321,74 €	1.391,30 €
	23,0%	266,67 €	333,33 €	400,00 €	466,67 €	533,33 €	600,00 €	666,67 €	733,33 €	800,00 €	866,67 €	933,33 €	1.000,00 €	1.066,67 €	1.133,33 €	1.200,00 €	1.266,67 €	1.333,33 €
	24,0%	256,00 €	320,00 €	384,00 €	448,00 €	512,00 €	576,00 €	640,00 €	704,00 €	768,00 €	832,00 €	896,00 €	960,00 €	1.024,00 €	1.088,00 €	1.152,00 €	1.216,00 €	1.280,00 €
	25,0%	246,15 €	307,69 €	369,23 €	430,77 €	492,31 €	553,85 €	615,38 €	676,92 €	738,46 €	800,00 €	861,54 €	923,08 €	984,62 €	1.046,15 €	1.107,69 €	1.169,23 €	1.230,77 €

Kaufpreismaxima für Immobilientransaktionen

Eigenkapitalquote: 75,0 % Fremdkapitalzinssatz p.a.: 4,0 %

Kaufpreismaxima in €/m²		monatliche Nettokaltmiete in €/m²																
	4	5	6	7	8	9	10	11	12	13	14	15	16	17	18	19	20
2,0%	1.920,00 €	2.400,00 €	2.880,00 €	3.360,00 €	3.840,00 €	4.320,00 €	4.800,00 €	5.280,00 €	5.760,00 €	6.240,00 €	6.720,00 €	7.200,00 €	7.680,00 €	8.160,00 €	8.640,00 €	9.120,00 €	9.600,00 €
3,0%	1.476,92 €	1.846,15 €	2.215,38 €	2.584,62 €	2.953,85 €	3.323,08 €	3.692,31 €	4.061,54 €	4.430,77 €	4.800,00 €	5.169,23 €	5.538,46 €	5.907,69 €	6.276,92 €	6.646,15 €	7.015,38 €	7.384,62 €
4,0%	1.200,00 €	1.500,00 €	1.800,00 €	2.100,00 €	2.400,00 €	2.700,00 €	3.000,00 €	3.300,00 €	3.600,00 €	3.900,00 €	4.200,00 €	4.500,00 €	4.800,00 €	5.100,00 €	5.400,00 €	5.700,00 €	6.000,00 €
5,0%	1.010,53 €	1.263,16 €	1.515,79 €	1.768,42 €	2.021,05 €	2.273,68 €	2.526,32 €	2.778,95 €	3.031,58 €	3.284,21 €	3.536,84 €	3.789,47 €	4.042,11 €	4.294,74 €	4.547,37 €	4.800,00 €	5.052,63 €
6,0%	872,73 €	1.090,91 €	1.309,09 €	1.527,27 €	1.745,45 €	1.963,64 €	2.181,82 €	2.400,00 €	2.618,18 €	2.836,36 €	3.054,55 €	3.272,73 €	3.490,91 €	3.709,09 €	3.927,27 €	4.145,45 €	4.363,64 €
7,0%	768,00 €	960,00 €	1.152,00 €	1.344,00 €	1.536,00 €	1.728,00 €	1.920,00 €	2.112,00 €	2.304,00 €	2.496,00 €	2.688,00 €	2.880,00 €	3.072,00 €	3.264,00 €	3.456,00 €	3.648,00 €	3.840,00 €
8,0%	685,71 €	857,14 €	1.028,57 €	1.200,00 €	1.371,43 €	1.542,86 €	1.714,29 €	1.885,71 €	2.057,14 €	2.228,57 €	2.400,00 €	2.571,43 €	2.742,86 €	2.914,29 €	3.085,71 €	3.257,14 €	3.428,57 €
9,0%	619,35 €	774,19 €	929,03 €	1.083,87 €	1.238,71 €	1.393,55 €	1.548,39 €	1.703,23 €	1.858,06 €	2.012,90 €	2.167,74 €	2.322,58 €	2.477,42 €	2.632,26 €	2.787,10 €	2.941,94 €	3.096,77 €
10,0%	564,71 €	705,88 €	847,06 €	988,24 €	1.129,41 €	1.270,59 €	1.411,76 €	1.552,94 €	1.694,12 €	1.835,29 €	1.976,47 €	2.117,65 €	2.258,82 €	2.400,00 €	2.541,18 €	2.682,35 €	2.823,53 €
11,0%	518,92 €	648,65 €	778,38 €	908,11 €	1.037,84 €	1.167,57 €	1.297,30 €	1.427,03 €	1.556,76 €	1.686,49 €	1.816,22 €	1.945,95 €	2.075,68 €	2.205,41 €	2.335,14 €	2.464,86 €	2.594,59 €
12,0%	480,00 €	600,00 €	720,00 €	840,00 €	960,00 €	1.080,00 €	1.200,00 €	1.320,00 €	1.440,00 €	1.560,00 €	1.680,00 €	1.800,00 €	1.920,00 €	2.040,00 €	2.160,00 €	2.280,00 €	2.400,00 €
13,0%	446,51 €	558,14 €	669,77 €	781,40 €	893,02 €	1.004,65 €	1.116,28 €	1.227,91 €	1.339,53 €	1.451,16 €	1.562,79 €	1.674,42 €	1.786,05 €	1.897,67 €	2.009,30 €	2.120,93 €	2.232,56 €
14,0%	417,39 €	521,74 €	626,09 €	730,43 €	834,78 €	939,13 €	1.043,48 €	1.147,83 €	1.252,17 €	1.356,52 €	1.460,87 €	1.565,22 €	1.669,57 €	1.773,91 €	1.878,26 €	1.982,61 €	2.086,96 €
15,0%	391,84 €	489,80 €	587,76 €	685,71 €	783,67 €	881,63 €	979,59 €	1.077,55 €	1.175,51 €	1.273,47 €	1.371,43 €	1.469,39 €	1.567,35 €	1.665,31 €	1.763,27 €	1.861,22 €	1.959,18 €
16,0%	369,23 €	461,54 €	553,85 €	646,15 €	738,46 €	830,77 €	923,08 €	1.015,38 €	1.107,69 €	1.200,00 €	1.292,31 €	1.384,62 €	1.476,92 €	1.569,23 €	1.661,54 €	1.753,85 €	1.846,15 €
17,0%	349,09 €	436,36 €	523,64 €	610,91 €	698,18 €	785,45 €	872,73 €	960,00 €	1.047,27 €	1.134,55 €	1.221,82 €	1.309,09 €	1.396,36 €	1.483,64 €	1.570,91 €	1.658,18 €	1.745,45 €
18,0%	331,03 €	413,79 €	496,55 €	579,31 €	662,07 €	744,83 €	827,59 €	910,34 €	993,10 €	1.075,86 €	1.158,62 €	1.241,38 €	1.324,14 €	1.406,90 €	1.489,66 €	1.572,41 €	1.655,17 €
19,0%	314,75 €	393,44 €	472,13 €	550,82 €	629,51 €	708,20 €	786,89 €	865,57 €	944,26 €	1.022,95 €	1.101,64 €	1.180,33 €	1.259,02 €	1.337,70 €	1.416,39 €	1.495,08 €	1.573,77 €
20,0%	300,00 €	375,00 €	450,00 €	525,00 €	600,00 €	675,00 €	750,00 €	825,00 €	900,00 €	975,00 €	1.050,00 €	1.125,00 €	1.200,00 €	1.275,00 €	1.350,00 €	1.425,00 €	1.500,00 €
21,0%	286,57 €	358,21 €	429,85 €	501,49 €	573,13 €	644,78 €	716,42 €	788,06 €	859,70 €	931,34 €	1.002,99 €	1.074,63 €	1.146,27 €	1.217,91 €	1.289,55 €	1.361,19 €	1.432,84 €
22,0%	274,29 €	342,86 €	411,43 €	480,00 €	548,57 €	617,14 €	685,71 €	754,29 €	822,86 €	891,43 €	960,00 €	1.028,57 €	1.097,14 €	1.165,71 €	1.234,29 €	1.302,86 €	1.371,43 €
23,0%	263,01 €	328,77 €	394,52 €	460,27 €	526,03 €	591,78 €	657,53 €	723,29 €	789,04 €	854,79 €	920,55 €	986,30 €	1.052,05 €	1.117,81 €	1.183,56 €	1.249,32 €	1.315,07 €
24,0%	252,63 €	315,79 €	378,95 €	442,11 €	505,26 €	568,42 €	631,58 €	694,74 €	757,89 €	821,05 €	884,21 €	947,37 €	1.010,53 €	1.073,68 €	1.136,84 €	1.200,00 €	1.263,16 €
25,0%	243,04 €	303,80 €	364,56 €	425,32 €	486,08 €	546,84 €	607,59 €	668,35 €	729,11 €	789,87 €	850,63 €	911,39 €	972,15 €	1.032,91 €	1.093,67 €	1.154,43 €	1.215,19 €

anfängliche Eigenkapitalrendite in % p.a.

Kaufpreismaxima für Immobilientransaktionen

Eigenkapitalquote: 75,0 % Fremdkapitalzinssatz p.a.: 5,0 %

Kaufpreismaxima in €/m²	monatliche Nettokaltmiete in €/m²																
anfängliche Eigenkapitalrendite in % p.a.	4	5	6	7	8	9	10	11	12	13	14	15	16	17	18	19	20
2,0%	1.745,45 €	2.181,82 €	2.618,18 €	3.054,55 €	3.490,91 €	3.927,27 €	4.363,64 €	4.800,00 €	5.236,36 €	5.672,73 €	6.109,09 €	6.545,45 €	6.981,82 €	7.418,18 €	7.854,55 €	8.290,91 €	8.727,27 €
3,0%	1.371,43 €	1.714,29 €	2.057,14 €	2.400,00 €	2.742,86 €	3.085,71 €	3.428,57 €	3.771,43 €	4.114,29 €	4.457,14 €	4.800,00 €	5.142,86 €	5.485,71 €	5.828,57 €	6.171,43 €	6.514,29 €	6.857,14 €
4,0%	1.129,41 €	1.411,76 €	1.694,12 €	1.976,47 €	2.258,82 €	2.541,18 €	2.823,53 €	3.105,88 €	3.388,24 €	3.670,59 €	3.952,94 €	4.235,29 €	4.517,65 €	4.800,00 €	5.082,35 €	5.364,71 €	5.647,06 €
5,0%	960,00 €	1.200,00 €	1.440,00 €	1.680,00 €	1.920,00 €	2.160,00 €	2.400,00 €	2.640,00 €	2.880,00 €	3.120,00 €	3.360,00 €	3.600,00 €	3.840,00 €	4.080,00 €	4.320,00 €	4.560,00 €	4.800,00 €
6,0%	834,78 €	1.043,48 €	1.252,17 €	1.460,87 €	1.669,57 €	1.878,26 €	2.086,96 €	2.295,65 €	2.504,35 €	2.713,04 €	2.921,74 €	3.130,43 €	3.339,13 €	3.547,83 €	3.756,52 €	3.965,22 €	4.173,91 €
7,0%	738,46 €	923,08 €	1.107,69 €	1.292,31 €	1.476,92 €	1.661,54 €	1.846,15 €	2.030,77 €	2.215,38 €	2.400,00 €	2.584,62 €	2.769,23 €	2.953,85 €	3.138,46 €	3.323,08 €	3.507,69 €	3.692,31 €
8,0%	662,07 €	827,59 €	993,10 €	1.158,62 €	1.324,14 €	1.489,66 €	1.655,17 €	1.820,69 €	1.986,21 €	2.151,72 €	2.317,24 €	2.482,76 €	2.648,28 €	2.813,79 €	2.979,31 €	3.144,83 €	3.310,34 €
9,0%	600,00 €	750,00 €	900,00 €	1.050,00 €	1.200,00 €	1.350,00 €	1.500,00 €	1.650,00 €	1.800,00 €	1.950,00 €	2.100,00 €	2.250,00 €	2.400,00 €	2.550,00 €	2.700,00 €	2.850,00 €	3.000,00 €
10,0%	548,57 €	685,71 €	822,86 €	960,00 €	1.097,14 €	1.234,29 €	1.371,43 €	1.508,57 €	1.645,71 €	1.782,86 €	1.920,00 €	2.057,14 €	2.194,29 €	2.331,43 €	2.468,57 €	2.605,71 €	2.742,86 €
11,0%	505,26 €	631,58 €	757,89 €	884,21 €	1.010,53 €	1.136,84 €	1.263,16 €	1.389,47 €	1.515,79 €	1.642,11 €	1.768,42 €	1.894,74 €	2.021,05 €	2.147,37 €	2.273,68 €	2.400,00 €	2.526,32 €
12,0%	468,29 €	585,37 €	702,44 €	819,51 €	936,59 €	1.053,66 €	1.170,73 €	1.287,80 €	1.404,88 €	1.521,95 €	1.639,02 €	1.756,10 €	1.873,17 €	1.990,24 €	2.107,32 €	2.224,39 €	2.341,46 €
13,0%	436,36 €	545,45 €	654,55 €	763,64 €	872,73 €	981,82 €	1.090,91 €	1.200,00 €	1.309,09 €	1.418,18 €	1.527,27 €	1.636,36 €	1.745,45 €	1.854,55 €	1.963,64 €	2.072,73 €	2.181,82 €
14,0%	408,51 €	510,64 €	612,77 €	714,89 €	817,02 €	919,15 €	1.021,28 €	1.123,40 €	1.225,53 €	1.327,66 €	1.429,79 €	1.531,91 €	1.634,04 €	1.736,17 €	1.838,30 €	1.940,43 €	2.042,55 €
15,0%	384,00 €	480,00 €	576,00 €	672,00 €	768,00 €	864,00 €	960,00 €	1.056,00 €	1.152,00 €	1.248,00 €	1.344,00 €	1.440,00 €	1.536,00 €	1.632,00 €	1.728,00 €	1.824,00 €	1.920,00 €
16,0%	362,26 €	452,83 €	543,40 €	633,96 €	724,53 €	815,09 €	905,66 €	996,23 €	1.086,79 €	1.177,36 €	1.267,92 €	1.358,49 €	1.449,06 €	1.539,62 €	1.630,19 €	1.720,75 €	1.811,32 €
17,0%	342,86 €	428,57 €	514,29 €	600,00 €	685,71 €	771,43 €	857,14 €	942,86 €	1.028,57 €	1.114,29 €	1.200,00 €	1.285,71 €	1.371,43 €	1.457,14 €	1.542,86 €	1.628,57 €	1.714,29 €
18,0%	325,42 €	406,78 €	488,14 €	569,49 €	650,85 €	732,20 €	813,56 €	894,92 €	976,27 €	1.057,63 €	1.138,98 €	1.220,34 €	1.301,69 €	1.383,05 €	1.464,41 €	1.545,76 €	1.627,12 €
19,0%	309,68 €	387,10 €	464,52 €	541,94 €	619,35 €	696,77 €	774,19 €	851,61 €	929,03 €	1.006,45 €	1.083,87 €	1.161,29 €	1.238,71 €	1.316,13 €	1.393,55 €	1.470,97 €	1.548,39 €
20,0%	295,38 €	369,23 €	443,08 €	516,92 €	590,77 €	664,62 €	738,46 €	812,31 €	886,15 €	960,00 €	1.033,85 €	1.107,69 €	1.181,54 €	1.255,38 €	1.329,23 €	1.403,08 €	1.476,92 €
21,0%	282,35 €	352,94 €	423,53 €	494,12 €	564,71 €	635,29 €	705,88 €	776,47 €	847,06 €	917,65 €	988,24 €	1.058,82 €	1.129,41 €	1.200,00 €	1.270,59 €	1.341,18 €	1.411,76 €
22,0%	270,42 €	338,03 €	405,63 €	473,24 €	540,85 €	608,45 €	676,06 €	743,66 €	811,27 €	878,87 €	946,48 €	1.014,08 €	1.081,69 €	1.149,30 €	1.216,90 €	1.284,51 €	1.352,11 €
23,0%	259,46 €	324,32 €	389,19 €	454,05 €	518,92 €	583,78 €	648,65 €	713,51 €	778,38 €	843,24 €	908,11 €	972,97 €	1.037,84 €	1.102,70 €	1.167,57 €	1.232,43 €	1.297,30 €
24,0%	249,35 €	311,69 €	374,03 €	436,36 €	498,70 €	561,04 €	623,38 €	685,71 €	748,05 €	810,39 €	872,73 €	935,06 €	997,40 €	1.059,74 €	1.122,08 €	1.184,42 €	1.246,75 €
25,0%	240,00 €	300,00 €	360,00 €	420,00 €	480,00 €	540,00 €	600,00 €	660,00 €	720,00 €	780,00 €	840,00 €	900,00 €	960,00 €	1.020,00 €	1.080,00 €	1.140,00 €	1.200,00 €

Kaufpreismaxima für Immobilientransaktionen

Eigenkapitalquote: 100,0 % Fremdkapitalzinssatz p.a.: 0,5 %

Kaufpreismaxima in €/m² \ anfängliche Eigenkapitalrendite in % p.a.	monatliche Nettokaltmiete in €/m²																
	4	5	6	7	8	9	10	11	12	13	14	15	16	17	18	19	20
2,0%	2.400,00 €	3.000,00 €	3.600,00 €	4.200,00 €	4.800,00 €	5.400,00 €	6.000,00 €	6.600,00 €	7.200,00 €	7.800,00 €	8.400,00 €	9.000,00 €	9.600,00 €	10.200,00 €	10.800,00 €	11.400,00 €	12.000,00 €
3,0%	1.600,00 €	2.000,00 €	2.400,00 €	2.800,00 €	3.200,00 €	3.600,00 €	4.000,00 €	4.400,00 €	4.800,00 €	5.200,00 €	5.600,00 €	6.000,00 €	6.400,00 €	6.800,00 €	7.200,00 €	7.600,00 €	8.000,00 €
4,0%	1.200,00 €	1.500,00 €	1.800,00 €	2.100,00 €	2.400,00 €	2.700,00 €	3.000,00 €	3.300,00 €	3.600,00 €	3.990,00 €	4.200,00 €	4.500,00 €	4.800,00 €	5.100,00 €	5.400,00 €	5.700,00 €	6.000,00 €
5,0%	960,00 €	1.200,00 €	1.440,00 €	1.680,00 €	1.920,00 €	2.160,00 €	2.400,00 €	2.640,00 €	2.880,00 €	3.120,00 €	3.360,00 €	3.600,00 €	3.840,00 €	4.080,00 €	4.320,00 €	4.560,00 €	4.800,00 €
6,0%	800,00 €	1.000,00 €	1.200,00 €	1.400,00 €	1.600,00 €	1.800,00 €	2.000,00 €	2.200,00 €	2.400,00 €	2.600,00 €	2.800,00 €	3.000,00 €	3.200,00 €	3.400,00 €	3.600,00 €	3.800,00 €	4.000,00 €
7,0%	685,71 €	857,14 €	1.028,57 €	1.200,00 €	1.371,43 €	1.542,86 €	1.714,29 €	1.885,71 €	2.057,14 €	2.228,57 €	2.400,00 €	2.571,43 €	2.742,86 €	2.914,29 €	3.085,71 €	3.257,14 €	3.428,57 €
8,0%	600,00 €	750,00 €	900,00 €	1.050,00 €	1.200,00 €	1.350,00 €	1.500,00 €	1.650,00 €	1.800,00 €	1.950,00 €	2.100,00 €	2.250,00 €	2.400,00 €	2.550,00 €	2.700,00 €	2.850,00 €	3.000,00 €
9,0%	533,33 €	666,67 €	800,00 €	933,33 €	1.066,67 €	1.200,00 €	1.333,33 €	1.466,67 €	1.600,00 €	1.733,33 €	1.866,67 €	2.000,00 €	2.133,33 €	2.266,67 €	2.400,00 €	2.533,33 €	2.666,67 €
10,0%	480,00 €	600,00 €	720,00 €	840,00 €	960,00 €	1.080,00 €	1.200,00 €	1.320,00 €	1.440,00 €	1.560,00 €	1.680,00 €	1.800,00 €	1.920,00 €	2.040,00 €	2.160,00 €	2.280,00 €	2.400,00 €
11,0%	436,36 €	545,45 €	654,55 €	763,64 €	872,73 €	981,82 €	1.090,91 €	1.200,00 €	1.309,09 €	1.418,18 €	1.527,27 €	1.636,36 €	1.745,45 €	1.854,55 €	1.963,64 €	2.072,73 €	2.181,82 €
12,0%	400,00 €	500,00 €	600,00 €	700,00 €	800,00 €	900,00 €	1.000,00 €	1.100,00 €	1.200,00 €	1.300,00 €	1.400,00 €	1.500,00 €	1.600,00 €	1.700,00 €	1.800,00 €	1.900,00 €	2.000,00 €
13,0%	369,23 €	461,54 €	553,85 €	646,15 €	738,46 €	830,77 €	923,08 €	1.015,38 €	1.107,69 €	1.200,00 €	1.292,31 €	1.384,62 €	1.476,92 €	1.569,23 €	1.661,54 €	1.753,85 €	1.846,15 €
14,0%	342,86 €	428,57 €	514,29 €	600,00 €	685,71 €	771,43 €	857,14 €	942,86 €	1.028,57 €	1.114,29 €	1.200,00 €	1.285,71 €	1.371,43 €	1.457,14 €	1.542,86 €	1.628,57 €	1.714,29 €
15,0%	320,00 €	400,00 €	480,00 €	560,00 €	640,00 €	720,00 €	800,00 €	880,00 €	960,00 €	1.040,00 €	1.120,00 €	1.200,00 €	1.280,00 €	1.360,00 €	1.440,00 €	1.520,00 €	1.600,00 €
16,0%	300,00 €	375,00 €	450,00 €	525,00 €	600,00 €	675,00 €	750,00 €	825,00 €	900,00 €	975,00 €	1.050,00 €	1.125,00 €	1.200,00 €	1.275,00 €	1.350,00 €	1.425,00 €	1.500,00 €
17,0%	282,35 €	352,94 €	423,53 €	494,12 €	564,71 €	635,29 €	705,88 €	776,47 €	847,06 €	917,65 €	988,24 €	1.058,82 €	1.129,41 €	1.200,00 €	1.270,59 €	1.341,18 €	1.411,76 €
18,0%	266,67 €	333,33 €	400,00 €	466,67 €	533,33 €	600,00 €	666,67 €	733,33 €	800,00 €	866,67 €	933,33 €	1.000,00 €	1.066,67 €	1.133,33 €	1.200,00 €	1.266,67 €	1.333,33 €
19,0%	252,63 €	315,79 €	378,95 €	442,11 €	505,26 €	568,42 €	631,58 €	694,74 €	757,89 €	821,05 €	884,21 €	947,37 €	1.010,53 €	1.073,68 €	1.136,84 €	1.200,00 €	1.263,16 €
20,0%	240,00 €	300,00 €	360,00 €	420,00 €	480,00 €	540,00 €	600,00 €	660,00 €	720,00 €	780,00 €	840,00 €	900,00 €	960,00 €	1.020,00 €	1.080,00 €	1.140,00 €	1.200,00 €
21,0%	228,57 €	285,71 €	342,86 €	400,00 €	457,14 €	514,29 €	571,43 €	628,57 €	685,71 €	742,86 €	800,00 €	857,14 €	914,29 €	971,43 €	1.028,57 €	1.085,71 €	1.142,86 €
22,0%	218,18 €	272,73 €	327,27 €	381,82 €	436,36 €	490,91 €	545,45 €	600,00 €	654,55 €	709,09 €	763,64 €	818,18 €	872,73 €	927,27 €	981,82 €	1.036,36 €	1.090,91 €
23,0%	208,70 €	260,87 €	313,04 €	365,22 €	417,39 €	469,57 €	521,74 €	573,91 €	626,09 €	678,26 €	730,43 €	782,61 €	834,78 €	886,96 €	939,13 €	991,30 €	1.043,48 €
24,0%	200,00 €	250,00 €	300,00 €	350,00 €	400,00 €	450,00 €	500,00 €	550,00 €	600,00 €	650,00 €	700,00 €	750,00 €	800,00 €	850,00 €	900,00 €	950,00 €	1.000,00 €
25,0%	192,00 €	240,00 €	288,00 €	336,00 €	384,00 €	432,00 €	480,00 €	528,00 €	576,00 €	624,00 €	672,00 €	720,00 €	768,00 €	816,00 €	864,00 €	912,00 €	960,00 €

Kaufpreismaxima für Immobilientransaktionen

Eigenkapitalquote: 100,0 % Fremdkapitalzinssatz p.a.: 1,0 %

Kaufpreismaxima in €/m²	monatliche Nettokaltmiete in €/m²																	
anfängliche Eigenkapitalrendite in % p.a.	4	5	6	7	8	9	10	11	12	13	14	15	16	17	18	19	20
2,0%	2.400,00 €	3.000,00 €	3.600,00 €	4.200,00 €	4.800,00 €	5.400,00 €	6.000,00 €	6.600,00 €	7.200,00 €	7.800,00 €	8.400,00 €	9.000,00 €	9.600,00 €	10.200,00 €	10.800,00 €	11.400,00 €	12.000,00 €
3,0%	1.600,00 €	2.000,00 €	2.400,00 €	2.800,00 €	3.200,00 €	3.600,00 €	4.000,00 €	4.400,00 €	4.800,00 €	5.200,00 €	5.600,00 €	6.000,00 €	6.400,00 €	6.800,00 €	7.200,00 €	7.600,00 €	8.000,00 €
4,0%	1.200,00 €	1.500,00 €	1.800,00 €	2.100,00 €	2.400,00 €	2.700,00 €	3.000,00 €	3.300,00 €	3.600,00 €	3.900,00 €	4.200,00 €	4.500,00 €	4.800,00 €	5.100,00 €	5.400,00 €	5.700,00 €	6.000,00 €
5,0%	960,00 €	1.200,00 €	1.440,00 €	1.680,00 €	1.920,00 €	2.160,00 €	2.400,00 €	2.640,00 €	2.880,00 €	3.120,00 €	3.360,00 €	3.600,00 €	3.840,00 €	4.080,00 €	4.320,00 €	4.560,00 €	4.800,00 €
6,0%	800,00 €	1.000,00 €	1.200,00 €	1.400,00 €	1.600,00 €	1.800,00 €	2.000,00 €	2.200,00 €	2.400,00 €	2.600,00 €	2.800,00 €	3.000,00 €	3.200,00 €	3.400,00 €	3.600,00 €	3.800,00 €	4.000,00 €
7,0%	685,71 €	857,14 €	1.028,57 €	1.200,00 €	1.371,43 €	1.542,86 €	1.714,29 €	1.885,71 €	2.057,14 €	2.228,57 €	2.400,00 €	2.571,43 €	2.742,86 €	2.914,29 €	3.085,71 €	3.257,14 €	3.428,57 €
8,0%	600,00 €	750,00 €	900,00 €	1.050,00 €	1.200,00 €	1.350,00 €	1.500,00 €	1.650,00 €	1.800,00 €	1.950,00 €	2.100,00 €	2.250,00 €	2.400,00 €	2.550,00 €	2.700,00 €	2.850,00 €	3.000,00 €
9,0%	533,33 €	666,67 €	800,00 €	933,33 €	1.066,67 €	1.200,00 €	1.333,33 €	1.466,67 €	1.600,00 €	1.733,33 €	1.866,67 €	2.000,00 €	2.133,33 €	2.266,67 €	2.400,00 €	2.533,33 €	2.666,67 €
10,0%	480,00 €	600,00 €	720,00 €	840,00 €	960,00 €	1.080,00 €	1.200,00 €	1.320,00 €	1.440,00 €	1.560,00 €	1.680,00 €	1.800,00 €	1.920,00 €	2.040,00 €	2.160,00 €	2.280,00 €	2.400,00 €
11,0%	436,36 €	545,45 €	654,55 €	763,64 €	872,73 €	981,82 €	1.090,91 €	1.200,00 €	1.309,09 €	1.418,18 €	1.527,27 €	1.636,36 €	1.745,45 €	1.854,55 €	1.963,64 €	2.072,73 €	2.181,82 €
12,0%	400,00 €	500,00 €	600,00 €	700,00 €	800,00 €	900,00 €	1.000,00 €	1.100,00 €	1.200,00 €	1.300,00 €	1.400,00 €	1.500,00 €	1.600,00 €	1.700,00 €	1.800,00 €	1.900,00 €	2.000,00 €
13,0%	369,23 €	461,54 €	553,85 €	646,15 €	738,46 €	830,77 €	923,08 €	1.015,38 €	1.107,69 €	1.200,00 €	1.292,31 €	1.384,62 €	1.476,92 €	1.569,23 €	1.661,54 €	1.753,85 €	1.846,15 €
14,0%	342,86 €	428,57 €	514,29 €	600,00 €	685,71 €	771,43 €	857,14 €	942,86 €	1.028,57 €	1.114,29 €	1.200,00 €	1.285,71 €	1.371,43 €	1.457,14 €	1.542,86 €	1.628,57 €	1.714,29 €
15,0%	320,00 €	400,00 €	480,00 €	560,00 €	640,00 €	720,00 €	800,00 €	880,00 €	960,00 €	1.040,00 €	1.120,00 €	1.200,00 €	1.280,00 €	1.360,00 €	1.440,00 €	1.520,00 €	1.600,00 €
16,0%	300,00 €	375,00 €	450,00 €	525,00 €	600,00 €	675,00 €	750,00 €	825,00 €	900,00 €	975,00 €	1.050,00 €	1.125,00 €	1.200,00 €	1.275,00 €	1.350,00 €	1.425,00 €	1.500,00 €
17,0%	282,35 €	352,94 €	423,53 €	494,12 €	564,71 €	635,29 €	705,88 €	776,47 €	847,06 €	917,65 €	988,24 €	1.058,82 €	1.129,41 €	1.200,00 €	1.270,59 €	1.341,18 €	1.411,76 €
18,0%	266,67 €	333,33 €	400,00 €	466,67 €	533,33 €	600,00 €	666,67 €	733,33 €	800,00 €	866,67 €	933,33 €	1.000,00 €	1.066,67 €	1.133,33 €	1.200,00 €	1.266,67 €	1.333,33 €
19,0%	252,63 €	315,79 €	378,95 €	442,11 €	505,26 €	568,42 €	631,58 €	694,74 €	757,89 €	821,05 €	884,21 €	947,37 €	1.010,53 €	1.073,68 €	1.136,84 €	1.200,00 €	1.263,16 €
20,0%	240,00 €	300,00 €	360,00 €	420,00 €	480,00 €	540,00 €	600,00 €	660,00 €	720,00 €	780,00 €	840,00 €	900,00 €	960,00 €	1.020,00 €	1.080,00 €	1.140,00 €	1.200,00 €
21,0%	228,57 €	285,71 €	342,86 €	400,00 €	457,14 €	514,29 €	571,43 €	628,57 €	685,71 €	742,86 €	800,00 €	857,14 €	914,29 €	971,43 €	1.028,57 €	1.085,71 €	1.142,86 €
22,0%	218,18 €	272,73 €	327,27 €	381,82 €	436,36 €	490,91 €	545,45 €	600,00 €	654,55 €	709,09 €	763,64 €	818,18 €	872,73 €	927,27 €	981,82 €	1.036,36 €	1.090,91 €
23,0%	208,70 €	260,87 €	313,04 €	365,22 €	417,39 €	469,57 €	521,74 €	573,91 €	626,09 €	678,26 €	730,43 €	782,61 €	834,78 €	886,96 €	939,13 €	991,30 €	1.043,48 €
24,0%	200,00 €	250,00 €	300,00 €	350,00 €	400,00 €	450,00 €	500,00 €	550,00 €	600,00 €	650,00 €	700,00 €	750,00 €	800,00 €	850,00 €	900,00 €	950,00 €	1.000,00 €
25,0%	192,00 €	240,00 €	288,00 €	336,00 €	384,00 €	432,00 €	480,00 €	528,00 €	576,00 €	624,00 €	672,00 €	720,00 €	768,00 €	816,00 €	864,00 €	912,00 €	960,00 €

Kaufpreismaxima für Immobilientransaktionen

Eigenkapitalquote: 100,0 %   Fremdkapitalzinssatz p.a.: 2,0 %

anfängliche Eigenkapitalrendite in % p.a.

Kaufpreismaxima in €/m²	4	5	6	7	8	9	10	11	12	13	14	15	16	17	18	19	20
							monatliche Nettokaltmiete in €/m²										
2,0%	2.400,00 €	3.000,00 €	3.600,00 €	4.200,00 €	4.800,00 €	5.400,00 €	6.000,00 €	6.600,00 €	7.200,00 €	7.800,00 €	8.400,00 €	9.000,00 €	9.600,00 €	10.200,00 €	10.800,00 €	11.400,00 €	12.000,00 €
3,0%	1.600,00 €	2.000,00 €	2.400,00 €	2.800,00 €	3.200,00 €	3.600,00 €	4.000,00 €	4.400,00 €	4.800,00 €	5.200,00 €	5.600,00 €	6.000,00 €	6.400,00 €	6.800,00 €	7.200,00 €	7.600,00 €	8.000,00 €
4,0%	1.200,00 €	1.500,00 €	1.800,00 €	2.100,00 €	2.400,00 €	2.700,00 €	3.000,00 €	3.300,00 €	3.600,00 €	3.900,00 €	4.200,00 €	4.500,00 €	4.800,00 €	5.100,00 €	5.400,00 €	5.700,00 €	6.000,00 €
5,0%	960,00 €	1.200,00 €	1.440,00 €	1.680,00 €	1.920,00 €	2.160,00 €	2.400,00 €	2.640,00 €	2.880,00 €	3.120,00 €	3.360,00 €	3.600,00 €	3.840,00 €	4.080,00 €	4.320,00 €	4.560,00 €	4.800,00 €
6,0%	800,00 €	1.000,00 €	1.200,00 €	1.400,00 €	1.600,00 €	1.800,00 €	2.000,00 €	2.200,00 €	2.400,00 €	2.600,00 €	2.800,00 €	3.000,00 €	3.200,00 €	3.400,00 €	3.600,00 €	3.800,00 €	4.000,00 €
7,0%	685,71 €	857,14 €	1.028,57 €	1.200,00 €	1.371,43 €	1.542,86 €	1.714,29 €	1.885,71 €	2.057,14 €	2.228,57 €	2.400,00 €	2.571,43 €	2.742,86 €	2.914,29 €	3.085,71 €	3.257,14 €	3.428,57 €
8,0%	600,00 €	750,00 €	900,00 €	1.050,00 €	1.200,00 €	1.350,00 €	1.500,00 €	1.650,00 €	1.800,00 €	1.950,00 €	2.100,00 €	2.250,00 €	2.400,00 €	2.550,00 €	2.700,00 €	2.850,00 €	3.000,00 €
9,0%	533,33 €	666,67 €	800,00 €	933,33 €	1.066,67 €	1.200,00 €	1.333,33 €	1.466,67 €	1.600,00 €	1.733,33 €	1.866,67 €	2.000,00 €	2.133,33 €	2.266,67 €	2.400,00 €	2.533,33 €	2.666,67 €
10,0%	480,00 €	600,00 €	720,00 €	840,00 €	960,00 €	1.080,00 €	1.200,00 €	1.320,00 €	1.440,00 €	1.560,00 €	1.680,00 €	1.800,00 €	1.920,00 €	2.040,00 €	2.160,00 €	2.280,00 €	2.400,00 €
11,0%	436,36 €	545,45 €	654,55 €	763,64 €	872,73 €	981,82 €	1.090,91 €	1.200,00 €	1.309,09 €	1.418,18 €	1.527,27 €	1.636,36 €	1.745,45 €	1.854,55 €	1.963,64 €	2.072,73 €	2.181,82 €
12,0%	400,00 €	500,00 €	600,00 €	700,00 €	800,00 €	900,00 €	1.000,00 €	1.100,00 €	1.200,00 €	1.300,00 €	1.400,00 €	1.500,00 €	1.600,00 €	1.700,00 €	1.800,00 €	1.900,00 €	2.000,00 €
13,0%	369,23 €	461,54 €	553,85 €	646,15 €	738,46 €	830,77 €	923,08 €	1.015,38 €	1.107,69 €	1.200,00 €	1.292,31 €	1.384,62 €	1.476,92 €	1.569,23 €	1.661,54 €	1.753,85 €	1.846,15 €
14,0%	342,86 €	428,57 €	514,29 €	600,00 €	685,71 €	771,43 €	857,14 €	942,86 €	1.028,57 €	1.114,29 €	1.200,00 €	1.285,71 €	1.371,43 €	1.457,14 €	1.542,86 €	1.628,57 €	1.714,29 €
15,0%	320,00 €	400,00 €	480,00 €	560,00 €	640,00 €	720,00 €	800,00 €	880,00 €	960,00 €	1.040,00 €	1.120,00 €	1.200,00 €	1.280,00 €	1.360,00 €	1.440,00 €	1.520,00 €	1.600,00 €
16,0%	300,00 €	375,00 €	450,00 €	525,00 €	600,00 €	675,00 €	750,00 €	825,00 €	900,00 €	975,00 €	1.050,00 €	1.125,00 €	1.200,00 €	1.275,00 €	1.350,00 €	1.425,00 €	1.500,00 €
17,0%	282,35 €	352,94 €	423,53 €	494,12 €	564,71 €	635,29 €	705,88 €	776,47 €	847,06 €	917,65 €	988,24 €	1.058,82 €	1.129,41 €	1.200,00 €	1.270,59 €	1.341,18 €	1.411,76 €
18,0%	266,67 €	333,33 €	400,00 €	466,67 €	533,33 €	600,00 €	666,67 €	733,33 €	800,00 €	866,67 €	933,33 €	1.000,00 €	1.066,67 €	1.133,33 €	1.200,00 €	1.266,67 €	1.333,33 €
19,0%	252,63 €	315,79 €	378,95 €	442,11 €	505,26 €	568,42 €	631,58 €	694,74 €	757,89 €	821,05 €	884,21 €	947,37 €	1.010,53 €	1.073,68 €	1.136,84 €	1.200,00 €	1.263,16 €
20,0%	240,00 €	300,00 €	360,00 €	420,00 €	480,00 €	540,00 €	600,00 €	660,00 €	720,00 €	780,00 €	840,00 €	900,00 €	960,00 €	1.020,00 €	1.080,00 €	1.140,00 €	1.200,00 €
21,0%	228,57 €	285,71 €	342,86 €	400,00 €	457,14 €	514,29 €	571,43 €	628,57 €	685,71 €	742,86 €	800,00 €	857,14 €	914,29 €	971,43 €	1.028,57 €	1.085,71 €	1.142,86 €
22,0%	218,18 €	272,73 €	327,27 €	381,82 €	436,36 €	490,91 €	545,45 €	600,00 €	654,55 €	709,09 €	763,64 €	818,18 €	872,73 €	927,27 €	981,82 €	1.036,36 €	1.090,91 €
23,0%	208,70 €	260,87 €	313,04 €	365,22 €	417,39 €	469,57 €	521,74 €	573,91 €	626,09 €	678,26 €	730,43 €	782,61 €	834,78 €	886,96 €	939,13 €	991,30 €	1.043,48 €
24,0%	200,00 €	250,00 €	300,00 €	350,00 €	400,00 €	450,00 €	500,00 €	550,00 €	600,00 €	650,00 €	700,00 €	750,00 €	800,00 €	850,00 €	900,00 €	950,00 €	1.000,00 €
25,0%	192,00 €	240,00 €	288,00 €	336,00 €	384,00 €	432,00 €	480,00 €	528,00 €	576,00 €	624,00 €	672,00 €	720,00 €	768,00 €	816,00 €	864,00 €	912,00 €	960,00 €

Kaufpreismaxima für Immobilientransaktionen

Eigenkapitalquote: 100,0 % Fremdkapitalzinssatz p.a.: 3,0 %

Kaufpreismaxima in €/m²	\multicolumn{17}{c}{monatliche Nettokaltmiete in €/m²}																
anfängliche Eigenkapitalrendite in % p.a.	4	5	6	7	8	9	10	11	12	13	14	15	16	17	18	19	20
2,0%	2.400,00 €	3.000,00 €	3.600,00 €	4.200,00 €	4.800,00 €	5.400,00 €	6.000,00 €	6.600,00 €	7.200,00 €	7.800,00 €	8.400,00 €	9.000,00 €	9.600,00 €	10.200,00 €	10.800,00 €	11.400,00 €	12.000,00 €
3,0%	1.600,00 €	2.000,00 €	2.400,00 €	2.800,00 €	3.200,00 €	3.600,00 €	4.000,00 €	4.400,00 €	4.800,00 €	5.200,00 €	5.600,00 €	6.000,00 €	6.400,00 €	6.800,00 €	7.200,00 €	7.600,00 €	8.000,00 €
4,0%	1.200,00 €	1.500,00 €	1.800,00 €	2.100,00 €	2.400,00 €	2.700,00 €	3.000,00 €	3.300,00 €	3.600,00 €	3.900,00 €	4.200,00 €	4.500,00 €	4.800,00 €	5.100,00 €	5.400,00 €	5.700,00 €	6.000,00 €
5,0%	960,00 €	1.200,00 €	1.440,00 €	1.680,00 €	1.920,00 €	2.160,00 €	2.400,00 €	2.640,00 €	2.880,00 €	3.120,00 €	3.360,00 €	3.600,00 €	3.840,00 €	4.080,00 €	4.320,00 €	4.560,00 €	4.800,00 €
6,0%	800,00 €	1.000,00 €	1.200,00 €	1.400,00 €	1.600,00 €	1.800,00 €	2.000,00 €	2.200,00 €	2.400,00 €	2.600,00 €	2.800,00 €	3.000,00 €	3.200,00 €	3.400,00 €	3.600,00 €	3.800,00 €	4.000,00 €
7,0%	685,71 €	857,14 €	1.028,57 €	1.200,00 €	1.371,43 €	1.542,86 €	1.714,29 €	1.885,71 €	2.057,14 €	2.228,57 €	2.400,00 €	2.571,43 €	2.742,86 €	2.914,29 €	3.085,71 €	3.257,14 €	3.428,57 €
8,0%	600,00 €	750,00 €	900,00 €	1.050,00 €	1.200,00 €	1.350,00 €	1.500,00 €	1.650,00 €	1.800,00 €	1.950,00 €	2.100,00 €	2.250,00 €	2.400,00 €	2.550,00 €	2.700,00 €	2.850,00 €	3.000,00 €
9,0%	533,33 €	666,67 €	800,00 €	933,33 €	1.066,67 €	1.200,00 €	1.333,33 €	1.466,67 €	1.600,00 €	1.733,33 €	1.866,67 €	2.000,00 €	2.133,33 €	2.266,67 €	2.400,00 €	2.533,33 €	2.666,67 €
10,0%	480,00 €	600,00 €	720,00 €	840,00 €	960,00 €	1.080,00 €	1.200,00 €	1.320,00 €	1.440,00 €	1.560,00 €	1.680,00 €	1.800,00 €	1.920,00 €	2.040,00 €	2.160,00 €	2.280,00 €	2.400,00 €
11,0%	436,36 €	545,45 €	654,55 €	763,64 €	872,73 €	981,82 €	1.090,91 €	1.200,00 €	1.309,09 €	1.418,18 €	1.527,27 €	1.636,36 €	1.745,45 €	1.854,55 €	1.963,64 €	2.072,73 €	2.181,82 €
12,0%	400,00 €	500,00 €	600,00 €	700,00 €	800,00 €	900,00 €	1.000,00 €	1.100,00 €	1.200,00 €	1.300,00 €	1.400,00 €	1.500,00 €	1.600,00 €	1.700,00 €	1.800,00 €	1.900,00 €	2.000,00 €
13,0%	369,23 €	461,54 €	553,85 €	646,15 €	738,46 €	830,77 €	923,08 €	1.015,38 €	1.107,69 €	1.200,00 €	1.292,31 €	1.384,62 €	1.476,92 €	1.569,23 €	1.661,54 €	1.753,85 €	1.846,15 €
14,0%	342,86 €	428,57 €	514,29 €	600,00 €	685,71 €	771,43 €	857,14 €	942,86 €	1.028,57 €	1.114,29 €	1.200,00 €	1.285,71 €	1.371,43 €	1.457,14 €	1.542,86 €	1.628,57 €	1.714,29 €
15,0%	320,00 €	400,00 €	480,00 €	560,00 €	640,00 €	720,00 €	800,00 €	880,00 €	960,00 €	1.040,00 €	1.120,00 €	1.200,00 €	1.280,00 €	1.360,00 €	1.440,00 €	1.520,00 €	1.600,00 €
16,0%	300,00 €	375,00 €	450,00 €	525,00 €	600,00 €	675,00 €	750,00 €	825,00 €	900,00 €	975,00 €	1.050,00 €	1.125,00 €	1.200,00 €	1.275,00 €	1.350,00 €	1.425,00 €	1.500,00 €
17,0%	282,35 €	352,94 €	423,53 €	494,12 €	564,71 €	635,29 €	705,88 €	776,47 €	847,06 €	917,65 €	988,24 €	1.058,82 €	1.129,41 €	1.200,00 €	1.270,59 €	1.341,18 €	1.411,76 €
18,0%	266,67 €	333,33 €	400,00 €	466,67 €	533,33 €	600,00 €	666,67 €	733,33 €	800,00 €	866,67 €	933,33 €	1.000,00 €	1.066,67 €	1.133,33 €	1.200,00 €	1.266,67 €	1.333,33 €
19,0%	252,63 €	315,79 €	378,95 €	442,11 €	505,26 €	568,42 €	631,58 €	694,74 €	757,89 €	821,05 €	884,21 €	947,37 €	1.010,53 €	1.073,68 €	1.136,84 €	1.200,00 €	1.263,16 €
20,0%	240,00 €	300,00 €	360,00 €	420,00 €	480,00 €	540,00 €	600,00 €	660,00 €	720,00 €	780,00 €	840,00 €	900,00 €	960,00 €	1.020,00 €	1.080,00 €	1.140,00 €	1.200,00 €
21,0%	228,57 €	285,71 €	342,86 €	400,00 €	457,14 €	514,29 €	571,43 €	628,57 €	685,71 €	742,86 €	800,00 €	857,14 €	914,29 €	971,43 €	1.028,57 €	1.085,71 €	1.142,86 €
22,0%	218,18 €	272,73 €	327,27 €	381,82 €	436,36 €	490,91 €	545,45 €	600,00 €	654,55 €	709,09 €	763,64 €	818,18 €	872,73 €	927,27 €	981,82 €	1.036,36 €	1.090,91 €
23,0%	208,70 €	260,87 €	313,04 €	365,22 €	417,39 €	469,57 €	521,74 €	573,91 €	626,09 €	678,26 €	730,43 €	782,61 €	834,78 €	886,96 €	939,13 €	991,30 €	1.043,48 €
24,0%	200,00 €	250,00 €	300,00 €	350,00 €	400,00 €	450,00 €	500,00 €	550,00 €	600,00 €	650,00 €	700,00 €	750,00 €	800,00 €	850,00 €	900,00 €	950,00 €	1.000,00 €
25,0%	192,00 €	240,00 €	288,00 €	336,00 €	384,00 €	432,00 €	480,00 €	528,00 €	576,00 €	624,00 €	672,00 €	720,00 €	768,00 €	816,00 €	864,00 €	912,00 €	960,00 €

Kaufpreismaxima für Immobilientransaktionen

Eigenkapitalquote: 100,0 %   Fremdkapitalzinssatz p.a.: 4,0 %

Kaufpreismaxima in €/m²	\	monatliche Nettokaltmiete in €/m²																
anfängliche Eigenkapitalrendite in % p.a.		4	5	6	7	8	9	10	11	12	13	14	15	16	17	18	19	20
	2,0%	2.400,00 €	3.000,00 €	3.600,00 €	4.200,00 €	4.800,00 €	5.400,00 €	6.000,00 €	6.600,00 €	7.200,00 €	7.800,00 €	8.400,00 €	9.000,00 €	9.600,00 €	10.200,00 €	10.800,00 €	11.400,00 €	12.000,00 €
	3,0%	1.600,00 €	2.000,00 €	2.400,00 €	2.800,00 €	3.200,00 €	3.600,00 €	4.000,00 €	4.400,00 €	4.800,00 €	5.200,00 €	5.600,00 €	6.000,00 €	6.400,00 €	6.800,00 €	7.200,00 €	7.600,00 €	8.000,00 €
	4,0%	1.200,00 €	1.500,00 €	1.800,00 €	2.100,00 €	2.400,00 €	2.700,00 €	3.000,00 €	3.300,00 €	3.600,00 €	3.900,00 €	4.200,00 €	4.500,00 €	4.800,00 €	5.100,00 €	5.400,00 €	5.700,00 €	6.000,00 €
	5,0%	960,00 €	1.200,00 €	1.440,00 €	1.680,00 €	1.920,00 €	2.160,00 €	2.400,00 €	2.640,00 €	2.880,00 €	3.120,00 €	3.360,00 €	3.600,00 €	3.840,00 €	4.080,00 €	4.320,00 €	4.560,00 €	4.800,00 €
	6,0%	800,00 €	1.000,00 €	1.200,00 €	1.400,00 €	1.600,00 €	1.800,00 €	2.000,00 €	2.200,00 €	2.400,00 €	2.600,00 €	2.800,00 €	3.000,00 €	3.200,00 €	3.400,00 €	3.600,00 €	3.800,00 €	4.000,00 €
	7,0%	685,71 €	857,14 €	1.028,57 €	1.200,00 €	1.371,43 €	1.542,86 €	1.714,29 €	1.885,71 €	2.057,14 €	2.228,57 €	2.400,00 €	2.571,43 €	2.742,86 €	2.914,29 €	3.085,71 €	3.257,14 €	3.428,57 €
	8,0%	600,00 €	750,00 €	900,00 €	1.050,00 €	1.200,00 €	1.350,00 €	1.500,00 €	1.650,00 €	1.800,00 €	1.950,00 €	2.100,00 €	2.250,00 €	2.400,00 €	2.550,00 €	2.700,00 €	2.850,00 €	3.000,00 €
	9,0%	533,33 €	666,67 €	800,00 €	933,33 €	1.066,67 €	1.200,00 €	1.333,33 €	1.466,67 €	1.600,00 €	1.733,33 €	1.866,67 €	2.000,00 €	2.133,33 €	2.266,67 €	2.400,00 €	2.533,33 €	2.666,67 €
	10,0%	480,00 €	600,00 €	720,00 €	840,00 €	960,00 €	1.080,00 €	1.200,00 €	1.320,00 €	1.440,00 €	1.560,00 €	1.680,00 €	1.800,00 €	1.920,00 €	2.040,00 €	2.160,00 €	2.280,00 €	2.400,00 €
	11,0%	436,36 €	545,45 €	654,55 €	763,64 €	872,73 €	981,82 €	1.090,91 €	1.200,00 €	1.309,09 €	1.418,18 €	1.527,27 €	1.636,36 €	1.745,45 €	1.854,55 €	1.963,64 €	2.072,73 €	2.181,82 €
	12,0%	400,00 €	500,00 €	600,00 €	700,00 €	800,00 €	900,00 €	1.000,00 €	1.100,00 €	1.200,00 €	1.300,00 €	1.400,00 €	1.500,00 €	1.600,00 €	1.700,00 €	1.800,00 €	1.900,00 €	2.000,00 €
	13,0%	369,23 €	461,54 €	553,85 €	646,15 €	738,46 €	830,77 €	923,08 €	1.015,38 €	1.107,69 €	1.200,00 €	1.292,31 €	1.384,62 €	1.476,92 €	1.569,23 €	1.661,54 €	1.753,85 €	1.846,15 €
	14,0%	342,86 €	428,57 €	514,29 €	600,00 €	685,71 €	771,43 €	857,14 €	942,86 €	1.028,57 €	1.114,29 €	1.200,00 €	1.285,71 €	1.371,43 €	1.457,14 €	1.542,86 €	1.628,57 €	1.714,29 €
	15,0%	320,00 €	400,00 €	480,00 €	560,00 €	640,00 €	720,00 €	800,00 €	880,00 €	960,00 €	1.040,00 €	1.120,00 €	1.200,00 €	1.280,00 €	1.360,00 €	1.440,00 €	1.520,00 €	1.600,00 €
	16,0%	300,00 €	375,00 €	450,00 €	525,00 €	600,00 €	675,00 €	750,00 €	825,00 €	900,00 €	975,00 €	1.050,00 €	1.125,00 €	1.200,00 €	1.275,00 €	1.350,00 €	1.425,00 €	1.500,00 €
	17,0%	282,35 €	352,94 €	423,53 €	494,12 €	564,71 €	635,29 €	705,88 €	776,47 €	847,06 €	917,65 €	988,24 €	1.058,82 €	1.129,41 €	1.200,00 €	1.270,59 €	1.341,18 €	1.411,76 €
	18,0%	266,67 €	333,33 €	400,00 €	466,67 €	533,33 €	600,00 €	666,67 €	733,33 €	800,00 €	866,67 €	933,33 €	1.000,00 €	1.066,67 €	1.133,33 €	1.200,00 €	1.266,67 €	1.333,33 €
	19,0%	252,63 €	315,79 €	378,95 €	442,11 €	505,26 €	568,42 €	631,58 €	694,74 €	757,89 €	821,05 €	884,21 €	947,37 €	1.010,53 €	1.073,68 €	1.136,84 €	1.200,00 €	1.263,16 €
	20,0%	240,00 €	300,00 €	360,00 €	420,00 €	480,00 €	540,00 €	600,00 €	660,00 €	720,00 €	780,00 €	840,00 €	900,00 €	960,00 €	1.020,00 €	1.080,00 €	1.140,00 €	1.200,00 €
	21,0%	228,57 €	285,71 €	342,86 €	400,00 €	457,14 €	514,29 €	571,43 €	628,57 €	685,71 €	742,86 €	800,00 €	857,14 €	914,29 €	971,43 €	1.028,57 €	1.085,71 €	1.142,86 €
	22,0%	218,18 €	272,73 €	327,27 €	381,82 €	436,36 €	490,91 €	545,45 €	600,00 €	654,55 €	709,09 €	763,64 €	818,18 €	872,73 €	927,27 €	981,82 €	1.036,36 €	1.090,91 €
	23,0%	208,70 €	260,87 €	313,04 €	365,22 €	417,39 €	469,57 €	521,74 €	573,91 €	626,09 €	678,26 €	730,43 €	782,61 €	834,78 €	886,96 €	939,13 €	991,30 €	1.043,48 €
	24,0%	200,00 €	250,00 €	300,00 €	350,00 €	400,00 €	450,00 €	500,00 €	550,00 €	600,00 €	650,00 €	700,00 €	750,00 €	800,00 €	850,00 €	900,00 €	950,00 €	1.000,00 €
	25,0%	192,00 €	240,00 €	288,00 €	336,00 €	384,00 €	432,00 €	480,00 €	528,00 €	576,00 €	624,00 €	672,00 €	720,00 €	768,00 €	816,00 €	864,00 €	912,00 €	960,00 €

Kaufpreismaxima für Immobilientransaktionen

Eigenkapitalquote: 100,0 %   Fremdkapitalzinssatz p.a.: 5,0 %

Kaufpreismaxima in €/m² \ anfängliche Eigenkapitalrendite in % p.a.	monatliche Nettokaltmiete in €/m²																
	4	5	6	7	8	9	10	11	12	13	14	15	16	17	18	19	20
2,0%	2.400,00 €	3.000,00 €	3.600,00 €	4.200,00 €	4.800,00 €	5.400,00 €	6.000,00 €	6.600,00 €	7.200,00 €	7.800,00 €	8.400,00 €	9.000,00 €	9.600,00 €	10.200,00 €	10.800,00 €	11.400,00 €	12.000,00 €
3,0%	1.600,00 €	2.000,00 €	2.400,00 €	2.800,00 €	3.200,00 €	3.600,00 €	4.000,00 €	4.400,00 €	4.800,00 €	5.200,00 €	5.600,00 €	6.000,00 €	6.400,00 €	6.800,00 €	7.200,00 €	7.600,00 €	8.000,00 €
4,0%	1.200,00 €	1.500,00 €	1.800,00 €	2.100,00 €	2.400,00 €	2.700,00 €	3.000,00 €	3.300,00 €	3.600,00 €	3.900,00 €	4.200,00 €	4.500,00 €	4.800,00 €	5.100,00 €	5.400,00 €	5.700,00 €	6.000,00 €
5,0%	960,00 €	1.200,00 €	1.440,00 €	1.680,00 €	1.920,00 €	2.160,00 €	2.400,00 €	2.640,00 €	2.880,00 €	3.120,00 €	3.360,00 €	3.600,00 €	3.840,00 €	4.080,00 €	4.320,00 €	4.560,00 €	4.800,00 €
6,0%	800,00 €	1.000,00 €	1.200,00 €	1.400,00 €	1.600,00 €	1.800,00 €	2.000,00 €	2.200,00 €	2.400,00 €	2.600,00 €	2.800,00 €	3.000,00 €	3.200,00 €	3.400,00 €	3.600,00 €	3.800,00 €	4.000,00 €
7,0%	685,71 €	857,14 €	1.028,57 €	1.200,00 €	1.371,43 €	1.542,86 €	1.714,29 €	1.885,71 €	2.057,14 €	2.228,57 €	2.400,00 €	2.571,43 €	2.742,86 €	2.914,29 €	3.085,71 €	3.257,14 €	3.428,57 €
8,0%	600,00 €	750,00 €	900,00 €	1.050,00 €	1.200,00 €	1.350,00 €	1.500,00 €	1.650,00 €	1.800,00 €	1.950,00 €	2.100,00 €	2.250,00 €	2.400,00 €	2.550,00 €	2.700,00 €	2.850,00 €	3.000,00 €
9,0%	533,33 €	666,67 €	800,00 €	933,33 €	1.066,67 €	1.200,00 €	1.333,33 €	1.466,67 €	1.600,00 €	1.733,33 €	1.866,67 €	2.000,00 €	2.133,33 €	2.266,67 €	2.400,00 €	2.533,33 €	2.666,67 €
10,0%	480,00 €	600,00 €	720,00 €	840,00 €	960,00 €	1.080,00 €	1.200,00 €	1.320,00 €	1.440,00 €	1.560,00 €	1.680,00 €	1.800,00 €	1.920,00 €	2.040,00 €	2.160,00 €	2.280,00 €	2.400,00 €
11,0%	436,36 €	545,45 €	654,55 €	763,64 €	872,73 €	981,82 €	1.090,91 €	1.200,00 €	1.309,09 €	1.418,18 €	1.527,27 €	1.636,36 €	1.745,45 €	1.854,55 €	1.963,64 €	2.072,73 €	2.181,82 €
12,0%	400,00 €	500,00 €	600,00 €	700,00 €	800,00 €	900,00 €	1.000,00 €	1.100,00 €	1.200,00 €	1.300,00 €	1.400,00 €	1.500,00 €	1.600,00 €	1.700,00 €	1.800,00 €	1.900,00 €	2.000,00 €
13,0%	369,23 €	461,54 €	553,85 €	646,15 €	738,46 €	830,77 €	923,08 €	1.015,38 €	1.107,69 €	1.200,00 €	1.292,31 €	1.384,62 €	1.476,92 €	1.569,23 €	1.661,54 €	1.753,85 €	1.846,15 €
14,0%	342,86 €	428,57 €	514,29 €	600,00 €	685,71 €	771,43 €	857,14 €	942,86 €	1.028,57 €	1.114,29 €	1.200,00 €	1.285,71 €	1.371,43 €	1.457,14 €	1.542,86 €	1.628,57 €	1.714,29 €
15,0%	320,00 €	400,00 €	480,00 €	560,00 €	640,00 €	720,00 €	800,00 €	880,00 €	960,00 €	1.040,00 €	1.120,00 €	1.200,00 €	1.280,00 €	1.360,00 €	1.440,00 €	1.520,00 €	1.600,00 €
16,0%	300,00 €	375,00 €	450,00 €	525,00 €	600,00 €	675,00 €	750,00 €	825,00 €	900,00 €	975,00 €	1.050,00 €	1.125,00 €	1.200,00 €	1.275,00 €	1.350,00 €	1.425,00 €	1.500,00 €
17,0%	282,35 €	352,94 €	423,53 €	494,12 €	564,71 €	635,29 €	705,88 €	776,47 €	847,06 €	917,65 €	988,24 €	1.058,82 €	1.129,41 €	1.200,00 €	1.270,59 €	1.341,18 €	1.411,76 €
18,0%	266,67 €	333,33 €	400,00 €	466,67 €	533,33 €	600,00 €	666,67 €	733,33 €	800,00 €	866,67 €	933,33 €	1.000,00 €	1.066,67 €	1.133,33 €	1.200,00 €	1.266,67 €	1.333,33 €
19,0%	252,63 €	315,79 €	378,95 €	442,11 €	505,26 €	568,42 €	631,58 €	694,74 €	757,89 €	821,05 €	884,21 €	947,37 €	1.010,53 €	1.073,68 €	1.136,84 €	1.200,00 €	1.263,16 €
20,0%	240,00 €	300,00 €	360,00 €	420,00 €	480,00 €	540,00 €	600,00 €	660,00 €	720,00 €	780,00 €	840,00 €	900,00 €	960,00 €	1.020,00 €	1.080,00 €	1.140,00 €	1.200,00 €
21,0%	228,57 €	285,71 €	342,86 €	400,00 €	457,14 €	514,29 €	571,43 €	628,57 €	685,71 €	742,86 €	800,00 €	857,14 €	914,29 €	971,43 €	1.028,57 €	1.085,71 €	1.142,86 €
22,0%	218,18 €	272,73 €	327,27 €	381,82 €	436,36 €	490,91 €	545,45 €	600,00 €	654,55 €	709,09 €	763,64 €	818,18 €	872,73 €	927,27 €	981,82 €	1.036,36 €	1.090,91 €
23,0%	208,70 €	260,87 €	313,04 €	365,22 €	417,39 €	469,57 €	521,74 €	573,91 €	626,09 €	678,26 €	730,43 €	782,61 €	834,78 €	886,96 €	939,13 €	991,30 €	1.043,48 €
24,0%	200,00 €	250,00 €	300,00 €	350,00 €	400,00 €	450,00 €	500,00 €	550,00 €	600,00 €	650,00 €	700,00 €	750,00 €	800,00 €	850,00 €	900,00 €	950,00 €	1.000,00 €
25,0%	192,00 €	240,00 €	288,00 €	336,00 €	384,00 €	432,00 €	480,00 €	528,00 €	576,00 €	624,00 €	672,00 €	720,00 €	768,00 €	816,00 €	864,00 €	912,00 €	960,00 €

7 Ergebniswürdigung

Immobilieninvestitionen können grundsätzlich einen sehr attraktiven Business Case für Kapitalanlagen darstellen. Dies kann für vermietete und eigengenutzte Wohnimmobilien sowie für mit Gewinnabsicht wiederveräußerte Wohnimmobilien zutreffen. Unter realen Bedingungen sind nennenswerte Renditen erzielbar, was inzwischen bei weitem nicht für alle, insbesondere nicht für „klassische" Kapitalanlagen in Form von Geldwerten gilt.

Dank der großen Stabilität der Immobilienbranche und des anhaltenden Bedarfs an Wohnraum bietet der Wohnimmobilienmarkt weiterhin großes Entwicklungspotenzial und damit ein insgesamt sehr gutes Investitionsumfeld. Die Wohnimmobilienmärkte weisen derzeit eine sehr hohe Dynamik hinsichtlich der Preisentwicklung auf, insbesondere in den großen Städten sind stellenweise bereits überhitzte Marktbedingungen ablesbar. Die Herausforderung für Investoren in diesen Bereichen liegt in der Analyse, ob die vorliegenden Preissteigerungen noch durch fundamentale Wertanstiege gerechtfertigt sind. Ansonsten könnte eine Preisblase vorliegen und erhebliche Marktverwerfungen nach sich ziehen.

Auf die für den Investor letztendlich erzielbare Rendite haben zahlreiche weitere Faktoren einen Einfluss. Über das reine Marktgeschehen von Angebot und Nachfrage hinaus können wirtschaftliche, soziale und politische Veränderungen teils enorme Auswirkungen auf die Entwicklung am Wohnimmobilienmarkt haben und über Wohnungszubauzahlen, Bevölkerungssalden und deren regionale Verteilung entscheiden, woraus sich letzten Endes wiederum die Preise für Wohnimmobilien bestimmen.

Immobilieninvestitionen sind deshalb häufig schwer kalkulierbar und vor allem für solche Anleger geeignet, die bereits Vorerfahrungen in diesem Bereich mitbringen und/oder sich ausgeprägte Fachkenntnisse angeeignet haben. Solches Fachwissen sollte sich unter anderem darauf erstrecken, welche grundlegenden Strategien für die eigenen Immobilienziele zur Verfügung stehen, welche sich im Individualfall am besten eignen und unter welchen Gesichtspunkten sie steuerlich optimiert werden können. Darüber hinaus ist die Kenntnis der Lagefaktoren des spezifischen Investitionsobjektes elementar. Sowohl überregional betrachtet als auch auf die direkte Umgebung einer Immobilie bezogen haben einzelne Einflussfaktoren mitunter erhebliche Auswirkungen auf Attraktivität, Wohnwert und Preis der Immobilie. Diese zu erkennen, einzuordnen und im Idealfall sogar zum Vorteil zu nutzen ist eine alles andere als triviale Aufgabe für den Investor.

Allen voran braucht er aber das Know-how zur Bestimmung der Wirtschaftlichkeit der Investition bzw. im Detail, welche Daten hierfür relevant sind und wie sie in Kontext gesetzt werden müssen. Zunächst wird die Einnahmenseite durch die am Standort für ein vergleichbares Objekt erzielbaren Mieteinnahmen festgesetzt. Die Ausgaben bestimmen sich vielfach in Abhängigkeit des Kaufpreises – je höher dieser, desto höher auch die Aufwendungen (beispielsweise für Zinsen) und desto niedriger der Gewinn und die Rendite. Unter Berücksichtigung der für Wohnimmobilien gemeinhin anfallenden Aufwendungen lässt sich ein Maximalkaufpreis pro Quadratmeter errechnen, der für verschiedene Einzelfallkonstellationen tabellarisch aufbereitet wurde und so einem (potenziellen) Immobilieninvestor eine erste Größenordnung für mögliche Investitionen liefert.

Die zentrale Fragestellung dieser Masterarbeit besteht in den Voraussetzungen, unter denen eine Investition in Wohnimmobilien für einen privaten Immobilienvermieter wirtschaftlich darstellbar ist. Die vielfältigen Einflussparameter und deren Auswirkungen sind daher ausführlich erläutert. Da der Kaufpreis in der Ermittlung der Wirtschaftlichkeit eine zentrale Rolle einnimmt, wurde zur Beantwortung dieser Frage ein Ansatz gewählt, der ausgehend von den extern durch örtliche Vergleichsmieten erwartbaren Mieteinnahmen einerseits und von der individuell durch die eigene Renditeerwartung bestimmten Eigenkapitalrentabilität andererseits die maximal möglichen Kaufpreise ausgibt, sodass die vom Investor geforderte Mindestwirtschaftlichkeit des Wohnimmobilieninvestments noch erreicht werden kann.

In der Ergebnisanalyse zeigt sich, dass die maximalen Kaufpreishöhen für folgende Ereignisse auf ein niedrigeres Niveau absinken bzw. im gegenteiligen Fall auf ein höheres Niveau ansteigen:

- Eine höhere Nettokaltmiete ist erzielbar.
- Der Anspruch des Investors an die Eigenkapitalverzinsung ist geringer.
- Die Transaktion wird mit einem höheren Anteil Eigenkapital realisiert, was zu niedrigeren Zinsaufwendungen führt.
- Es kann ein niedrigerer Fremdkapitalzins vereinbart werden.

Damit bestätigen sich die investitionswirtschaftlichen Vorüberlegungen und die in Kapitel 6.1 qualitativ hergestellten ergebniswirksamen Zusammenhänge auch quantitativ.

Die derzeitige Beliebtheit von Immobilien als Kapitalanlage lässt sich auch an einer Vielzahl an Sachbüchern zum Thema ablesen. Von „Erfolg mit Wohnimmobilien" [43], „Geld verdienen mit Wohnimmobilien" [66], „ErfolgReich mit Immobilien-Investments" [67], „Das Einmaleins der Immobilien-Investition" [68] oder „Das 1x1 des Immobilien-Millionärs" [69] bis hin zu „Reicher als die Geissens: Mit null Euro Startkapital in fünf Jahren zum Immobilien-Millionär" [70] vermitteln zahlreiche Ratgeber den Eindruck, der Weg hin zu materiellem Reichtum und finanzieller Freiheit müsse über Immobilien gehen. Bei näherer Betrachtung setzen diese Werke klare Standards zur Umsetzung von Immobilientransaktionen, zeigen eine Art „Good Practice" für Immobilieninvestments, geben Hintergrundwissen, Anleitungen und Beispiele, wie Immobilieninvestitionen zum Erfolg führen können.

Auch die vorliegende Arbeit geht umfänglich auf mögliche Einflussparameter auf die wirtschaftliche Situation sowie auf rechtliche und steuerliche Fragestellungen im Zusammenhang mit einer Wohnimmobilie ein, um Leser auf die relevanten Aspekte aufmerksam zu machen und gegebenenfalls auf dem Weg zu einer erfolgreichen Transaktion zu begleiten. Die für die Wirtschaftlichkeitsbetrachtungen herangezogenen Annahmen verfolgen dabei einen konservativen Ansatz: So werden beispielsweise trotz empirischer jährlicher Wertzuwächse im langjährigen Durchschnitt in den Berechnungen keine möglichen zukünftigen Immobilienwertsteigerungen für das Einzelobjekt unterstellt, die bei Verkauf zu Veräußerungsgewinnen führen würden. Eine Analyse der Ergebnissensitivität des Maximalkaufpreises ist dem Anwender jederzeit durch Wechsel zwischen Tabellen, Zeilen oder Spalten möglich – je nachdem welcher Parameter untersucht werden soll. Die Beurteilung des Ausmaßes der Ergebniswirkung obliegt hierbei jedoch seinem eigenen Ermessen. Von immenser Bedeutung für die Interpretation der Ergebnisse ist die Tatsache, dass sie eine Ist-Situation darstellen. Zukünftige Miet- oder Wertsteigerungen sind nicht einbezogen, bei einer eigenständigen Unterstellung dieser zu Vergleichszwecken sollte stets die Unsicherheit zukünftiger Entwicklungen bedacht werden – in positive wie in negative Richtung.

Damit sei zu einem kritischen Aspekt hinsichtlich der Allgemeingültigkeit und Dauerhaftigkeit der Ergebnisse übergeleitet: Trotz der langjährigen positiven Entwicklungstendenz von Wohnimmobilien gibt es für weitere Wertzunahmen in der Zukunft keine Garantie. Der hier angebotene Ansatz geht wie auch andere Methoden der Wirtschaftlichkeitsanalyse mit dem Restrisiko einher, dass Immobilienmärkte in Teilen oder Segmenten, die derzeit bereits angespannt und überhitzt sind, mittel- bis langfristig schlimmstenfalls Preiskorrekturen hinnehmen müssen. Dies

Ergebniswürdigung

könnte bedeuten, dass die Wiederverkaufspreise nicht die möglicherweise beabsichtigten Wertsteigerungen erzielen oder sogar unterhalb des ursprünglichen Kaufpreises sinken. Solche Marktkorrekturen würden sich neben Spekulationsgeschäften indirekt auch auf die langfristige Haltestrategie für vermietete Wohnungen auswirken, die per se keine Wiederveräußerung vorsieht, da hier die Mietpreise nicht mehr in gleicher Höhe durchgesetzt werden können, geschweige denn eventuell vorgesehene Mietsteigerungskonzepte über die Haltedauer realisierbar sind.

Der Anwender des vorliegenden Ansatzes zur Ermittlung der Maximalkaufpreise erhält ausdrücklich keine abschließende Wirtschaftlichkeitsbetrachtung des Einzelobjektes, sondern lediglich eine erste Annäherung zur Abschätzung der Größenordnung eines Kaufpreises für eine Wohnimmobilie. Die Bandbreite individueller Fallkonstellationen ist in der Realität naturgemäß deutlich höher, sodass die angebotene Aufschlüsselung in den Tabellen unter Umständen nicht anwendbar ist. Für solche Fälle kann jedoch entweder die zugrunde liegende Formel 8 (siehe Seite 71) oder das auf dieser basierende Berechnungstool im xls-Format herangezogen werden.

Außerhalb des Betrachtungsumfangs dieser Arbeit blieben Fragestellungen, die vorrangig Finanzierungsdetails beinhalten: So wird beispielsweise der in der Realität nicht vernachlässigbare Einfluss der persönlichen Verhältnisse (Einkommen, Ausbildung, Job, Wohnort etc.) auf die Bonität und die daraus abgeleiteten Finanzierungskonditionen bzw. die generelle Kreditwürdigkeit des Einzelnen nicht näher analysiert. Für reale Projekte ist dies eine entscheidende Grundlage für den vorhandenen Verhandlungsspielraum und eigene Einflussnahmemöglichkeiten des Investors auf einzelne Konditionen des Darlehensvertrages.

Daneben bleibt das Thema der Darlehenstilgung weitestgehend unerwähnt, da sich Tilgungszahlungen nicht direkt auf das wirtschaftliche Ergebnis eines Immobilieninvestments auswirken. Sehr wohl wirken sie sich als allmonatliche Auszahlungen aber auf die Zahlungsfähigkeit des Investors aus, da sie den Cash Flow vermindern. In der finanz- und investitionswirtschaftlichen Prüfung des einzelnen Objektes ist daher über die ergebniswirksamen Größen hinaus besonderes Augenmerk auch auf den Cash Flow zu legen.

Eine Besonderheit des momentanen Niedrigzinsumfeldes besteht in der impliziten Verlängerung der Tilgungsdauer. Da Wohnimmobilien im Regelfall durch Annuitätendarlehen finanziert werden und sich die gleichbleibende Annuitätenrate aus

Fremdkapitalzins und anfänglicher Tilgungsrate zusammensetzt, sinkt der Zinsanteil bei den derzeit niedrigen Zinsen innerhalb der Annuitätenrate langsamer als bei einem höheren Zinsanteil – zulasten des Tilgungsanteils. Diesem Effekt, auf den diese Masterarbeit ansonsten nicht weiter eingeht, sollten Anleger in ihren langfristigen Überlegungen Aufmerksamkeit widmen.

Die derzeit hohe Nachfrage nach Immobilien hat ihre Ursache auch in dem aktuellen Niedrigzins-Umfeld. Darlehensverträge sichern die günstigen Konditionen für einen bestimmten Zeitraum ab, die sogenannte Zinsbindungsdauer, innerhalb der der Fremdkapitalzinssatz in der Finanzierungspraxis häufig für zehn Jahre fixiert wird. Eine kürzere Zinsbindungsdauer ist möglich, birgt jedoch das Risiko von zwischenzeitlich steigenden Zinsen und bedeutet insbesondere für den Privatanleger einen oftmals nicht leistbaren, kontinuierlichen Aufwand zur Überprüfung der Marktentwicklung und Verhandlung neuer Finanzierungskonditionen. Nach Ablauf der Zinsbindungsdauer bedarf es einer Anschlussfinanzierung, welche die dann vorherrschenden Rahmenbedingungen des Marktes widerspiegelt. Vor dem Hintergrund einer auf lange Zeit gesehen möglichen Zinswende, die sich aus einer Kurswende der EZB hinsichtlich ihres Kaufprogramms für Staatsanleihen und deren Auswirkung auf den Leitzins ableiten könnte, würden Anschlussfinanzierungen womöglich deutlich schlechtere Konditionen aufweisen. Für ein und dieselbe Immobilie würde dann aufgrund der höheren Zinsaufwendungen ein schlechteres Ergebnis erzielt. Da eine derartige Entwicklung nach momentanem Stand aber weder in der Tendenz noch in der konkreten Ausprägung für Einzelobjekte vorhersehbar ist, blieben mögliche Langzeitszenarien und deren Einfluss auf die Wirtschaftlichkeit einer Wohnimmobilie im Kontext dieser Arbeit unberücksichtigt.

Die vorliegende Masterarbeit hat sowohl bezüglich der Erläuterungen der (immobilien-)wirtschaftlichen Hintergründe als auch im Hinblick auf die erstellten Kalkulationen den Anspruch und das Potenzial, die relevanten Aspekte und Zusammenhänge allgemeingültig und von Einzelentwicklungen entkoppelt darzulegen. So bleiben die Kaufpreistabellen auch für ein verändertes Zinsumfeld oder andere Größenordnungen von Mietpreisen oder Kosten anwendbar. Vorbehaltlich der eigenständigen Berücksichtigung von im spezifischen Investitionsfall vorliegenden Daten behalten die dargestellten Ergebnisse ihre Gültigkeit und bieten für die praktische Anwendung eine zügige und transparente Methode zur Abschätzung der Wirtschaftlichkeit einer möglichen Investition.

8 Quellenverzeichnis

[1] M. Twain, Ed., *The Tragedy of Pudd'nhead Wilson: And those extraordinary twins*. Cambridge, Massachusetts: The Belknap Press of Harvard University Press, 1884.

[2] Kapitalanlage-Welt.de, *Magisches Dreieck der Geldanlage*. [Online] Available: https://www.kapitalanlage-welt.de/magisches-dreieck-der-geldanlage/. Accessed on: Jun. 26 2018.

[3] InvestmentSparen.net, *Geldwertanlagen*. [Online] Available: https://investmentsparen.net/geldwertanlagen/. Accessed on: Jun. 27 2018.

[4] Geldanlage.de, *Geldanlagen - Überblick*. Accessed on: Jun. 27 2018.

[5] S. Kaiser, *Das flüchtige Geld der Sparer: Lehren aus der Zypern-Krise*. [Online] Available: http://www.spiegel.de/wirtschaft/krise-in-zypern-das-fluechtige-geld-der-sparer-a-890853.html. Accessed on: Jun. 27 2018.

[6] M. Brückner, *Praxishandbuch Immobilienerwerb*, 1st ed. Freiburg - München - Stuttgart: Haufe Gruppe, 2016.

[7] bulwiengesa AG, "bulwiengesa-Immobilienindex 1975-2017: Marktstudie," Jan. 2018. [Online] Available: https://www.bulwiengesa.de/sites/default/files/immobilienindex_2018.pdf. Accessed on: Apr. 25 2018.

[8] Bundesministerium für Verkehr, Bau und Stadtentwicklung (BMVBS), "Bericht über die Wohnungs- und Immobilienwirtschaft in Deutschland," Stadtentwicklungspolitik in Deutschland, Band 2, Berlin, 2009. [Online] Available: https://d-nb.info/1000363171/34. Accessed on: May 20 2018.

[9] T. Just *et al.*, "Wirtschaftsfaktor Immobilien 2017: Studie im Auftrag von gif - Gesellschaft für immobilienwirtschaftliche Forschung e. V. ,DV - Deutscher Verband für Wohnungswesen, Städtebau und Raumordnung e. V., BID - Bundesarbeitsgemeinschaft Immobilienwirtschaft Deutschland, Haus & Grund Deutschland," Institut der deutschen Wirtschaft Köln; Lehrstuhl für Immobilienwirtschaft IRE|BS Institut, Wiesbaden, Jun. 2017. [Online] Available: https://www.gif-ev.de/dms/_file/view,125/DV%20Gutachten%20Immobilienwirtschaft%202017.pdf. Accessed on: Mar. 05 2018.

[10] Statistisches Bundesamt (Destatis), "Strukturerhebung im Dienstleistungsbereich - Fachbericht Grundstücks- und Wohnungswesen 2015," 2017. [Online] Available: https://www.destatis.de/DE/Publikationen/Thematisch/DienstleistungenFinanzdienstleistungen/Struktur/GrundstuecksWohnungswesen2090430157004.pdf?_blob=publicationFile. Accessed on: Mar. 27 2018.

[11] Statistisches Bundesamt (Destatis), *Bruttowertschöpfung: Volkswirtschaftliche Gesamtrechnungen, Inlandsprodukt*. [Online] Available: https://www.destatis.de/DE/ZahlenFakten/GesamtwirtschaftUmwelt/VGR/Glossar/Bruttowertschoepfung.html. Accessed on: Mar. 27 2018.

[12] T. Just and W. Maennig, *Understanding German Real Estate Markets*, 2nd ed., 2017.

[13] Statistische Ämter des Bundes und der Länder, "Zensus 2011: Gebäude und Wohnungen: sowie Wohnverhältnisse der Haushalte Bundesrepublik Deutschland am 9. Mai 2011," Ergebnisse des Zensus 2011, 2014. [Online] Available: https://ergebnisse.zensus2011.de/auswertungsdb/download?pdf=00&tableId=1&locale=DE&gmdblt=1. Accessed on: Apr. 11 2018.

[14] Statistisches Bundesamt (Destatis), "Bevölkerung und Erwerbstätigkeit: Entwicklung der Privathaushalte bis 2030," Ergebnisse der Haushaltsvorausberechnung - 2010, Mar. 2011. [Online] Available: https://www.bpb.de/.../Entwicklung%20der%20Privathaushalte%20bis%202030.pdf. Accessed on: May 08 2018.

[15] Statistisches Bundesamt (Destatis), "Entwicklung der Privathaushalte bis 2035: Ergebnisse der Haushaltsvorausberechnung - 2017," Feb. 2017. [Online] Available: https://www.destatis.de/DE/Publikationen/Thematisch/Bevoelkerung/HaushalteMikrozensus/EntwicklungPrivathaushalte5124001179004.pdf?_blob=publicationFile. Accessed on: May 08 2018.

[16] Statista GmbH, *Prognose zur Entwicklung der Pro-Kopf-Wohnfläche in Deutschland bis zum Jahr 2030 nach Regionen (in Quadratmeter)*. [Online] Available: https://de.statista.com/statistik/daten/studie/155747/umfrage/prognose-der-wohnflaechenentwicklung-bis-2030/. Accessed on: May 08 2018.

[17] T. Held and M. Waltersbacher, "Wohnungsmarktprognose 2030: BBSR-Analysen KOMPAKT 07/2015," Bonn, Jul. 2015. [Online] Available: https://www.bbsr.bund.de/BBSR/DE/Veroeffentlichungen/Analysen-Kompakt/2015/DL_07_2015.pdf?__blob=publicationFile&v=5. Accessed on: Apr. 10 2018.

[18] M. Brauers, Von der *Immobilienblase zur Finanzkrise: Ursachen und Folgen von Preisblasen und was die Geldpolitik dagegen tun kann*, 1st ed. Hamburg: Diplomica Verlag, 2011.

[19] R. Vogelmann and M. Voigtländer, "Trends in der Wohneigentumsbildung: Gutachten für die Schwäbisch Hall Stiftung bauen-leben-wohnen," IW-Gutachten 2017, Köln, Mar. 2017. [Online] Available: https://www.iwkoeln.de/fileadmin/publikationen/2017/328449/IW-Gutachten_2017_Trends_in_der_Wohneigentumsbildung.pdf. Accessed on: Apr. 18 2018.

[20] K. Schrader, "Anbieterstruktur auf dem deutschen Wohnungsmarkt: nach Zensus 2011," Abbildungen Daten und Trends 2014, Jul. 2015. [Online] Available: http://web.gdw.de/uploads/pdf/infografiken/15.10.2014/Anbieterstruktur.pdf. Accessed on: Apr. 17 2018.

[21] J. W. Fliescher, Tewes Thomas, and M. Voigtländer, "Perspektiven für private Kleinvermieter: Gutachten für den Kölner Haus- und Grundbesitzerverein von 1888 und Haus und Grund Düsseldorf und Umgebung," Köln, Sep. 2017. [Online] Available: https://www.iwkoeln.de/fileadmin/publikationen/2017/361123/Gutachten_Perspektiven_fuer_private_Kleinvermieter.pdf. Accessed on: Apr. 18 2018.

[22] Statista GmbH, *Verfügbares Einkommen je Arbeitnehmer in Deutschland von 1960 bis 2016*. [Online] Available: https://de.statista.com/statistik/daten/studie/164049/umfrage/verfuegbares-einkommen-je-arbeitnehmer-in-deutschland-seit-1960/. Accessed on: May 07 2018.

Quellenverzeichnis

[23] Frankfurter Allgemeine, *Die EZB hält sich alle Optionen offen: Leitzins unverändert.* [Online] Available: http://www.faz.net/aktuell/wirtschaft/ezb-laesst-leitzins-weiter-bei-null-prozent-15561600.html. Accessed on: Jul. 13 2018.

[24] Handelsblatt.com, *EZB beendet umstrittene Anleihenkäufe noch 2018: EZB-Ratssitzung.* Sparer hoffen auf Besserung - EZB wagt Kurzswende. [Online] Available: https://www.handelsblatt.com/finanzen/geldpolitik/ezb-ratssitzung-ezb-beendet-umstrittene-anleihenkaeufe-noch-2018/22687198.html?ticket=ST-2081710-nHxQcgxfCK7CW9pT4ace-ap6. Accessed on: Jul. 29 2018.

[25] H. Zahrnt, "Immobilienmarkt - Definitionen: Jones Lang LaSalle Research," Feb. 2012. [Online] Available: http://www.jll.de/germany/de-de/Documents/research/pdf/JLL_Germany_Research_Definitionen.pdf. Accessed on: Mar. 05 2018.

[26] H. Nier, *Großstadtboom in Deutschland: Bevölkerung.* [Online] Available: https://de.statista.com/infografik/7429/einwohnerzahl-prognose-ausgewaehlter-staedte-in-deutschland/. Accessed on: May 07 2018.

[27] bulwiengesa AG, *Klassifikation der Standorte.* RIWIS Online - Über die Daten: Definitionen & Metainformationen. [Online] Available: https://www.riwis.de/online_test/info.php3?cityid=&info_topic=allg. Accessed on: Apr. 25 2018.

[28] J. E. Stiglitz, "Symposium on Bubbles," *The Journal of Economic Perspectives, Band 4, Heft 2.*, https://www.rose-hulman.edu/~bremmer/EMGT/paper/stiglitz_1.pdf, Frühjahr 1990.

[29] J. Mehrhoff, "Indikatorensystem "Deutscher Wohnimmobilienmarkt"," Jun. 2016. [Online] Available: https://www.destatis.de/DE/UeberUns/Veranstaltungen/VeranstaltungenArchiv/NutzerkonferenzImmobilienpreise/IndikatorensystemImmobilienmarkt.pdf?__blob=publicationFile. Accessed on: May 07 2018.

[30] M. Schier and M. Voigtländer, "Immobilienpreise: Ist die Entwicklung am deutschen Wohnungsmarkt noch fundamental gerechtfertigt?," IW-Trends 2015-01, Jan. 2015. [Online] Available: https://www.iwkoeln.de/fileadmin/publikationen/2015/210193/IW-Trends_2015-01_Schier_Voigtlaender.pdf. Accessed on: Apr. 24 2018.

[31] S. Bielmeier and T. Lange, "Immobilienmarkt Deutschland 2016/2017: Hohe Nachfrage in den Metropolen - Nach Wohnungen auch Büroflächen knapp," Eine Fachthemenreihe der DG HYP, Frankfurt am Main, Oct. 2016. [Online] Available: https://www.kreditwesen.de/system/files/content/inserts/2017/dg_hyp_immobilienmarkt_2016_17_11503.pdf. Accessed on: Jul. 20 2018.

[32] S. Bielmeier and T. Lange, "Immobilienmarkt Deutschland 2017/2018: Knappes Angebot treibt Büro- und Wohnungsmieten - Einzelhandel stabil auf hohem Niveau," Eine Fachthemenreihe der DG HYP, Oct. 2017. [Online] Available: www.dghyp.de/unternehmen/markt-research. Accessed on: Apr. 25 2018.

[33] Gabler Wirtschaftslexikon, *Definition: Cobweb-Theorem.* [Online] Available: https://wirtschaftslexikon.gabler.de/definition/cobweb-theorem-28912. Accessed on: Apr. 24 2018.

[34] M. Voigtländer, "Bauen, bauen, bauen - und Leerstände nutzen: Flüchtlinge und Wohnungsbedarf," Immobilien-Monitor Nr. 4, Köln, Dec. 2015. [Online] Available: https://www.iwkoeln.de/fileadmin/publikationen/2015/256729/Immobilien-Monitor_4_2015_IW_Koeln.pdf. Accessed on: May 02 2018.

[35] Deutschland in Zahlen, *Neu fertiggestellte Wohnungen: Wirtschaft & Gesellschaft — gezählt, gewogen, gewichtet.* [Online] Available: https://www.deutschlandinzahlen.de/no_cache/tab/bundeslaender/infrastruktur/gebaeude-und-wohnen/neu-fertiggestellte-wohnungen?sword_list%5B0%5D=neu&sword_list%5B1%5D=fertiggestellte&sword_list%5B2%5D=wohnungen. Accessed on: May 02 2018.

[36] Haufe Online-Redaktion, *Bauindustrie erwartet für 2017 die Fertigstellung von 320.000 Wohnungen.* [Online] Available: https://www.haufe.de/immobilien/entwicklung-vermarktung/marktanalysen/bauindustrie-320000-wohnungen-werden-2017-fertiggestellt_84324_424006.html. Accessed on: May 02 2018.

[37] R. M. Henger and M. Schier, "In Deutschland wird's eng: Wohnungsbau," Köln 34, Aug. 2015. [Online] Available: https://www.iwd.de/artikel/in-deutschland-wirds-eng-238333/. Accessed on: May 02 2018.

[38] Deutsche Bundesbank, *Kredite an inländische Unternehmen und Privatpersonen, Wohnungsbaukredite insgesamt: Kredite für den Wohnungsbau an inländische Unternehmen und Privatpersonen / insgesamt / Alle Bankengruppen.* [Online] Available: https://www.bundesbank.de/Navigation/DE/Statistiken/Banken_und_andere_finanzielle_Institute/Banken/Tabellen/tabellen_zeitreihenliste.html?id=11646. Accessed on: May 02 2018.

[39] empirica AG, *empirica-Blasenindex: Indikator für Preisblasen am Wohnungsmarkt.* [Online] Available: https://www.empirica-institut.de/thema/regionaldatenbank/index-immobilien-preisblasen/. Accessed on: May 08 2018.

[40] S. Bieroth, *Steuerratgeber für die private Immobilie: Tipps und Hinweise für Erwerb, Besitz und Verkauf,* 2017th ed. Nürnberg: DATEV eG, 2017.

[41] *Einkommensteuergesetz*: ESt, 2017.

[42] Steuertipps.de, *Werbungskosten bei Vermietung.* [Online] Available: https://www.steuertipps.de/haus-wohnung-vermieten/immobilien-vermieten/werbungskosten-bei-vermietung. Accessed on: Jun. 19 2018.

[43] T. Knedel, *Erfolg mit Wohnimmobilien: So werden Sie in 6 Monaten privater Immobilieninvestor (2. Auflage mit Bonusmaterial),* 2nd ed. Bad Homburg: Knedel, Thomas, 2017.

[44] *Bürgerliches Gesetzbuch*: BGB, 2017.

[45] Bundesministerium der Finanzen, *Arbeitshilfe zur Aufteilung eines Gesamtkaufpreises für ein bebautes Grundstück (Kaufpreisaufteilung): Arbeitshilfe und Anleitung mit Stand vom März 2018.* [Online] Available: https://www.bundesfinanzministerium.de/Content/DE/Standardartikel/Themen/Steuern/Steuerarten/Einkommenssteuer/2018-03-28-Berechnung-Aufteilung-Grundstueckskaufpreis.html. Accessed on: Jun. 20 2018.

[46] H. Bur, "Kaufpreisaufteilung: Grund und Boden und Gebäude," Apr. 2016. [Online] Available: https://www.haufe.de/finance/finance-office-professional/kaufpreisaufteilung-grund-und-boden-undgebaeude_idesk_PI11525_HI3528378.html. Accessed on: Jul. 07 2018.

[47] Bundesministerium der Finanzen, "Anleitung für die Berechnung zur Aufteilung eines Grundstückskaufpreises," Bundesministerium der Finanzen, Berlin, Mar. 2018. [Online] Available: https://www.bundesfinanzministerium.de/Content/DE/Standardartikel/Themen/Steuern/Steuerarten/Einkommensteuer/2018-03-28-Berechnung-Aufteilung-Grundstueckskaufpreis-Anleitung-Stand-28032018.pdf;jsessionid=BD156289BB2C1E26E5584E70289C492A?__blob=publicationFile&v=5. Accessed on: Jul. 13 2018.

[48] *Amtliches Einkommensteuer-Handbuch*: EStH, 2017.

[49] *Baugesetzbuch: BauGB*, 2018.

[50] Bundesministerium der Finanzen, *Abgrenzung zwischen privater Vermögensverwaltung und gewerblichem Grundstückshandel: BMF v. 26.03.2004 - IV A 6 - S 2240 - 46/04 BStBl 2004 I S. 434*. [Online] Available: https://datenbank.nwb.de/Dokument/Anzeigen/129733/. Accessed on: Jun. 20 2018.

[51] P. Deuse, "Steuerliche Behandlung der Immobilienverrentung für den Investor", Telefonat, Aug. 2018.

[52] M. Beuster, *Die "Verrentung" von Immobilienvermögen - Chancen für Immobilieneigentümer und Kapitalanleger*. Immobilienrecht Nr. 19. [Online] Available: https://www.brs-rechtsanwaelte.de/aktuelles/artikel/2017/02/die-verrentung-von-immobilienvermoegen-chancen-fuer-immobilieneigentuemer-und-kapitalanleger/. Accessed on: Jun. 22 2018.

[53] K. Lindberg, *EStG § 10 Sonderausgaben: 2.8.1 Allgemeines*. Rz. 171. [Online] Available: https://www.haufe.de/personal/personal-office-premium/frotschergeurts-estg-10-sonderausgaben-281-allgemeines_idesk_PI10413_HI2064495.html. Accessed on: Jun. 25 2018.

[54] F. Thurnheer, "Die Markt- und Standortanalyse," ImmoCompass AG, Aug. 2013. [Online] Available: http://immocompass.ch/files/markt_u_standortanalyse_by_immocompass.pdf. Accessed on: Jun. 06 2018.

[55] B. Buthe et al., "Ökonomischer Mehrwert von Immobilien durch ÖPNV-Erschließung," Bonn, BBSR-Online-Publikation, Oct. 2015. [Online] Available: http://nbn-resolving.de/urn:nbn:de:101:1-201511183488. Accessed on: Jun. 06 2018.

[56] M. Schmidiger, *Standortanalyse: Fokus, Ziel und Standortfaktoren*. [Online] Available: https://www.weka.ch/themen/bau-immobilien/immobilienverwaltung/immobilienmarketing/article/standortanalyse-fokus-ziel-und-standortfaktoren/. Accessed on: Jun. 06 2018.

[57] M. Dinkel, "Der Einfluss der Nahmobilität auf Immobilienpreise in urbanen Räumen," Dissertation, 2014.

[58] Immobilien Scout GmbH, *Markt und Preisinformationen: Mietpreise Wohnungen*. [Online] Available: https://www.immobilienscout24.de/immobilienbewertung/immobilienpreise.htm. Accessed on: May 15 2018.

[59] *Verordnung über die Grundsätze für die Ermittlung der Verkehrswerte von Grundstücken: Immobilienwertermittlungsverordnung - ImmoWertV*, 2010.

[60] Gabler Wirtschaftslexikon, *Rentabilität: Definition*. [Online] Available: https://wirtschaftslexikon.gabler.de/definition/rentabilitaet-45028. Accessed on: May 14 2018.

[61] immoverkauf24 GmbH, *Notarkosten und Grundbuchkosten*. [Online] Available: https://www.immoverkauf24.de/immobilienverkauf/immobilienverkauf-a-z/notarkosten-und-grundbuchkosten/. Accessed on: May 16 2018.

[62] immoverkauf24 GmbH, *Grunderwerbsteuer 2018: Tabelle: Wie hoch ist die Grunderwerbsteuer in welchem Bundesland? (Stand 01.02.2018)*. [Online] Available: https://www.immoverkauf24.de/immobilienverkauf/immobilienverkauf-a-z/grunderwerbsteuer/. Accessed on: May 16 2018.

[63] immoverkauf24 GmbH, *Maklerprovision 2018 - Bestellerprinzip: Höhe der Maklerprovision – was ist erlaubt? Übersicht der Bundesländer*. [Online] Available: https://www.immoverkauf24.de/immobilienmakler/maklerprovision/. Accessed on: May 16 2016.

[64] "Richtlinie 2014/17/EU des Europäischen Parlaments und des Rates über Wohnimmobilienkreditverträge für Verbraucher und zur Änderung der Richtlinien 2008/48/EG und 2013/36/EU und der Verordnung (EU) Nr. 1093/2010," in *Amtsblatt der Europäischen Union*.

[65] T. Knedel, "Die Makler-Formel zeigt, ob sich der Kauf einer Immobilie lohnt: Rendite-Check für Häuser und Wohnungen," https://www.focus.de/immobilien/experten/thomas_knedel/rendite-ermitteln-wie-sie-ihr-immobilien-investment-unter-die-lupe-nehmen_id_4612219.html, Apr. 2015.

[66] A. Goldwein, *Geld verdienen mit Wohnimmobilien: Erfolg als privater Immobilieninvestor*, 2015.

[67] J. Winterlich, *ErfolgReich mit Immobilien-Investments: Die Kunst, wie Privatinvestoren mit Wohnimmobilien Geld verdienen*, 1st ed. Freiburg, München: Haufe Gruppe, 2016.

[68] M. A. Peter, *Das Einmaleins der Immobilien-Investition: Das Einmaleins der Immobilien-Investition*, 2nd ed.

[69] F. Roski, *Das 1*1 des Immobilienmillionärs*, 1st ed. Nürnberg: EDUCATION PUNK, 2016.

[70] A. Fischer, *Reicher als die Geissens: Mit null Euro Startkapital in fünf Jahren zum Immobilien-Millionär*. Monheim: AF Media GmbH, 2016.

9 Abkürzungsverzeichnis

BBSR	Bundesinstitut für Bau-, Stadt- und Raumforschung
BauGB	Baugesetzbuch
BGB	Bürgerliches Gesetzbuch
EK	Eigenkapital
EKR	Eigenkapitalrentabilität/-rendite
EStG	Einkommensteuergesetz
EZB	Europäische Zentralbank
FK	Fremdkapital
i.e.S.	im engeren Sinne
IW Köln	Institut der deutschen Wirtschaft Köln
i.w.S.	im weiteren Sinne
ÖPNV	öffentlicher Personennahverkehr
SCHUFA	Schutzgemeinschaft für allgemeine Kreditsicherung
svp-Beschäftigte	sozialversicherungspflichtig Beschäftigte